細谷雄一・板橋拓己［編著］

民主主義は甦るのか？

歴史から考えるポピュリズム

慶應義塾大学出版会

目次

第二部　戦間期日本の教訓

第三部　現代における危機

序章　衰退する民主主義——歴史から考える民主主義とポピュリズム

細谷雄一

はじめに——オーウェルの「ファシズムと民主主義」

一九四一年二月、ジョージ・オーウェルは、「ファシズムと民主主義」と題する文章を寄せていた[1]（Orwell, 2020）。それは、第二次世界大戦中の、アドルフ・ヒトラーが指導するナチス・ドイツ軍の猛威がヨーロッパ大陸を覆い尽くす最中でのことであった。その著書、『一九八四』や『動物農場』を通じて二〇世紀の世界における全体主義の台頭に警鐘を鳴らしたオーウェルは、同時に彼自身が生まれたイギリスで伝統と誇りを抱いていた民主主義の精神を擁護していた。このオーウェルの政治評論は、二一世紀の現代における民主主義の衰退、さらにはポピュリズムの台頭を考える上でも示唆に富んでいる。それでは、オーウェルはそこで何を語ったのか。

ジョージ・オーウェル、本名エリック・ブレアはこの頃、ＢＢＣ（英国放送協会）海外放送局東洋部インド課に勤めていた。評伝『ジョージ・オーウェル』を書いた川端康雄によれば、オーウェルは「ファシズムとの戦いで戦場に赴くのが本望だったのだが、健康上の理由で軍務は拒まれ、次善の選択肢として『電波戦争』への関与を選んだ」という（川端、二〇二〇、一七九）。というのも、「ドイツは開戦後間もなく英植民地下のインドに向けて反英主義のインド人指導者らを利用してラジオによる宣伝放送を仕掛けていた」からである（川端、二〇二〇、一七九）。

このように、オーウェルは第二次世界大戦中に、ファシズムが民主主義の理念に執拗な攻撃を加えるなかで、その価値を擁護する仕事を自ら「志願」した。そして、「電波戦争」、すなわちプロパガンダの応酬のなかでの、認知領域における価値や理念をめぐる戦いの重要性を深く理解していた。このときナチス・ドイツは、全体主義的なファシズム体制の美徳を宣伝しながら、民主主義が有する無数の欠陥を、あらゆる例示を用いて非難していた。

確かに民主主義は多くの欠陥を内包している。実際にイギリス国内でも、あるいはインドのなかでも、そのような民主主義が内在する欠陥や病理を訴える主張は後を絶たなかった。そのなかには、「ブリティッシュ・ファシズム」を掲げて、イギリス国内でのファシズムの浸透を試みたオズワルド・モーズリーのような指導者もいた（山本、二〇二三）。そのようななかでオーウェルは、第二次世界大戦の戦局にも大きな影響を与えるこの「電波戦争」において、民主主義を擁護する必要を痛感していた。

オーウェルは、「ファシズムと民主主義」と題するこの文章の冒頭で、「世界で最も容易い気休めのひとつは、民主主義の偽善の仮面を剝ぐことである」と書き始めている（Orwell, 2020, 1）。というのも、「民主主義はほんの一握りの富裕者による支配を、覆い隠すものに過ぎないと思われている」からだ。それについてオーウェルは、「これは完全な間違いというわけではないし、まして明確な誤りとも言えない」と認める。すなわち「『ブルジョア』民主主義は、経済的不平等を理由に否定されるべきだという指摘が絶えずなされている」（Orwell, 2020, 4）。このように、オーウェルは、民主主義に対する攻撃が止まず、その攻撃は部分的に理解し得る、民主主義に内在する問題として受け止めていた。

このような民主主義への容赦ない誹謗中傷の宣伝は、ナチス体制の崩壊とともに終焉することはなかった。第二次世界大戦終結後、冷戦時代に入ってからソ連政府は西側の民主主義的理念を攻撃し、その価値を損なおうと試みた。また現在では、習近平体制下の中国も、プーチン体制下のロシアも、執拗に民主主義の偽善と病理を批判している。民主主義社会の経済的格差、混乱、分裂、不平等、偽善は、繰り返し指摘されてきた。それは、聴衆の多くの共感を呼び、民主主義の価値に対する攻撃はまるでウィルスが広がるようにいとも容易に世界中に浸透している。

そのような攻撃に対して、オーウェルは民主主義の価値を次のように擁護する。すなわち、イギリスのファシストのように、大胆にもイギリス国内でヒトラーに賛同をしたり、イギリス政府を批判したりすること自体が、そもそも逆説的に、その「民主主義的自由が全く偽りではないことを言外に認めている」のだ（Orwell, 2020, 4）。というのも、民主的体制下で言論の自由がなければ、そもそも、そのような民主主義を批判することすらできない。他方で、ヒトラーが政権に就いた後に、何千ものドイツの共産主義者たちがフランスや、スイス、イギリス、そしてアメリカへと逃亡していったことは、それによって自らが、全体主義的な政治体制を拒絶し、その代わりに民主主義体制を選択したことを意味するのだ。いわゆるレーニンがいうところの「その足で投票した」ことになったのである。人々の心を、永遠に鎖に繋いでおくことはできない。

このように、戦時中にＢＢＣに勤務するオーウェルが民主主義の価値を擁護して、ファシズム体制の病理を暴露したのは、今から八〇年以上も前のことであった。その後の八〇年間に、民主主義の理念と制度は世界中に広がっていった。いまやヨーロッパ大陸や北米大陸のみならず、世界の多くの大陸で人々が投票によって自らの政府を選択するようになった。

だが、民主主義は本当に、拡大し、浸透したのだろうか。むしろ反対に、近年繰り返し民主主義の衰退が語られている。そして、ファシズムや、権威主義、全体主義が新しい装いとともに台頭してきている。たとえば、歴史家のティモシー・スナイダーは、その著書『自由なき世界』のなかで、次のように語っている。「二〇世紀は完全に終わり、そこから教訓が学ばれることはなかった。新たな政治のかたちがロシア、ヨーロッパ、アメリカに出現した――それは新たな時代に似合った、新たな『自由なき世界《アンフリーダム》』である。」（スナイダー、二〇二〇、八）二一世紀となった現在は、スナイダーのいうところの「自由なき世界」が広がっており、かつてオーウェルが擁護した民主主義の価値は大きく減じているといわざるをえない。

Ⅰ　オルブライトの警告

そのような民主主義の衰退について、より厳しい言葉で警告を発しているのが、クリントン政権期に国務長官を務めたマデレーン・オルブライトであった。オルブライトは、トランプ政権が成立した翌年の二〇一八年、『ファシズム――警告の書』と題する書物を刊行している（オルブライト、二〇二〇）。オルブライトはそのような書籍を刊行して、警告を発する、もっともふさわしいアメリカ人の一人であるとも言える。

一九三七年、オルブライトはチェコスロバキアのプラハで、ユダヤ系カトリックの家庭に生まれた。ファシズムのイデオロギーがヨーロッパ大陸を席捲する中で、彼女の幼少期の一九三九年三月にナチス・ドイツ軍がプラハへの侵攻を始めた。それを受けて父母とともにロンドンに亡命して、戦後にプラハに戻ることになる。だが不幸にも一九四八年三月の共産主義者のクーデタで祖国がソ連の支配下に入ると、家族とともにアメリカへと移り、二度目となる亡命生活が始まることになった。ナチズムと共産主義という、二つの全体主義に幼少期の自らの人生が翻弄される中で、アメリカという民主主義国家で新しい人生を過ごすことになった。その後、オルブライトはワシントンＤＣのジョージタウン大学で教授として東欧の国際関係を教えるようになる。それとともに政治活動にも関与して、クリントン政権一期目には国連大使を、二期目には前述の通り国務長官を務めて、民主主義の拡大のために奔走した。

そのようなオルブライトは、世界中で民主主義が衰退し、崩壊する様子に深刻な危機感を抱いた。この著書のペーパーバック版まえがきで、次のように書いている「私はこれからの章で、野心的でしばしば傲慢でもある指導者たちが、私の人生の大部分を通じて世界をひとつにまとめてきた制度や民主主義の原則を意図的に蝕んでいることを論じている。彼らは現実的な代替案やより良い提案を示すこともせずに、国際協力、政治的多元主義、節度ある言説、批判的思考や真実の尊重といった理念を、放棄するように求めている。人を惑わせるこうした提唱者たちが自分の道理を押し通せば、その期間が長引くほど被害が広がり、傷を癒すことが困難になってくる」(オルブライト、二〇二〇、iii)。

オルブライトがこの書物を執筆する構想を立てたのは、二〇一六年のアメリカ大統領選挙の前であったという。だが、それにもかかわらず、現実の政治を見て「不安の種」となっていたのは、「トランプが現代アメリカ史上初の反民主主義的な大統領であることだ」という。「彼は民主主義の仕組みや平等と社会正義の理念、価値観や意見の異なる者同士の対話、市民道徳、アメリカそのものを、日々あまりにも頻繁に、朝早くから、これ見よがしに貶める。もしトランプが民主主義を守る仕組みが少ない国に移住したら、独裁者のオーディションを受けることだろう。彼の本能は独裁へと続いているからだ」(オルブライト、二〇二〇、二五二)。

はたして、トランプ大統領の「反民主主義的」な言動や行動が、民主主義を守る仕組みによってどの程度制約されるのかが、大きな問いとなっている。オルブライトは、一九三〇年代末と、一九四〇年代末と、二度にわたって祖国であるチェコスロバキアで、民主主義の精神が全体主義的、ファシズム的な運動によってのみこまれる悲劇を体験した。本能的に、それが再びもう一つの祖国であるアメリカで起こるかも知れないことを危惧していたのだろう。さらにオルブライトは重要な点を指摘する。すなわち、「この恐ろしい事実には望ましからぬ影響がある。国際問題における群集心理は強力だ。世界中の指導者たちは、お互いを観察し、互いから学び、互いを真似する。他の指導者がどこに向かい、何から逃げおおせ、どうやって権力を固めて永続させるのか、様子を見ているのだ。ヒトラーがムッソリーニに続いたように、彼らは他の指導者のあとに続く。こんにち、この群衆はファシズムの道を進んでいる」（オルブライト、二〇二〇、二五二―二五三）。

すなわち、実際の外交政策における対立という側面にもかかわらず、アメリカにおけるトランプ政権の成立が、北朝鮮における金正恩体制や、ロシアにおけるプーチン体制や、中国における習近平体制をある意味では励まし、強化する効果を一定程度持つことに、オルブライトは巨大な恐怖と懸念を抱いていたのだ。そのような動向は、二〇二四年となった現在においても見ることができる。オルブライトが記すように、そのような「全員が自国に不可欠な『強い指導者』を自認し、『国民』を代弁していると主張し、互いを当てにしながら、同類を増やそうとする」のである（オルブライト、二〇二〇、二五三）。

Ⅱ　民主主義の衰退

オルブライトのこの書物は、彼女自身がジョージタウン大学で国際関係を教えていたという背景を持ちながらも、学術書ではなくてあくまでも自らの来歴を振り返りながら現状を憂う一般向けの「警告の書」

という性質のものである。より客観的で学術的な分析によって、現代における民主主義の衰退を検討することも重要であろう。

実際に、民主主義の衰退、さらには崩壊については、これまで繰り返しアカデミアの世界においても論じられてきた。たとえば、一九七八年に刊行された、政治学者フアン・リンスの『民主体制の崩壊』は、そのような民主主義の後退を論じる政治学における古典的な研究の一つである（リンス、二〇二〇）。一九二六年、ワイマール共和国のボンで生まれたスペイン人のリンスは、ドイツ、および祖国のスペインにおいて、幼少期に民主主義が崩壊していく様子を観察していた。リンスは共同研究の成果として、どのように民主体制が後退して、崩壊していくのかを、歴史的事例をとりあげて検討を行った。

ここで重要なこととして、そのような民主主義の衰退を論じる際に、通常それは「デモクラシー」あるいは、「デモクラティック・レジーム」という政治体制の後退や崩壊を意味することである。それは、通常は、理念や精神としての「民主主義の後退」ではない。「デモクラシー」を指す「民主主義」という日本語が、しばしば言われるように、政治体制としての民主体制と、政治的イデオロギーとしての民主主義と、その双方を含意することによって、混同が見られた。ここでは、「民主主義」という用語を用いる際には、より広義にデモクラシーを位置づけることによって、民主体制のみではなく民主主義的なイデオロギーやその精神の衰退についても論じることになる。

このように、民主主義の衰退をめぐる政治学的な議論には長い歴史的な経緯がみられるものの、近年になってこのテーマはとりわけ注目されるようになった。とりわけ二〇一七年一月に、アメリカ大統領選挙の結果としてドナルド・トランプ大統領が誕生すると、そのポピュリズム的、あるいは権威主義的な発言や思想に基づいて、よりいっそう深刻に民主主義の危機が語られるようになった。

たとえば、二〇一八年にはともにハーバード大学教授であったスティーブン・レビツキーと、ダニエル・ジブラットが、『いかに民主体制が死ぬか（*How Democracies Die: What History Reveals about our Future*）』と題する書籍を刊行して、大きく注目された（レビンツキー／ジブラット 二〇一八）。また、民主主義研究で有名なスタンフォード大学教授のラリー・ダイアモンドも、二〇一九年には『侵食される民主主義（*Ill Winds: Saving Democracy from Russian Rage, Chinese Ambition, and American Complacency*）』を刊行して、自由民主主義体制が内部および外部からの攻撃に曝される現状を描いた（ダイアモンド、二〇二〇）。なおダイアモンド教授が二〇一五年に発表した、『ジャーナル・オブ・デモクラシー』誌に掲載した「民主主義の後退に立ち向かう（Facing Up to the Democratic Recession）」の論文は、その後の「民主主義の後退」の議論に大きな刺激を与えている（Diamond, 2015）。

このようにして、民主主義の後退をめぐる議論は、政治学の学術的な世界でも、メディアの論調においても、さらには実際の政策の世界でも、過去十年ほどの間によりいっそう注目されるようになった（川中、二〇一八、日本比較政治学会、二〇二〇）。たとえば、アメリカを拠点とするフリーダムハウスは、世界における自由と民主主義の動向に関する報告書の中で、二〇〇六年以降連続して民主主義が後退している現実を報告している。その報告書によれば、二〇〇五年には自由な国に住んでいる人の割合が四六パーセントであったのが、二〇二一年には二〇パーセントまで低下した。（世界の民主主義、16年連続後退　NGO

報告「中ロが権威主義促進」」『朝日新聞』二〇二二年二月二七日）人々は、歴史家スナイダーがいうところの、「自由なき世界」に生きているのかも知れない。

また、実際の政策の局面においても、二〇二〇年のアメリカ大統領選挙の最中にジョー・バイデン民主党候補が『フォーリン・アフェアーズ』誌に寄せた論文の中で、トランプ大統領が四年間の統治で「民主的価値から背を向けた」ことを批判している。そして、自らが選挙で勝利した暁には、「民主主義のためのグローバルなサミット（a global Summit for Democracy）」を開催することを公約に掲げた（Biden, 2020, 67）。そして実際に大統領選挙での勝利を収めると、二〇二一年一二月、一〇〇以上の諸国を招待して、第一回民主主義サミットが開催されている。民主主義後退論は、実際の国際政治をも動かす力学になっているともいえる。

Ⅲ　歴史から考える民主主義の衰退

それでは、実際にわれわれの時代において、民主主義は衰退しているのだろうか。それをわれわれはどのように位置づけるべきであろうか。本書では、そのような問題意識から、現代における民主主義の衰退を考える契機として、歴史的比較と国際的比較という二つのアプローチを組み合わせることになる。この場合の歴史比較とは、現在における民主主義の衰退と、一九三〇年代の戦間期における民主主義の衰退とを比較して、その違いとともに共通している点や、類似している点を見出すことを指す。また、国際比較とは、それぞれの国において異なる政治文化や歴史的伝統の上に民主主義が発展していることを前提として、民主主義の衰退にどのような違いが見られるか、あるいは共通点が見られるかを検討することになる。それらを組み合わせることによって、現在日本で論じられる民主主義の衰退、あるいは民主主義の崩壊をめぐる議論を相対化して、より立体的に論じることができるのではないか。

歴史を参照して現在の民主主義の衰退を考える際にしばしば比較対象となるのが、一九三〇年代のドイツにおけるヴァイマル（ワイマール）共和国崩壊の経験である。最も先進的な民主主義的な憲法を持つとも言われたヴァイマル共和国は、成立から一五年という短命で衰退して、崩壊する結果となった。「民主体制の崩壊」を考える際には、この事例はもっともしばしば参照され、学術的にも検討されてきたといえる。そのようなことからも、二〇一七年にアメリカでトランプ政権が成立したことは、多くの者に戦前のヴァイマル共和国の崩壊の経験を想起させる結果となった。奇しくもそれは、ヴァイマル共和国成立の百周年となる時期と重なっていたため、二〇一八年にはドイツを代表する歴史家や政治学者が集まり論稿を寄せたのが、アンドレアス・ヴィルシングらが編集した『ナチズムは再来するのか？　民主主義をめぐるヴァイマル共和国の教訓』である（ヴィルシング／コーラー／ヴィルヘルム、二〇一九）。

この著書のまえがきにおいて、三人の編者は次のように述べている。「ナショナリズムの復活と右翼ポピュリズムの成功によって、民主主義の基盤と危機をめぐる新たな議論が始まった。伝統ある西洋の民主主義諸国においても、自らが拠って立ち、つい最近まで受け入れられていた政治的な基本合意が、もはやそれほど自明のものではなくなっている。そしてドイツでここからすぐに連想される歴史といえば、ヴァイマル共和国である。ここドイツでは、ヴァイマル共和国の没落が、民主主義の喪失という劇的な歴史的経験となっているのだ。」（ヴィルシング／コーラー／ヴィルヘルム、二〇一九）。

だが、民主主義の後退を経験したのは、いうまでもなくヴァイマル共和国だけではない。戦前の日本もまた、民主体制を確立する試みが挫折し、衰退し、崩壊した経験を有する。政治学者の竹中治堅政策研究大学院大学教授は、『戦前日本における民主化の挫折—民主化途上体制崩壊の分析』のなかで、政治理論を用いて戦前日本の民主体制を分析し、その崩壊の過程を検討している（竹中、二〇〇二）。また、日本史が専門の筒井清忠は、「ポピュリズムの定義は色々あるが、要するに大衆の人気に基づく政治ということであるから、それなら日本ではとうの昔、戦前にそれが行われていた」と指摘する（筒井、二〇一八、ii）。その上で、「言い換えると、ほかでもない日米戦争を日本で進めていったのがポピュリズムなのに、この戦前のポピュリズムの問題がまったくと言っていいほど取り扱われていない」とも論じる（筒井、二〇一八、ii）。このようにして、これまでは分断されていたヨーロッパ史と日本史の比較、さらには現代政治と近代史の連関という複数の学問領域を結びつけて、国際比較と歴史比較を総合することで現代的な示唆を得ようとするのが本書の試みである。

それでは、戦前ドイツの民主主義の衰退と、戦前日本の民主主義の衰退とは、どのような点で共通して、どのような点で異なるのであろうか。あるいは、ほかのヨーロッパ諸国の経験と比べて、ドイツではなぜ民主主義が後退して、なぜイギリスではそうではなかったのか。歴史的な視座と、国際比較的な視座を組み合わせることで、現代における民主主義衰退論を相対化して、また歴史的な経験のなかからさまざまな教訓や示唆を引き出すことができるのではないか。

ただし、ここでは包括的で体系的な比較研究を行うことはしない。すでに触れたリンツの古典的な著作、『民主体制の崩壊』に見られるように、優れたそのような研究はいくつも見られる（ミュラー、二〇一九、プシェヴォスキ、二〇二三、佐々木、二〇一八、水島、二〇二〇、谷口・水島、二〇一八、権左、二〇二〇、宇野、二〇二〇、ペリノー、二〇二三）。むしろ本書では、政治史的、外交史的、思想史的なアプローチを組み合わせながら、歴史と現代を比較し、欧州と日本を比較することになる。また、リンツや、レビツキー＝ジブラットのような政治体制論的なアプローチにとどまるよりは、むしろ本書では思想やイデオロギー、価値をめぐる動向に注目をすることによって、より内在的に民主主義の体制と精神が後退する様相を立体的に浮かび上がらせることを試みたい。

Ⅳ　民主主義を衰退させる要因

それでは、民主主義はどのような要因によって衰退するのだろうか。ケンブリッジ大学教授の政治学者であるデイヴィッド・ランシマンは、『民主主義の壊れ方（*How Democracy Ends*）』と題する著書の中で、民主主義の崩壊は、過去と同じような経路を辿るわけではないことを強調する。すなわち、「私には、一九三〇年代と同じことが繰り返されるとは思われない。ファシズム、暴力、そして世界大戦の夜明け前が再び到来したわけではない。私たちははるかに豊かになり、成熟し、ネットワークで繋がっている。社会は

すっかり変わった。また過去に何を誤ったのかという歴史的考察も確立されている。」（ランシマン、二〇二〇、八―九頁）

それでは、もしも現代が、一九三〇年代と状況が大きく異なるというのであれば、いったい現代世界で民主主義の衰退の要因としてはどのようなことが挙げられるのか。ランシマンはその要因として考えられる主要なものとして、クーデタ、大惨事、テクノロジーの三つを挙げている。これらによって、民主主義が衰退して行くであろう、と。とりわけその中でも、ＳＮＳの普及によるフェイクニュース、偽情報の拡散などは、民主主義を蝕む深刻な脅威となっている。

他方で、本書においては民主主義を衰退に導く要因として、ポピュリズムやファシズム、あるいは権威主義の台頭に注目することになる。それらは、ランシマンが取りあげたような要因、たとえばテクノロジーの革命的な進化と符合しながら、いわゆる「デジタル権威主義」と呼ばれるような新しい政治的動向を生み出している。

また、ポピュリズムの台頭は近年の世界政治における巨大な新しい潮流となり、学術的な関心の対象ともなっている。たとえばカス・ミュデとクリストバル・ロビラ・カルトワッセルの共著、『ポピュリズム――デモクラシーの友と敵』の冒頭において、「ポピュリズムは、二十一世紀における流行りの政治学用語のひとつである」と書かれており、また政治学者の水島治郎は「二一世紀の世界は、あたかも『ポピュリズムの時代』を迎えたかのようである」と論じている（ミュデ・カルトワッセル、二〇一八、水島、二〇二〇）。その上で、「ポピュリズムとは必ずエスタブリッシュメント〔既成特権階層〕への批判と庶民への阿諛が含まれている」と述べている（水島、二〇二〇、iii）。すなわち、「あらゆるかたちのポピュリズムが『人民』の心に訴え、『エリート』を糾弾する類のことを何かしら含むという点では、全体的に意見が一致している」と論じる。

ポピュリズムについては、本書のなかの板橋拓己による説明をまずはお読みいただきたいが、それを民主主義にとっての明確な脅威と位置づけたのがヤン＝ヴェルナー・ミュラーであった。ミュラーは『ポピュリズムとは何か』と題した著書の中で、「ポピュリストはつねに反多元主義者」であり、「自分たちが、それも自分たちだけが、人民を代表していると主張する」と規定している（ミュラー、二〇一七、四）。さらにはより明確に、「ポピュリストは、彼らの実態——（「リベラリズム」だけでなく）民主主義にとっての真の脅威だということ——ゆえに批判されるべきである」とも述べている（ミュラー、二〇一七、二五二）。そのような反多元主義的な、すなわち他者の政治参入を防いで、自らのみが人民の代表であると主張することによって、民主主義の本質は侵食されることになると、ミュラーは考えている。

そのようなポピュリズムは、権威主義の台頭にも繋がっていく。テクノロジーの飛躍的進化に伴う権威主義の台頭と、すでに触れたようなポピュリズムの対応が、多くの場合において、直接的、あるいは間接的に連動しているのである。いわば、二一世紀の現代における民主主義は内部から侵食され、崩壊していくことになる。それは、暴力的な革命や、政治的闘争、さらには戦争によって崩れていった一九三〇年の民主主義の衰退とは異なる政治状況ともいえるだろう。

おわりに——本書の構成

本書は、三部から構成されている。第一部では、「戦間期ヨーロッパの教訓」と題して、ファシズムと権威主義がいくつかの諸国で浸透していく過程を概観した後に、オランダ、イギリス、オーストリア、ドイツという、四つの異なる諸国による民主主義の衰退と、ポピュリズムの台頭を論じている。自由主義や議会主義の伝統が強靭なイギリスから、ナチス体制が成立して強固な権威主義体制が確立したドイツまで、ヨーロッパでは異なる経験を経ている。第二部の「戦間期日本の教訓」では、戦前日本の民主主義について、その性質を内在的に分析し、またその民主的後退を描き、さらには民主化の崩壊を論じている。戦前日本の民主主義の後退と崩壊を、このように多角的に分析を行い、ヨーロッパの事例との比較が行われることは、これまでほとんどなかったために、価値があるといえるだろう。そして第三部では、それらの歴史比較と国際比較を受けて、現代世界でどのような性質の危機が台頭しているかを観ることにある。そこでは、歴史的なノスタルジーや、ロマン主義や、ポピュリズム体制の確立など、多様な現象が見られる。国家によってその経路や、政治文化、そして現在直面する危機の性質は大きく異なるが、それぞれの諸国で民主主義の衰退が見られることは興味深い。

それでは、われわれはどこに向かっているのだろうか。民主主義は衰退を続けるのか。それとも、甦るのか。本書をお読みの読者諸賢にとって、それらの問いを考える上での一助になれば幸いである。

注

（1）ピーター・デイヴィソンが編集するオーウェル書簡集の年表では、『左派の裏切り（*Betrayal of the Left*）』と題する書籍の第八章として、この文章は収められている。Peter Davison, *George Orwell: A Life in Letters* (London: Penguin, 2010) p.524.

（2）訳文については、Haruka Tsubota『オーウェル評論集7 新しい言葉』（オープンシェルフパブリッシング、二〇二一年）を参考にした。

参考文献

ヴィルシング、アンドレアス／ベルトルト・コーラー／ウルリヒ・ヴィルヘルム編（二〇一九）『ナチズムは再来するのか？――民主主義をめぐるヴァイマル共和国の教訓』板橋拓己・小野寺拓也監訳、慶應義塾大学出版会。

宇野重規（二〇二〇）『民主主義とは何か』講談社現代新書。

オルブライト、マデレーン（二〇二〇）『ファシズム――警告の書』白川貴子・高取芳彦訳、みすず書房。

川中豪編（二〇一八）『後退する民主主義 強化される権威主義――最良の政治制度とは何か』ミネルヴァ書房。

川端康雄（二〇二〇）『ジョージ・オーウェル――「人間らしさ」への賛歌』岩波新書。

権左武志（二〇二〇）『現代民主主義――思想と歴史』講談社選書メチエ。

佐々木毅編（二〇一八）『民主政とポピュリズム――ヨーロッパ・アメリカ・日本の比較政治学』筑摩書房。

スナイダー、ティモシー（二〇二〇）『自由なき世界――フェイクデモクラシーと新たなファシズム（上・下）』池田年穂訳、慶應義塾大学出版会。

竹中治堅（二〇〇二）『戦前日本における民主化の挫折――民主化途上体制崩壊の分析』木鐸社。

ダイアモンド、ラリー（二〇二二）『侵食される民主主義――内部からの崩壊と専制国家の攻撃』市原麻衣子監訳、勁草書房。

谷口将紀・水島治郎編著（二〇一八）『ポピュリズムの本質――「政治的疎外」を克服できるか』中央公論新社、中公eブックス。

筒井清忠（二〇一八）『戦前日本のポピュリズム――日米戦争への道』中公新書。

日本比較政治学会編（二〇二〇）『民主主義の脆弱性と権威主義の強靭性』（日本比較政治学会年報第22号）ミネルヴァ書房。

プシェヴォスキ、アダム（二〇二三）『民主主義の危機――比較分析が示す変容』吉田徹・伊﨑直志訳、白水社。

ペリノー、パスカル（二〇二三）『ポピュリズムに揺れる欧州政党政治』中村雅治訳、白水社文庫クセジュ。

水島治郎編（二〇二〇）『ポピュリズムという挑戦――岐路に立つ現代デモクラシー』岩波書店。

ミュデ、カス／クリストバル・ロビラ・カルトワッセル（二〇一八）『ポピュリズム――デモクラシーの友と敵』永井大輔・高山裕二訳、白水社。

ミュラー、ヤン＝ヴェルナー（二〇一七）『ポピュリズムとは何か』板橋拓己訳、岩波書店。

ミュラー、ヤン＝ヴェルナー（二〇一九）『試される民主主義――20世紀ヨーロッパの政治思想（上・下）』板橋拓己・田口晃監訳、岩波書店。

山本みずき（二〇二三）「オズワルド・モーズリーと戦間期イギリスにおける議会主義批判――乖離する二つの民意と『権力融合』」『法学政治学論究』第一三七巻。

ランシマン、デイヴィッド（二〇二〇）『民主主義の壊れ方――クーデタ・大惨事・テクノロジー』若林茂樹（訳）、白水社。

リンス、フアン（二〇二〇）『民主体制の崩壊――危機・崩壊・再均衡』横田正顕訳、岩波文庫。

レビンツキー、スティーブン／ダニエル・ジブラット（二〇一八）『民主主義の死に方――二極化する政治が招く独裁への道』濱野大道訳、新潮社。

Biden, Joseph R. (2020) “Why America Must Lead Again: Rescuing U.S. Foreign Policy After Trump,” *Foreign Affairs*, 99(2), March/April.

Davison, Peter ed. (2010) *George Orwell: A Life in Letters*, London: Penguin.

Diamond, Larry (2015) “Facing Up to the Democratic Recession,” *Journal of Democracy*, 26(1).

Orwell, George (2020) *Fascism and Democracy*, London: Penguin.

第一部　戦間期ヨーロッパの教訓

第1章　戦間期ヨーロッパにおける民主政の崩壊とファシズム・権威主義の浸透

板橋拓己

はじめに

第一次世界大戦後のヨーロッパは、新しい政治体制の実験場であった。大戦によってロシア、オーストリア＝ハンガリー、オスマン、ドイツの四つの帝国が崩壊し、その跡地で、「民族自決」という原則を建前として国境線がひき直され、多くの新興諸国が出現した。さらに、大戦中に勃発したロシア革命によって社会主義政権が誕生し、一九二二年末にはソヴィエト社会主義共和国連邦（ソ連）が成立した。

アメリカ大統領ウッドロー・ウィルソンは「世界は民主主義にとって安全なところとならねばならない」と訴えて参戦したものの、第一次世界大戦は民主主義の勝利というわけではなかった。両大戦間期のヨーロッパでは、ソ連の台頭もあり、政治体制の選択肢として、①議会制民主主義および自由民主主義、②社会主義および共産主義、③ファシズムの三者が提起された（マゾワー 二〇一五）。さらに、軍部、教会、大土地所有者などの伝統的権威に依拠した権威主義体制の存在も無視できない。戦間期はこれらの政治体制構想が競合した時代であり、また民主主義に関してもさまざまな制度が模索された時代であった（ミュラー 二〇一九、上巻）。本書第一部の各章が扱うテーマも、そうした競合や模索の経験である。

本章では、戦間期ヨーロッパにおける諸経験のなかから、とりわけ現代的意義をもち、かつ後段の各章とも深く関係する二つの（別々ではあるが連関する）問題を取り上げたい。すなわち、ドイツにおけるヴァイマル共和国という新興民主政の崩壊（第Ⅰ節）と、ヨーロッパにおけるファシズムおよび権威主義の浸透・拡大（第Ⅱ節）である。

Ⅰ　ヴァイマル共和国の経験――分断された社会とポピュリズムとしてのナチズム

1　「ヴァイマル状況」とは何か

近年、ドイツのメディアでは「ヴァイマル状況（Weimarer Verhältnisse）」や「ヴァイマルの亡霊（Gespenst von Weimar）」といった見出しをよく目にするようになった。ヴァイマル共和国（一九一九～一九三三年）とは、第一次世界大戦の敗戦と革命のなかで成立し、当時世界で最も先進的な民主憲法を備えていたドイツの共和政のことである。その共和政は、世界恐慌のなか左右の反体制勢力の挟撃にあい、ナチ政権の成立によって打ち倒された。つまり、「ヴァイマル状況」という言葉が意味するのは、われわれの現在の状況がヴァイマル共和国と似ているのではないか、すなわち、民主政が危機にあり、ついには倒れてしまうのではないかという問いである（Seefried 2016; Raithel 2018）。

その問いに対して、多くの論文、研究書、一般向け書籍が著されている。一例を挙げれば、筆者が小野寺拓也とともに監訳した『ナチズムは再来するのか？』（原題は『ヴァイマル状況？』）という本がある（ヴィルシング 二〇一九）。同書は、二〇一七年四月から七月にかけてドイツのバイエルン放送と『フランクフルター・アルゲマイネ新聞』でメディアミックス的に展開された一般向け企画を書籍化したものであり、五人の歴史家と二人の政治学者がそれぞれの専門的知見に基づいて、現代とヴァイマル時代を比較したものである。[1]また、国際的にも民主主義の「危機」や「後退」について論じる書物が爆発的に増えているが、そのうちの少なからぬものが、民主政の崩壊の典型例としてヴァイマル共和国の運命を引き合いに出している（たとえばプシェヴォスキ 二〇二三、四八～五九）。

そうした研究の成果については後述するとして、ここではまず、なぜドイツを中心に「ヴァイマル状況」という言説が出てきたかを確認したい。[2]

ヴァイマル共和国と現代を比較する言説が頻繁に飛び交うようになったのは、およそ一五年前である。まず二〇〇八年の世界金融危機が、一九二九年の世界恐慌との比較を誘発した。そうした新聞記事は検索で無数に見つかるが、たとえば二〇一〇年五月一七日の『南ドイツ新聞』には「一九二九年と二〇〇八年」という論説が掲載されている。また、ユーロ危機で示されたドイツの徹底的な緊縮志向は、容易にハインリヒ・ブリューニング内閣との連想を呼び起こし、各紙に「ヴァイマルの亡霊」という言葉が並んだ（ブリューニングは世界恐慌時の首相であり、議会ではなく大統領緊急令に依拠して危機を乗り切ろうとし、緊縮財政とデフレ政策を進め、かえって左右の反体制派の躍進を招いた）。

そして、この一〇年でヴァイマルとの類推は政治や社会の領域にまで広がった。ドイツにおいても「民主主義の危機」が危惧されたからに他ならない。それは、まずもって「ドイツのための選択肢（ＡｆＤ）」の台頭に起因する。二〇一三年に結成された同党は、当初は反ユーロ政党だったが、次第に右傾化・排外主義化を強め、とりわけ二〇一五年の難民危機を背景に右翼ポピュリズム政党となり、勢力を伸ばした。二〇一七年の連邦議会選挙では一二・六％を獲得し、一気に第三党（結果的には野党第一党）に駆け上がり、二一年の総選挙でも旧東側を中心に勢力を維持している。これで連邦議会に議席を有する主要政党は六党となり、中道の二大政党の凋落も相まって、多党化現象が生じた。

そうした政党政治レベルでの変容とともに、社会レベルでも排外主義が高まっていることが、いっそうヴァイマルとの比較をもっともらしいものにしている。たとえば、二〇一四年にはイスラム系移民に対する排斥運動「ペギーダ（Pegida）」（正式名称は「西洋のイスラム化に反対する愛国的ヨーロッパ人」で、ペギーダはそのドイツ語の頭文字）が組織され、ドイツ社会の不安をかき立てた（ＡｆＤやペギーダについては、板橋 二〇二二を参照）。

さらに、ＡｆＤやペギーダの台頭と並行して、「人民の裏切り者（Volksverräter）」や「民族共同体（Volksgemeinschaft）」といった、ヴァイマル共和国およびナチ体制時代の遺物であり、とうの昔にドイツが

「克服」したかに思われた語彙が復活した。こうした語彙を普及させるとともに、ペギーダやＡｆＤの台頭に一役買っているのがFacebookやX（旧Twitter）などのＳＮＳである。後述するが、メディアや世論が分断され、そのなかで各陣営が「エコーチェンバー」によって、自分たちにしか通じない特定の思想や価値観を増幅させていく状況は、まさにヴァイマル時代と不気味に類似している。

たしかに、『ナチズムは再来するのか？』で各論者が確認するように、現代はヴァイマル共和国の時代とはさまざまな面で異なる。しかし、現代史研究所（ＩｆＺ）所長のアンドレアス・ヴィルシングが言うように「警戒を怠らないこと」は重要だし、また、現代における（とりわけ米欧の）民主政とヴァイマル共和国には、見逃すことのできない類似性も存在する。

本節の以下では、あえてそうした類似点に着目してみたい。あらかじめ要点を言えば、分極化ないし分断された社会というのがヴァイマル共和国の重要な特徴だったのであり、国民社会主義ドイツ労働者党（以下、ナチ党）は、そうした社会のなかでポピュリズム政党として成功した政党だったということである。

なお本節は、分断された社会としてのヴァイマル共和国と、ポピュリズム政党としてのナチズムを浮き彫りにしようとしたエッセイであり、ヴァイマル共和国の通史をめざしたものでもなければ、共和国崩壊の原因論に立ち入ろうとしたものでもないということはあらかじめ断っておきたい(3)。

2　分断された社会

ヴァイマル共和国を象徴するものとして、ベルリンのロマーニッシェス・カフェがある。共和国末期のベルリンを舞台とし、二〇一七年からドイツでテレビ放映され大ヒットした歴史スリラードラマ『バビロン・ベルリン』（日本では二〇一九年から放映）にも登場するカフェである。優れたヴァイマル共和国論を著した歴史家エリック・ワイツは、このロマーニッシェス・カフェを「ヴァイマルの政治と社会の完璧な象徴」だと指摘している。このカフェではドアマンが客の座席を決める。店内は富裕層のエリアと一般客のエリアに大きく分かれ、各エリアはさらに細かく分かれ、共産党員専用のテーブルもある。それぞれのグループは交じり合わない。ワイツは言う。このカフェは「活気があって、民主的で、熱心だが、分断されていて、反目し合っていて、自分のサークルの外にいるひととは話せない」（Weitz 2018, 77 f.）。

最新のヴァイマル共和国崩壊論を上梓した歴史家ベンジャミン・カーター・ヘットもまた、ワイツの研究を参照しつつ、次のように書いている。「政治、宗教、社会階級、職業、居住地域に関して、次第に激しく、和解し難くなる分断は、ヴァイマル共和政の大きな特徴だ」と（ヘット 二〇二〇、一一一）[4]。

ここで分断とは、単純に民主派と反民主派、共和国派と反共和国派の分断だけを意味するわけではない。ヴァイマル共和国には、三つの「宗派化」した陣営、すなわち、①社会主義陣営、②カトリック陣営、③プロテスタント陣営があり、それぞれの陣営内に民主派と非民主派がいるという状況であった。投票行動の変化は基本的に各陣営の内部で起こり、陣営の境界を越える変化は少なかった（ヘット 二〇二〇、一二二～一二三）。

また、メディア史家ウーテ・ダニエルが指摘するように、ヴァイマル共和国ではメディアも政治的・イデオロギー的に分断されていた（ダニエル 二〇一九、四六～四七）。全体を包括するような主要メディアは存在せず、新聞は党派によって分断されており、それぞれ「エコーチェンバー」を作り出していた。ある陣営にとっての真実が、他の陣営にとってはフェイクになる。そんな状況が生み出されていたのである。

さらに、地域間の分断、都市と地方の分断も見逃せない。とりわけ、大都市ベルリンは他の地域の怨嗟の的となった。地方からみたベルリンは、「共和主義、多元主義、機械化、アメリカ化、派閥主義、教育実験、道徳の退廃、とりわけ性別の適切な境界の混乱という退廃」の象徴であった（Baranowski 1995, 102; ヘット 二〇二〇、一二六）。

また、ベルリンには外国人も多く、ユダヤ人に関しては、ドイツ全体では人口の一％に満たない割合のところ、ベルリンでは七％を占めていた。こうしたなかでユダヤ人は「エリート」「資本主義」「共産主義」のシンボルとなり、反ユダヤ主義は反エリート、反資本主義、反共産主義の意味をもつようになった。

アメリカで活躍する歴史家であるヘットは興味深い比喩を用いている。「反ユダヤ主義は、現代のアメリカの民主党と共和党で隔たりのある、妊娠中絶問題と同じような意味合いを持つ。大多数の国民にとって、ユダヤ人を支持するか排斥するかは最大の問題でもなんでもない。だが、この問題がシンボル化されると、どちらかの側につくための身分証として受け入れざるを得なくなる」（ヘット 二〇二〇、一三二～一三三）。

このように分断された社会のなかで、魅力的なシンボルとなったのが「フォルクスゲマインシャフト（Volksgemeinschaft）」という概念である。これはドイツ語の「フォルク（Volk）」と「ゲマインシャフト（Gemeinschaft）」が組み合わされた語で、「人民共同体」とも「国民共同体」とも「民族共同体」とも訳すことができる。そもそも「フォルク（Volk）」を「人民」と訳すか「国民」と訳すか「民族」と訳すかは文脈にもよるし、当時の使用者の政治的党派でも含意は異なる（たとえば右派であればエスニックな「民族」の含意が強い）。また、「ゲマインシャフト（共同体）」は、統一性や社会的な調和を含意しており、ヴァイマル時代の「魔術的な言葉」のひとつであった（ゾントハイマー 一九七七、二六二）。

つまり、政治的・社会的・宗派的に分断されたヴァイマル共和国において、「フォルクスゲマインシャフト」というシンボルは、対立なき調和した社会というイメージを喚起するもので、政治的党派を超えて用いられていた（Wildt 2017, 63 f.）。そうしたなかで、人種主義に基づく「民族共同体」としての「フォルクスゲマインシャフト」概念を押し出しつつ、「ドイツ」が一致団結した状態を取り戻すという「夢」を振りまいたのが、ナチ党であった（小野寺・田野 二〇二三、一四）。この意味で、ナチ党の運動は、「人民」の一体性を求める同時代的願望に合致していたと言える。

3 「国民政党」としてのナチ党

しばしば指摘されるように、アドルフ・ヒトラーは選挙によって首相の座についたわけではない。とはいえ、ナチ党が、一九二八年の総選挙では得票率二・六％に過ぎなかった状態から、わずか数年で三〇％台を獲得するようになったことも、忘れるべきではない。こうした急速なナチ党への支持拡大なくして、一九三三年一月にヒトラーが首相に任命されることもなかったであろう。

古い研究ではナチ党は中間層の運動と捉えられてきたが、ユルゲン・ファルターらの統計的手法を用いた歴史研究により、実際にはナチ党は、党員においても、支持者においても、従来考えられてきたよりもはるかに多様な人びとから構成されていたことが判明している。たとえば、ナチ党に投票した者のうち三分の一は労働者層であった。たしかに、当時は労働者層が現代よりも多いので、有権者人口と比較すると、ナチ党員やナチ党投票者に占める労働者の割合は低く、中間層の割合が高い。こうした点をふまえて、ファルターはナチ党を「中間層の傾向が強い国民政党」と規定している（ファルター 二〇一九、五三〜五四）。ここで「国民政党（Volkspartei）」とは、広範な社会層に満遍なく支持される大政党を意味する。

加えて注意すべきは、ナチ党に投票した人びとの多数が、「経済的敗者」や「社会的な根無し草」と呼ばれるような人びとではなかったことだ。たとえば、ナチ党に投票した者のなかで、失業者が占める割合は全体の平均よりも低い。それに対して、それまで棄権していた人びとが、一九二八年から三三年のあいだに投票所に足を運び、ナチ党の成功に貢献しているのである（ファルター 二〇一九、五六〜五九）。

一九二〇年代の深刻な農業危機、二九年に始まる世界恐慌など、危機が次々と訪れるなかで、ヴァイマル共和国の既成政党は安定した連立政権を樹立できずに無力をさらけ出していると有権者には思われた。既存の政党が、各々の支持勢力の個別利益を優先したことも、ナチ党には有利に働いた。多くの人は、抗議の意味でナチ党に投票したのである。このような状況を指して、歴史家のトーマス・チルダースらはナチ党を「抵抗の国民政党」と形容する（ファルター 二〇一九、六三〜六四）。

ナチ党の戦略面にも巧みなところがあった。ここでは、共和国政府の貿易政策によって苦境に立たされ、不満を抱いていた農村地域に目をつけ、一九三〇年以降、「フォルク」を強調して農民層に訴えかけたことを挙げておこう。この農村進出戦略は功を奏した。地方の人びとは、ヒトラーという縁のない個人に惹かれたわけではなく、ドイツ人のあいだの社会的・政治的分断を乗り越え、共同体を建設するというナチ党の約束に惹かれたのである（Mergel 2011, 434）。

こうして、ファシズム研究者のケヴィン・パスモアが述べるように、「ナチは、それまで多くの政党がなろうとしてきた政党、すなわち、対立し合っているような集団までも単一の運動のなかに融合してしまうような国民政党になる、という点で、最も成功を収めた」のである（パスモア 二〇一六、二二五）。ドイツ現代史家の石田勇治も、「ナチ党躍進の鍵は、この政党が国民政党となったことにある」と指摘している（石田 二〇一五、一〇〇）。

とはいえ、ナチ党が単独では政権を握れなかったことは忘れるべきではない。ヒトラー首相就任前の最後の選挙である一九三二年一一月の総選挙のナチ党の得票率は三三％である。多くの研究が指摘するとおり、保守派の助力なくしてヒトラーが権力を握ることはなかった。さらに言えば、保守派は、首相就任後もヒトラーを引きずり下ろすことができた数少ない勢力であった。しかし、彼らはその機会を逸したのである。ヴァイマル共和国の保守派は、自己の利益や権力や名声を守るために、民主主義を放棄してナチと手を組むことを選んだのであった。その帰結は、周知のとおり破滅的なものとなった。

4　ヴァイマル民主政の位置

かくしてヴァイマルの民主政は崩壊するわけだが、実のところ同時代的には、言われるほどヴァイマル共和国は「短命」ではない。確かに、一四年という存続期間は、米英の民主政はもちろん、同時代のフランス第三共和政（一八七〇～一九四〇）と比べても短命ではある。とはいえ、第一次世界大戦後の、とりわけ中・東欧の新興民主主義諸国と比較すれば、ヴァイマル共和国は長く続いたほうである（Mergel 2011, 435–437）。

詳しくは立ち入れないが、中・東欧や南欧諸国では、第一次世界大戦後のかなり早い時期から議会制民主主義の機能不全が見られ、権威主義体制へと転じていった。以下は、第一次世界大戦後から一九三三年までに成立した権威主義体制やファシズム体制の一例である（木村・柴・長沼 二〇〇九、三一五～三三四）。

一九二〇年：ハンガリー、ホルティの権威主義的摂政体制
一九二二年：イタリア、ムッソリーニのファシスト政権成立
一九二三年：スペイン、プリモ・デ・リベーラ将軍のクーデタ、軍事政権成立
一九二六年：ポーランド、軍部のピウスツキのクーデタ
一九二六年：ポルトガル、クーデタにより軍事政権成立（三三年にはサラザールによる権威主義体制成立）
一九二六年：リトアニア、クーデタにより軍事政権成立
一九二九年：ユーゴスラヴィア、国王独裁体制へ
一九三三年：ドイツ、ヒトラー政権成立
一九三三年：オーストリア、議会の停止、ドルフスの権威主義体制成立

第一次世界大戦後の議会制民主主義が崩壊した要因には、さまざまなものが挙げられる。それぞれ程度は各国でまちまちだが、ヴァイマル共和国にも見られたものとして、大戦がもたらした数々の重荷、新しい政治体制の承認をめぐる争い、深刻な政治的・社会的分裂、共産党から極右までの多党乱立、経済的な不安定や苦境、民主主義的な価値を受容しない保守エリート層、国際体制（ヴェルサイユ体制）への不満、などである。また、注意しておきたいのは、多くの国が世界恐慌以前に権威主義体制に移行していることだ（マゾワー 二〇一五、二一～二二）。そして世界恐慌を経てもなお、一九三〇年代を通して中・東欧および南欧で議会制民主主義を曲がりなりにも維持できたと言えるのは、チェコスロヴァキアだけであった（そのチェコスロヴァキアも、周知のとおりナチ・ドイツによって解体されてしまう）。

では、こうした戦間期ヨーロッパにおける非民主主義的な体制の広がりをどう考えればよいのだろうか。次節ではひとつの視角を提供したい。

Ⅱ　戦間期ヨーロッパにおけるファシズムの浸透と競合

1　国境を越えるファシズム

ファシズムは、自由民主主義と共産主義をともに否定し、極端な自国・自民族中心主義を掲げた急進右翼の思想・運動であり、それは第一次世界大戦後のイタリアやドイツで政権を掌握して独自の体制を築き、世界を再びの大戦へと巻き込んでいく推進力となった(5)。

その歴史的重要性ゆえ、ファシズムについては、これまで気が遠くなるほど膨大な研究が積み重ねられてきた。この間にファシズム理解も研究アプローチも随分と変遷している。

単純化して言えば、かつてのファシズム研究は、一国史的な視座に基づく類型論が主流だった。たとえば、各国の事例研究が進むなか、ファシズムの分類が精緻化された(「準ファシズム」や「教権ファシズム」といった形容詞付きファシズムの増加)。あるいは、「ファシズム」と、それとは区別される「権威主義」などのモデルが構築され、各事例がファシズムに該当するのか否かが問われたりもした。たとえば、「スペインのフランコ体制はファシズムか権威主義か」「オーストリアのドルフス゠シュシュニク体制はファシズムか」といった類の問いが立てられてきた(なお、オーストリアの「ファシズム」については本書第4章を参照)。

しかし近年では、グローバル・ヒストリーの隆盛を背景に、新しいファシズム研究の潮流が登場し、これまでのファシズム理解やアプローチに再考を迫っている。ファシズムをトランスナショナルな現象として把握しようとする研究が登場したのである。

もちろん、ファシストたちの国際的な協力がこれまで注目されてこなかったわけではない。ただ、かつての研究は、もっぱら指導者間の関係に着目しながら、ファシズムの自国・自民族中心的な側面を強調する傾向にあった。そのため、「国際ファシズムというものは想像できないし、語義矛盾だ」(Laqueur 1996, 218)とか、「他の「イズム」とは異なり、ファシズムは輸出には向いていない。〔中略〕いかなるファシスト「インターナショナル」もうまくいかなかったことは明らかだ」(Paxton 2004, 19 f.)といった評価が下されてきた。

それに対して近年の研究は、従来の想定以上に、ファシスト間で国際的な相互交流——政治や経済にとどまらず、社会や文化の次元での協力など——があったことを明らかにしている。また、近年の研究の特徴は、個々のアクターが、ファシズムをどう認識・解釈し、どのように受容したのかを、歴史的・地域的文脈のなかで検討しようとする点である(6)。

こうした研究を通して見えてくるのは、従来のような「ファシズム」と「権威主義」(あるいは「急進右翼」と「伝統的右翼」「保守」)といった二分法・類型論では、戦間期の非自由民主主義的な思想・運動・体制の実像は理解できないということである(Kallis 2016, 304)。

当時の人びとにとって、ファシズムとは多様な解釈に開かれた流動的なものであった。個々の運動や体制は、独自のやり方でファシズムを解釈・受容し、それによりファシズムは各地の文脈に応じて「ハイブリッド化」「土着化」していく。そのプロセスを解明することで、静態的な類型論に陥ることなく、当時の非自由民主主義的な運動や体制の実態に迫ることが可能となる。ファシズムは、その強烈な自国・自民族中心主義にもかかわらず、国境を越えた現象として把握すべきなのである。

本節では、近年のファシズム研究に依拠しながら、国境を越えたファシズムのネットワークや相互作用に着目し、戦間期ヨーロッパにおける非民主主義的な思想・運動・体制の伝播と浸透の問題を扱ってみたい。

2　イタリア・ファシズムの「魅力」

はじめにローマありき。前史はいくらでも遡れるだろうが、国境を越えるファシズムの歴史は、イタリアにおける一九二二年一〇月の「ローマ進軍」とベニト・ムッソリーニ政権の成立、そして二五年の独裁宣言に端を発する。

第一次世界大戦後のヨーロッパでは、ロシア革命をモデルとした共産主義をめざす革命や運動が展開される一方、ドイツや中・東欧の新興諸国では英仏をモデルにした議会制民主主義が（各国それぞれ自己流に）導入された。しかし、すでに述べたように、多面にわたる大戦の後遺症、ヴェルサイユ体制に対する不満、経済不況などを背景に、これらの国々の多くでは、かなり早い時期から議会主義が機能不全に陥った。

そうしたなか、イタリアにおける「ローマ進軍」から一党独裁体制成立までの過程は、議会制民主主義でもソ連流の共産主義でもない、第三の政治的な実験の成功を示しているように思われた。「ドゥーチェ（統領）」の強力なリーダーシップ、街頭での行動主義、左翼に対する容赦ない暴力に惹かれた者もいる。あるいは、「協同体主義」（コルポラティヴィズモ／コーポラティズム）――国家が承認した職能別の労使の組織＝協同体を国民代表機関とする構想――と呼ばれた国家―社会関係を再編成する構想は、普通選挙に基づく自由主義的な議会制民主主義に対するオルタナティブを模索していた人びとにとって、きわめて魅力的に映った。

こうして、イタリアで政権掌握に成功した国民ファシスト党（ＰＮＦ）は、ヨーロッパ内外で模倣されることになった。当時の推計によると、一九二五年までに四〇カ国で「ファシスト」を自称する政党が存在したという。たとえば、ＰＮＦをモデルとして、イギリスでは一九二三年にローサ・リントン＝オーマンが英国ファシスト党を創設し、その翌年にはフランスでピエール・テタンジェが愛国青年同盟を結成している。その際、英国ファシスト党は自国の労働者に対抗するためにファシストの戦闘性を強調したのに対し、テタンジェはフランスの経済危機への処方箋として協同体主義を模倣しようとした。つまり、イタリア・ファシズムはそれぞれの社会の文脈に応じて選択的に受容されたのである（Bauerkämper 2017, 173）。

イタリア側も自らをモデルとして提示しようとした。一九二三年、ファシスト指導者のひとりジュゼッペ・バスティアニーニが「在外ファッシ」を設立したが、これは在外イタリア人をファシズムに取り込むとともに、外国でイタリア・ファシズムを宣伝する役割を担った（Bauerkämper 2010, 45 f.）。

各国の反体制的な急進右翼にとって、イタリア・ファシズムの権力奪取のやり方は目標となった。「ローマ進軍」を手本にした代表例が、一九二三年のドイツにおけるヒトラー一揆である。ヒトラーはミュンヘンでクーデタを起こして、そのままベルリンに「進軍」しようとした。この試みは周知のように挫折したが、一九四一年の段階でもヒトラーは「ローマ進軍」が自らに与えた影響を語っている。「おそらく褐色のシャツは黒シャツがなければあり得なかっただろう。一九二二年一〇月のローマ進軍は歴史の転換点のひとつだった。あのようなことが試みられ、成功したという事実こそが、われわれに推進力を与えたのだ」（Kallis 2016, 307 f.）。独伊に並ぶ「真正ファシズム」（山口定）と呼ばれたルーマニアの「鉄衛団」の指導者コドレアーヌも、「ローマ進軍」に興奮し、ムッソリーニを褒め称えたひとりであった（山口 二〇〇六、七四～七七）。

他方で、注目すべきは、より伝統的な右翼や権威主義者たちも、イタリア・ファシズムに魅力を感じていたことである。保守的な彼らは、自由民主主義を厭いつつ、急進的・革命的な変化も嫌った。そこで彼らは、イタリア・ファシズムの利用できるところを利用しようとした。たとえば、一九二三年にスペインでクーデタを起こし、軍事独裁政権を樹立したミゲル・プリモ・デ・リベーラは、復古的な人物であったが、自らの統治の正統性を高めるため、イタリア・ファシズムの協同体主義と一党制を模倣しようとした（Kallis 2016, 308 f.）。

ヨーロッパの保守的な層へのムッソリーニの人気は高かった。イギリスのウィンストン・チャーチルが、左翼と徹底的に闘い、イタリアに秩序をもたらしたとしてムッソリーニを賞賛したことはよく知られている。同国の保守的なメディア、たとえば『モーニング・ポスト』『デイリー・メイル』『デイリー・テレグラフ』などは、「ローマ進軍」を好意的に伝えた。

戦間期のパン（汎）・ヨーロッパ運動の指導者であり、ヨーロッパ統合の「先駆者」のひとりにも数えられるリヒャルト・クーデンホーフ＝カレルギーも、早い段階からイタリア・ファシズムを好意的に見ていた。一九二三年二月にクーデンホーフは、「ヨーロッパをお救いください」という文から始まる公開書簡をムッソリーニに出している。その書簡でクーデンホーフは、イタリアこそがヨーロッパの治癒、統一、再生を実現できると書き、ムッソリーニにパン・ヨーロッパ会議を主導するよう要請している（福田 二〇一五、一二六)。

一九三二年一〇月二八日、「ローマ進軍」一〇周年を記念して「ファシスト革命展」が開幕した。そこでムッソリーニは、「あと一〇年でヨーロッパはファシストとなるかファシズム化されるだろう」と謳った。この革命展には、三二年から三四年のあいだに三八五万人が来場している(Stone 1993, 233)。

3 イタリア・ファシズムとナチズムの競合

一九三三年一月、ドイツでヒトラーが首相に就任する。イタリアのメディアは「ドイツ・ファシズムの勝利」と言祝《ことほ》いだが、ここから独伊間の競合が始まる。

そもそも外交・安全保障の面で、当初独伊は対立していた。ムッソリーニは、ヒトラーが求めるドイツとオーストリアの合邦を防ぐため、オーストリアのエンゲルベルト・ドルフス政権を支えていた。一九三四年六月にヒトラーとムッソリーニの会談がヴェネツィアでおこなわれたが、この会談でムッソリーニはヒトラーを「狂人」と判断する。同年七月にオーストリア・ナチ党がクーデタを企てドルフス首相を殺害すると、ムッソリーニは墺伊国境に二個師団を派遣し、軍事介入をちらつかせた。また、三五年三月のドイツの再軍備宣言をきっかけに、ムッソリーニはストレーザで英仏首脳と会談し、ナチ・ドイツに対する共同戦線を構築した(高橋二〇二〇、八二)。

こうした情勢を背景に、ファシズムをめぐる主導権争いも独伊のあいだで生じた。一九三三年七月、「ローマの普遍性のための行動委員会(Comitati d'Azione per l'Universalità di Roma: CAUR)」が設立され、このC

ＡＵＲの主導で一九三四年一二月にモントルーでヨーロッパ・ファシストの国際会議が開催された。そこにはヨーロッパ各国のファシストが集まったが、ドイツのナチ党からは有力者が参加しなかった。しかも同会議では、決議をめぐる紛糾があった。イタリア側が協同体主義を強調する一方、たとえばノルウェーの国民結集党の指導者ヴィドクン・クヴィスリングが、ナチ流の人種主義を前面に出そうとしたのである。結果、決議は曖昧なものにとどまった（Fioravanzo 2017, 245–247）。

ドイツのナチズムとイタリアのファシズムの綱引きは、各国のファシズム運動に反映された。ここではイギリスの例を取り上げよう。同国では、一九三二年一〇月にオズワルド・モーズリーが、イタリア・ファシズムに魅了されて、英国ファシスト連合（ＢＵＦ）を結成していた。イタリア側も、三三年以降に駐英大使ディーノ・グランディを通じてＢＵＦに資金援助をしていた。しかし、モーズリーは徐々に反ユダヤ主義を強め、次第にナチに傾倒していく。三六年にＢＵＦは党名を「英国ファシストおよび国民社会主義者連合（British Union of Fascists and National Socialists）」に改め、モーズリーの妻ダイアナ・ミットフォードを通じてナチ・ドイツから資金援助を受けるようになった。逆に、ＢＵＦとイタリアの関係は悪化し、イタリア政府からの経済援助は打ち切られることになった（山本 二〇二一。また、本書第３章も参照）。

こうしたイタリア・ファシズムからナチズムへの「乗り換え」は、他国のファシズム運動にも見られる。たとえば、オランダのアントン・ミュッセルト率いる国民社会主義運動（ＮＳＢ）は、当初はイタリアの影響を受けていたが、一九三五年にナチ流の反ユダヤ主義を採用した。レオン・ドゥグレルを指導者とするベルギーのレクシストも、初めはイタリアから支援を受けていたが、三〇年代半ばからドイツの援助に頼るようになる（Bauerkämper / Rossoliński-Liebe 2017, 10 f.）。

このような動きは、独伊関係の変化、すなわちナチ・ドイツへのイタリアの従属と並行していた。一九三五年一〇月のエチオピア侵攻によりイタリアは国際的に孤立し、独伊接近が始まる。三六年のスペイン内戦が独伊関係を強化し、同年一一月にムッソリーニは「ローマ゠ベルリン枢軸」について演説した。イタリアは、三七年一一月に日独防共協定に加わり、三八年三月にはナチ・ドイツによるオーストリア併合を承認する。ナチ・ドイツへの従属を強めるイタリアは、三八年九月に反ユダヤ主義的な人種法を導入し、同年一一月にはさらに厳しい反ユダヤ法を制定した。それまでイタリア・ファシズムに人種主義的・反ユダヤ主義的な要素がなかったわけではないが（たとえばマゾワー 二〇一五、一〇二～一〇三を参照）、これでナチと同様に公式に人種主義的な原理を採用するようになった。この過程で、他国にとってのイタリア・ファシズム独自の魅力も薄れていったと言えよう。

とはいえ、「ファシズム」のモデルがイタリアからナチ・ドイツに移ったという単純な話でもない。一九三〇年代に権威主義的な政治体制を採用していたヨーロッパ諸国は、独伊双方のいわば「いいところ取り」を試みた。たとえば、ハンガリーの首相ゲンベシュ・ジュラ（在任一九三二～三六年）は、ヒトラー首相就任後に初めてベルリンを訪問した外国の首相だが、ナチ流の反ユダヤ主義者である一方で、イタリア型の協同体主義の賞賛者でもあった（Kallis 2016, 310）。ゲンベシュ以上に効果的にファシズムを選択的に受容したのが、ポルトガルの独裁者アントニオ・サラザールである。サラザールは、一九三三年に制定した新憲法で協同体国家を導入する一方で、ナチ流の秘密警察を採用し、体制存続に成功した（Kallis

2016, 311)。

おそらく、「ファシズム」と「権威主義」の区別、「急進右翼」と「伝統的右翼」「保守」の区別は、概念的に重要である。また実際に、たとえばナチ・ドイツとサラザールのポルトガルとの暴力性の違いは大きい。とはいえ、戦間期において「ファシズム」は、国境を越えた空間で、さまざまなアクターによって、解釈され（選択的に）受容され、固有の文脈に落とし込まれるようなものであった。そういったトランスナショナルな相互作用を通じて、戦間期の自由民主主義は蝕まれていったのである。

おわりに

ポピュリズムの時代、そしてロシア・ウクライナ戦争の時代を生きているわれわれにとって、戦間期のヨーロッパを想起することは重要である。メディアや世論が分断され、そのなかで各陣営が「エコーチェンバー」によって、自分たちにしか通じない特定の価値観や物語を増幅させていく状況は、まさにヴァイマル共和国と現在との不気味な類似性をわれわれに突きつける。

また、ヴァイマル共和国が、その発足当初から戦争をめぐる陰謀論に苦しめられていたことも指摘しておきたい。当時、ドイツ軍は戦場では勝っていたのに、国内の社会主義者やユダヤ人たちに「背後から刺された」ために敗北したという荒唐無稽な陰謀論が広まっていた。そして、その陰謀論をうまく利用したのもヒトラーであった。ヴァイマル共和国の歴史は、決して遠い過去ではないのだ。

さらに、権威主義諸国の台頭や「民主主義の後退」を背景に、権威主義の「波及」や「模倣」が論じられるような現在（Gunitsky 2021）、戦間期ヨーロッパの非民主主義体制によるファシズムの選択的受容や相互学習といった歴史を記憶しておくことは重要だろう。

※本章の第Ⅰ節は、二〇二二年四月二七日に東京財団政策研究所のウェブサイトに掲載した拙稿「ヴァイマル共和国の教訓――分断された社会とポピュリズムとしてのナチズム」を、第Ⅱ節は、細谷雄一（編）『世界史としての「大東亜戦争」』（ＰＨＰ新書、二〇二二年）に収録された拙稿「ヨーロッパにおけるファシズムの浸透と競合」を、それぞれ基にしている。ただし、どちらも本章執筆にあたって、大きく加筆修正を施した。

注

（1）ヴァイマル期と現代を比較した同様の優れた企画として、Hochmuth 2020 と Sabrow 2020 の二冊を挙げたい。

（2）以下の記述は、板橋（二〇二〇、一八～一九）に基づいており、新聞記事などの書誌情報についてはそちらを参照されたい。

（3）ごく簡単なヴァイマル共和国史として、板橋（二〇一六）を参照。最新の研究をふまえつつ、ナチの権力掌握に焦点を絞った通史として、エヴァンズ（二〇一八）を参照。ヴァイマル共和国史の研究状況につき、とりわけその民主政に焦点を当てた研究動向整理として、Büttner 2018; Canning 2019; Müller 2018; 2019; ツィーマン 二〇二〇を参照。最新のヴァイマル共和国史ハンドブックとして、Rossol / Ziemann 2022 がある。

（4）ヴァイマル共和国史やナチの権力掌握を扱った文献は夥しいが、ヘット 二〇二〇は最新の研究をふまえつつ、一般読者にもわかりやすく、ときに現代との類似性を示しながら、ヴァイマル共和国の崩壊を論じた良書である。本書の原題は『民主主義の死（*The Death of Democracy*）』であり、ヘットは現代世界が「一九三〇年代に酷似している」という危機意識のもと、三〇年代の過ちを繰り返さないために本書を書いたという。

（5）言うまでもなくファシズムの定義自体が論争的だが、

ここでは立ち入らない。日本語で読めるものとしては、山口（二〇〇六）と馬場（一九九八）がいまなお有益である。最も国際的に有名な定義は、ロジャー・グリフィンによる「ファシズムとは政治イデオロギーの一種であり、さまざまな変種はあれ、その神話の核心は、再生をめざす大衆動員志向のウルトラナショナリズムの一形態である（Fascism is a genus of political ideology whose mythic core in its various permutations is a palingenetic form of populist ultranationalism）」（Griffin 1991, 26）というものだろう。新しい研究をふまえた定義の試みとしては、Griffin (2018) と Roberts (2016) が挙げられる。一方、定義にこだわるのをやめ、「ファシズムという言葉が、実際に過去の人びとによっていかに、なぜ、そしてどのような目的のために用いられていたのか」という点を探求したものとして、パスモア（二〇一六）を参照（引用はv頁）。

（6）とりわけ、Pinto / Kallis (2014) ; Bauerkämper / Rossoliński-Liebe (2017) ; Dafinger / Pohl (2019) の三冊の論文集が近年の代表的な研究成果と言えよう。他に本節で大きく参考にした研究として、Bauerkämper (2010; 2017) ; Kallis (2016); Weyland (2017; 2021) がある。戦間期ヨーロッパのファシズムと権威主義に関する研究レビュー論文として Baranowski (2022) と藤嶋（二〇二〇）を、グローバル・ヒストリーとしてのファシズムに関する詳しい研究動向紹介として小野寺（二〇一九）を参照。

参考文献

石田勇治（二〇一五）『ヒトラーとナチ・ドイツ』講談社現代新書。

板橋拓己（二〇一六）「ヴァイマル共和国――「即興デモクラシー」のゆくえ」森井裕一編『ドイツの歴史を知るための50章』明石書店、二〇九～二一四頁。

板橋拓己（二〇二〇）「ヴァイマール共和国１００年――そのアクチュアリティをめぐって」『ドイツ研究』第五四号、一八～二四頁。

板橋拓己（二〇二二）「現代ドイツの右翼ポピュリズム――その歴史と世界観」山崎望編『民主主義に未来はあるのか？』法政大学出版局、一六七～一九二頁。

ヴィルシング、アンドレアス、ベルトルト・コーラー、ウルリヒ・ヴィルヘルム編（二〇一九）『ナチズムは再来するのか？――民主主義をめぐるヴァイマル共和国の教訓』板橋拓己・小野寺拓也監訳、慶應義塾大学出版会（原著二〇一八年）。

エヴァンズ、リチャード・J（二〇一八）『第三帝国の到来』上下巻、山本孝二訳、大木毅監修、白水社（原著二〇〇三年)。

小野寺拓也(二〇一九)「「ファシスト・インターナショナル」——グローバル・ヒストリーとしてのファシズム」(1)『みすず』二〇一九年六月号、一二~二五頁/(2)『みすず』二〇一九年一二月号、一四~二七頁。

小野寺拓也・田野大輔(二〇二三)『検証 ナチスは「良いこと」もしたのか?』岩波書店(岩波ブックレット)。

木村靖二・柴宜弘・長沼秀世(二〇〇九)『世界の歴史26 世界大戦と現代文化の開幕』中公文庫。

ゾントハイマー、クルト(一九七七)『ワイマール共和国の政治思想——ドイツ・ナショナリズムの反民主主義思想』脇圭平・河島幸夫訳、ミネルヴァ書房(原著一九六八年)。

高橋進(二〇二〇)『ムッソリーニ——帝国を夢みた政治家』山川出版社。

ダニエル、ウーテ(二〇一九)「政治的言語とメディア」『ナチズムは再来するのか』、三三~四九頁。

ツィーマン、ベンヤミン(二〇二〇)「１００年後のヴァイマール共和国——歴史化と現在化のはざまで」『ドイツ研究』第五四号、六~一七頁。

パスモア、ケヴィン(二〇一六)『ファシズムとは何か』福井憲彦訳、岩波書店(原著二〇一四年)。

馬場康雄(一九九八)「歴史現象としてのファシズム——その定義をめぐる問題を中心に」『岩波講座世界歴史24 解放の光と影 １９３０年代—４０年代』岩波書店、二五三~二六九頁。

ファルター、ユルゲン・W(二〇一九)「抵抗の国民政党」『ナチズムは再来するのか』、五一~六九頁。

福田宏(二〇一五)「パン・ヨーロッパとファシズム——クーデンホーフ=カレルギーとヨーロッパの境界」『地域研究』第一六巻一号、一一八~一三六頁。

プシェヴォスキ、アダム(二〇二三)『民主主義の危機——比較分析が示す変容』吉田徹・伊﨑直志訳、白水社(原著二〇一九年)。

藤嶋亮(二〇二〇)「戦間期東欧政治史への/からの問いかけ——権威主義体制論と比較ファシズム論の視座より」『東欧史研究』第四二号、六三~六九頁。

ヘット、ベンジャミン・カーター(二〇二〇)『ドイツ人はなぜヒトラーを選んだのか——民主主義が死ぬ日』寺西のぶ子訳、亜紀書房(原著二〇一八年)。

マゾワー、マーク(二〇一五)『暗黒の大陸——ヨーロッパの20世紀』中田瑞穂・網谷龍介訳、未來社(原著一九九八年)。

ミュラー、ヤン=ヴェルナー(二〇一九)『試される民主主義——20世紀ヨーロッパの政治思想』板橋拓己・田口晃監訳、岩波書店（原著二〇一一年）。
山口定（二〇〇六）『ファシズム』岩波現代文庫（原本一九七九年）。
山本みずき（二〇二二）「越境するファシズム――ダイアナ・ミットフォードとBUFのナチスへの接近」『法學政治學論究』第一二九号、一三一〜一六五頁。
Baranowski, Shelley (1995) *The Sanctity of Rural Life: Nobility, Protestantism, and Nazism in Weimar Prussia*, New York: Oxford University Press.
Baranowski, Shelley (2022) "Authoritarianism and Fascism in Interwar Europe: Approaches and Legacies," *The Journal of Modern History* 94 (3), 648–672.
Bauerkämper, Arnd (2010) "Interwar Fascism in Europe and Beyond: Toward a Transnational Radical Right," in: Martin Durham and Margaret Power eds., *New Perspectives on the Transnational Right*, New York: Palgrave Macmillan, pp. 39–66.
Bauerkämper, Arnd (2017) "Der europäische Faschismus in transnationaler Perspektive," *Zeitschrift für Geschichtswissenschaft* 65 (2) (Faschismus in Europa 1919–1945), 170–184.
Bauerkämper, Arnd, and Grzegorz Rossoliński-Liebe eds. (2017) *Fascism without Borders: Transnational Connections and Cooperation between Movements and Regimes in Europe from 1918 to 1945*, New York: Berghahn.
Büttner, Ursula (2018) "Ausgeforscht? Die Weimarer Republik als Gegenstand historischer Forschung," *Aus Politik und Zeitgeschichte*, 68 (18–20), 19–26.
Canning, Kathleen (2019) "Remembering and Forgetting Germany's First Democracy: Reflections on the Founding of the Weimar Republic in 2019," *Bulletin of the German Historical Institute*, 65 (Forum: The Weimar Republic Reconsidered), 19–36.
Dafinger, Johannes, and Dieter Pohl eds. (2019) *A New Nationalist Europe Under Hitler: Concepts of Europe and Transnational Networks in the National Socialist Sphere of Influence, 1933–1945*, London / New York: Routledge.
Fioravanzo, Monica (2017) "Italian Fascism from a Transnational Perspective. The Debate on the New European Order (1930–1945)," in: Arnd Bauerkämper and Grzegorz Rossoliński-Liebe eds., *Fascism without Borders: Transnational Connections and Cooperation between Movements and Regimes in Europe from 1918 to 1945*, New York: Berghahn, pp. 243–263.
Griffin, Roger (1991) *The Nature of Fascism*, London: Pinter.
Griffin, Roger (2018) *Fascism: An Introduction to Comparative Fascist Studies*, Cambridge: Polity.
Gunitsky, Seva (2021) "Great Powres and the Spread of Autocracy

Since the Cold War," in: Nuno P. Monteiro and Fritz Bartel eds., *Before and After the Fall: World Politics and the End of the Cold War*, Cambridge: Cambridge University Press, pp. 225–243.

Hochmuth, Hanno, Martin Sabrow, und Tilmann Siebeneichner Hg. (2020) *Weimars Wirkung. Das Nachleben der ersten deutschen Republik*, Göttingen: Wallstein.

Kallis, Aristotle (2016) "Fascism and the Right in Interwar Europe: Interaction, Entanglement, Hybridity," in: Nicholas Doumanis ed., *The Oxford Handbook of European History, 1914–1945*, Oxford: Oxford University Press, pp. 301–322.

Laqueur, Walter (1996) *Fascism: Past, Present, Future*, New York: Oxford University Press.

Mergel, Thomas (2011) "Dictatorship and Democracy, 1918–1939," in: Helmut Walser Smith ed., *The Oxford Handbook of Modern German History*, Oxford: Oxford University Press, pp. 423–452.

Müller, Tim B. (2018) "Von der „Whig Interpretation" zur Fragilität der Demokratie. Weimar als geschichtstheoretisches Problem," *Geschichte und Gesellschaft* 44 (3), 430–465.

Müller, Tim B. (2019) "The Opportunities and Challenges of Democracy: Weimar and Beyond," *Bulletin of the German Historical Institute* 65 (Forum: The Weimar Republic Reconsidered), 111–129.

Paxton, Robert O. (2004) *The Anatomy of Fascism*, New York: Alfred A. Knopf.

Pinto, António Costa and Aristotle Kallis eds. (2014) *Rethinking Fascism and Dictatorship in Europe*, Basingstoke / New York: Palgrave Macmillan.

Raithel, Thomas (2018) "Noch immer ein Schreckbild? Das heutige Deutschland und die Weimarer Republik," *Vierteljahrshefte für Zeitgeschichte* 66 (2), 299–308.

Roberts, David D. (2016) *Fascist Interactions: Proposals for a New Approach to Fascism and Its Era, 1919–1945*, New York / Oxford: Berghahn.

Rossol, Nadine and Benjamin Ziemann eds. (2022) *The Oxford Handbook of the Weimar Republic*, Oxford: Oxford University Press（ドイツ語版は *Aufbruch und Abgründe. Das Handbuch der Weimarer Republik*, Darmstadt: wbg Academic.）.

Sabrow, Martin Hg. (2020) *Auf dem Weg nach Weimar? Demokratie und Krise*, Leipzig: Akademische Verlagsanstalt (AVA).

Seefried, Elke (2016) "Die Krise der Weimarer Demokratie. Analogien zur Gegenwart?" *Aus Politik und Zeitgeschichte* 66 (40–42), 18–23.

Stone, Marla (1993) "Staging Fascism: The Exhibition of the Fascist Revolution," *Journal of Contemporary History* 28 (2), 215–243.

Weitz, Eric D. (2018) *Weimar Germany: Promise and Tragedy*, Weimar Centennial Edition with a New Preface by the Author, Princeton: Princeton University Press (1st ed. 2007).

Weyland, Kurt (2017) "Fascism's missionary ideology and the autocratic wave of the interwar years," *Democratization* 24 (7), 1253–1270.

Weyland, Kurt (2021) *Assault on Democracy: Communism, Fascism, and Authoritarianism During the Interwar Years*, Cambridge: Cambridge University Press.

Wildt, Michael (2017) *Volk, Volksgemeinschaft, AfD*, Hamburg: Hamburger Edition.

第2章　オランダの経験
――戦間期民主主義における「三つの挑戦」

水島治郎

はじめに――「三つの挑戦」

二〇世紀のオランダでは、キリスト教系と労働組合系の強固な社会組織のネットワークが張り巡らされており、その組織基盤を背景にキリスト教民主主義政党と社会民主主義政党からなる二大政党群が、長きにわたって政治の中核を占めてきた。オランダは、「柱」（pillar）とよばれる社会集団が宗教・イデオロギーを軸とする「部分社会」を構成し、各集団のエリートの協調に支えられて「多極共存型デモクラシー」が成立した国として知られている（Lijphart 1968）。多くの人々は「柱」に連なるコミュニティに属し、学校や職業、結婚、スポーツ活動、さらに福祉施設にいたるまで、「柱」の中で過ごしたとされている。

「柱」に属する人々が系列の政党に支持を与えるのは自明のことだった。党員や活動家がこの「柱」からリクルートされたことはいうまでもない。

しかし一九七〇年代以降、このような「柱」の融解が進み、既成政党を支えた基盤が崩れる。そして二一世紀に入り、既成政党、既得権益を批判するポピュリズムが広く支持を得た背景には、「柱」の消滅、既成政党の影響力の決定的な後退があったといえる。

二〇二一年に実施されたオランダの総選挙では、比例代表制度のもと、議席を獲得した政党が一七党にのぼった。新党の「百花繚乱」状況が生じたのである。二一世紀に既成政党の弱体化が一層進むなか、既存の宗教や団体と縁の薄いポピュリスト政党など、多様な新党の参入と拡大が相次いでいる。前回（二〇一七年）の一三党を大幅に上回る二〇二一年選挙の結果は、各界に大きな驚きを呼び起こした。

もともとオランダでは、一九一七年の憲法改正によって比例代表制が導入されて以降、現在に至るまで一世紀以上、一議席まで議席を配分する、「完全比例代表制」が採られてきた（オランダにおける完全比例代表制の形成と展開については、水島（二〇二二）を参照）。途中、総議席数が一〇〇から一五〇に増加するなどの変更はあったものの、百年にわたって制度そのものはほぼ変わっていない。〇・六七％程度の得票率、約七万票で一議席を獲得できる極端な制度により、小党の議会進出は極めて容易である。その意味で、多数の小党が議会に進出すること自体は、不思議なこととはいえない。しかしオランダでは、この「完全比例代表制」の存在にもかかわらず、先に述べたキリスト教民主主義系、そして社会民主主義系の政治社会的な組織化が有権者を包み込んできた結果、長きにわたり小党分立状況が抑止されてきた。

ところで、ちょうど一世紀前、第一次世界大戦末期から戦間期の時期に時計の針を戻してみると、実は現代と共通する、既成政党、既成政治への正面切った批判、挑戦の試みが存在したことに気づく。既存の議会体制をひっくり返そうとする「革命の試み」があり、あるいは雨後の筍のように出現した新党が有力政党に対抗して独自の主張を展開して議席を獲得したり、さらには権威主義的なファシズム系の政党が支持を伸ばしたことがあったのである。

そこで本章では、この戦間期に注目し、三次にわたる既成政治への「挑戦」の試みを描いてみたい。しかもその「挑戦」の多くは、反既成政党を掲げたポピュリズム的な「挑戦」だった。そのため、百年近く前の事象でありながら、これを振り返って検証することが、今日のポピュリズムを考えるうえでも重要な意味を持つだろう。

I　第一の挑戦――「革命」の試み

安定に彩られた印象の強いオランダ政治であるが、実は第一次世界大戦末期、「革命」が本格的に叫ばれ、既存の政治体制の変革への期待が高まったことがあった。

一九一八年一一月、ドイツ革命の余波が隣国オランダにも及ぶ。オランダは大戦中、中立国として戦火の舞台となることは避けられたものの、長きにわたる窮乏を強いられた国民の不満は高まり、動員状態の続く兵士の一部に不穏な空気が漂っていた。その中で隣国ドイツにおける革命の勃発、そしてドイツ皇帝だったヴィルヘルム二世のオランダ亡命という予想外の事態が生じ、国際情勢がオランダを巻き込んで急速に展開すると、特に社会民主主義系の政治家や労働組合において、これを革命の好機とする見方が広がる。

その代表格が、社会民主主義労働者党の指導者として名高いトルールストラだった。一一月一一日、彼はロッテルダムの労働組合の集会で「革命を起こそう」と呼びかける。時間をかけて改革するのではなく、「いま労働者階級が権力を掌握する」ことの必要性を訴え、多くの参加者の熱烈な賛同を得たのである。

さらに翌一一月一二日、トルールストラは下院（第二院）に姿を現し、革命的変革に向けた演説をぶち、現政権を正統性もモラルも欠如し全国民の代表にふさわしくないと批判し、労働者階級の権力掌握の必然性を訴えた。暴力革命は望まないとしつつ、国家権力が無理に権力行使により労働者の動きを抑圧することのないよう警告した。他の議員から「直近の選挙では、あなたの政党の得票率は二二％に過ぎなかったが、いったいどうしてそうなるのかね」という皮肉めいた質問が寄せられると、選挙後における国内外の情勢の急展開などを指摘し、最も正当性を持つのは社会民主労働者党だ、と反駁している。議場には緊張が走った。

しかし「革命」の宣言は、それ以上の広がりを持たなかった。政府側は不穏な動きを未然に防ぐため、パンの配給量の増量、兵士の動員解除などを決め、主要都市で警備を固めて万一に備えた。首相のライス・デ・ベーレンブラウクは、「騒ぎが広がれば、食料の早期の調達に支障が出るだけだ」と述べ、革命を望む動きにくぎを刺した（Van der Horst 2007）。そもそもトルールストラの革命の呼びかけは、一般党員や労働者層から熱烈な支持を得たとはいえ、他の党指導者らとの相談なく行われ、具体的な革命の遂行や権力移行の筋書きを欠いていたため、指導者層の積極的な賛成を得ることはできなかった。

こうしてトルールストラは革命宣言の取り下げに追い込まれ、オランダ史の中で例外的な革命の企ては、あっけなく失敗に終わる。トルールストラの威信は低下し、これ以後、社会主義運動で彼が重要な役割を果たすことはほとんどなかった。他方、「革命の脅威」を議場で身をもって体験した閣僚や既成政党の指導者層は、今後の革命の芽を摘むため、社会立法などを通じた労働者階級の慰撫に努めることになる。この「革命の失敗」後の数年のうちに、八時間労働など重要な改革が実現した。結果的にこの革命騒ぎは、キリスト教民主主義系与党による「改革」を促し、既存の有力政党の権力維持に力を貸すこととなった。

しかもさらに興味深いのは、この「革命」に対抗するために全国各地で発生した「反革命」の動きである。カトリック、プロテスタントの両派はそれぞれに政府支持の集会、デモンストレーションを開催し、革命の動きに対抗した。プロテスタント系勢力は、アムステルダムの有名なコンサートホールのコンセルトヘボウで集会を開き、「革命に対抗して福音を」のスローガンを掲げた。マーストリヒトでは、カトリック労働組合などが「反革命委員会」を設立した（「反革命」の動きについては、Van Miert（1994）を参照）。

極めつけは、一一月一八日に政治の中心地、ハーグのマリーフェルト広場で開催された、政府と王室への支持を掲げる大集会である。ここにはプロテスタント、カトリック、その他の愛国的な「オレンジ派（オレンジはオランイェ王室のシンボルカラー）」の人々が多数集結した。しかもウィルヘルミナ女王、ユリアナ王女が馬車に乗って姿を現し、オランダ国旗の小旗を振る群衆に熱狂的に迎えられた。なお、途中で馬車の引き綱が馬から外され、代わって警護の兵士たちが自ら女王らの乗る馬車を引くという「ハプニング」が生じる。しかし実はこの「ハプニング」は、事前に計画された筋書き通りの出来事だった。いずれにせよこの大集会は、「革命」の動きの息の根を止めるに十分だった。この女王や王女の臨席したハーグの大集会の様子は動画で撮影され、各地の映画館で上映された。こうして第一次世界大戦後のオランダでは、「革命」の動きはむしろ宗派勢力、「愛国的」勢力による体制防衛の動きを強め、戦間期の政治的安定に貢献する結果となったといえよう。

Ⅱ　第二の挑戦——新党の試み

1　完全比例代表制の導入

既成政治に対する第二の挑戦として挙げるべきは、一九一〇年代末から二〇年代初頭にかけて、特に比例代表制を活用して多様な新党が名乗りを上げ、既存の政党政治に対抗しようとしたことである。

前述のようにオランダでは、一九一七年以降、世界的にも珍しい「完全比例代表制」が採用されている。もともと一九世紀後半のオランダでは、制限選挙制のもと、単純小選挙区制が採用され、財産と教養を持つ有産階級を母体に、自由主義派や保守派の議員が選ばれていたものの、政党としてまとまることはほとんどなかった。しかし産業化が進むにつれ、労働運動に支えられた社会主義勢力、そしてプロテスタント、カトリックなどの宗派勢力が、政治的に活発化する。しかもこれらの新興勢力は、イデオロギーや綱領を明示し、党員と組織を備える政党を結成していく（作内（二〇一六）も参照）。

そして一九一七年、各勢力の妥協として、普通選挙権と比例代表制の導入が決定される。自由主義、社会主義、カトリック、プロテスタントの四勢力が入り乱れる中で、少数派であっても一定の議席を確保できる比例代表制は、お互いに得策と思われたのである。

ただ、自由主義派や保守派からすると、比例代表制は政党の権力を強め、議員の自律性を損ない、議会のあり方を歪めるものと捉えられた（Vossen 2003）。彼らにとって国会議員とは、有権者によって拘束されることなく、国民全体の利益を図るために働く存在である。しかし比例代表制により、政党が候補者選定から選挙運動、活動資金に至るまで支配下に置くことで、議員たちは政党に従属し、議員は単に「上官の命令を忠実にこなすだけの党兵」に落ちぶれてしまうという。

ここで争点となったのは、議会政治の主役は自律性を持ち、「公共の利益」のために働く議員なのか、それとも特定のイデオロギーや理念を掲げ、支持者の利益・信条を実現するために活動する政党なのか、という問題である。政党は公共の利益に資する存在なのか、それとも部分利益に資するのか、という対立でもある。

そこで自由主義派から一九一七年の選挙法改正に際し提案されたのが、政党が議席を獲得できる得票率（阻止条項）をミニマムとし、獲得議席一で議会に進出できる完全比例代表制だった。すなわち、一人政党による議席獲得を可能とすれば、既成の政党の枠内にない人物が、単独で選挙に参加し、議席を獲得することができる。これにより、政党から自立した著名人、優れた能力を持つ人士、「野武士」（wilden）のような人々が議員となり、議会の活性化に貢献するだろう。個々人が「公共の利益」のために活動する、「理想の議員像」がその背景にあった。

2　新党の百花繚乱

では、「優れた能力を持つ人士」は議会に送られたのか。実は一九一八年選挙では、雨後の筍のように新党が結成され、有力政党に対抗しつつ、独自の選挙戦を展開している（新党の詳細についてはVossen（2003）が詳しい）。

数ある新党の中で最も有望視されたのが、無党派系の元大臣トループの結成した経済同盟である。トループは第一次世界大戦下、無党派大臣として財務相を務め、個性的ながら行動力があり、実務に通じた人物――あだ名は「前進大臣」だった――として知られた人物である。彼を含む財界人、政治家、弁護士のグループは、男子普通選挙と比例代表制の導入により一層政党化が進む政治の現状に危機感を覚え、無意味な政党間対立を抑止し、大戦後の機動力ある産業政策の実施を求める立場から、既成政党とは異なる政治のあり方を追求した。彼らにとって望ましい政治家とは、イデオロギーに縛られたり、政党組織や世論の圧力に屈したり、「労働者を満足させるべく」放漫財政を許容することなく、専門的知見をもって必要な政策を実施できる有能な人物のことだった。同時に彼らは、「下からの圧力」に屈しやすい議会の権限を制限し、執行権の強化も訴えた。

トループの個性を前面に出して選挙戦を展開した経済同盟は、宗派勢力や社会民主主義勢力が影響を強める政治に批判的な経済界、知識人の強い期待を集め、党員は瞬く間に数千人にのぼった。寄付も相次ぎ、一九一八年六月にトループは国内二二都市で選挙ツアーを実施して各地で演説会を催すとともに、新聞に大々的に広告を載せて有権者に浸透を図った。広告の文句は「政党政治よさらば、国家社会主義よさらば」「実行力ある人物に政治のかじ取りを委ねよ」とあり、政党より個人の個性、能力を重視する経済同盟の姿勢を明確に示していた。マーストリヒトの演説会には一五〇〇名が参集し、アムステルダムのコンセルトヘボウでは室内会場に入れない人が千人単位で生じ、急遽屋外の会場に変更されたという。行く先々で熱い歓迎を受けたトループら経済同盟の指導者たちの期待は、選挙が近づくにつれ、否が応でも高まっていく。

しかし結果は期待外れだった。得票率は三・一%に過ぎず、獲得議席は三議席にとどまった。これでは旧来の体制を打破するに程遠く、現実の政治で影響力を発揮することは困難だった。経済同盟を支えた盛り上がりは潮が引くように弱まり、数年後、経済同盟は他の自由主義系政党と合併し、独自の政党として終止符を打った。

3 「人が死ぬまで搾りとるのさ！」

一九一八年選挙では、この経済同盟の他にも多様な新党が選挙に参加した。

エンターテインメント業界に支持された中立党、飲食業界に支持された中間層党、下士官団体に支持された国防軍民主化連盟、農民層に支持された農村同盟は、それぞれ一議席を得て議会に進出した。彼らは既成政党を真っ向から批判し、選挙運動を展開した。
特にユニークさの目立ったのが中立党である。この党はオランダの芸能界で知名度を誇り、「レヴューの王様」と呼ばれたヘンリ・テル・ハルがオペラ座支配人、G・H・コープマンらとともに設立した政党である。スポーツ界や芸能界の支持を受け、既成政治をこきおろす選挙戦を展開した。レヴューを選挙活動に取り入れ、政治風刺を組み合わせて税負担の重さを訴える手法はオランダ政治で異例であり、注目を浴びた。ヘンリ・テル・ハルはレヴューのなかで、既存の政党政治家を国庫にたかって個別利益をむさぼり、真面目に働く庶民から税金をむしりとる悪人として表現し、そのような政党政治を脱却して公共の利益に資する政治を実現すべきと訴えた。レヴューの文句は以下の通り。

やつらは人のお金をむしりとる
そしてパン切れを奪いとる
さらに次に何をするかと見れば
やつらは人が死ぬまで搾りとるのさ!

なお中立党という党名は、既存の政党間対立を彩る左右のいずれにも属さず、特定のイデオロギーを掲げず、国民全体の一般利益に奉仕する存在としての「中立」という意味に由来する。
しかしこれらの多様な政党にとって、いずれも選挙結果は期待を裏切るものだった。中立党は得票率〇・五三%、中間層党は〇・九四%にとどまり、それぞれ一議席を得たものの、関係業界以外への広がりを欠いた。両党はいずれも後に、自由主義系政党と連携して生き残りを図ったものの、党成立時の熱気が長続きすることはなかった。

こうして、新党はいずれも厳しい現実をつきつけられた。普通選挙と比例代表制の導入された一九一八年選挙では、労働者や民衆階層に支持の多い、社会主義、およびカトリック、プロテスタントのキリスト教系勢力が圧倒的地位を占めた。新党はいずれも議会で冷遇され、そのほとんどは消滅・吸収の道をたどった。それ以後、二一世紀の初めまで、オランダ政治を中核として担ったのは、キリスト教民主主義と社会民主主義の二大勢力だった。

4 「最も無作法な人物」

数ある新党のなかで独特の存在感を放ったのが農村同盟、特にその指導者のアレント・ブラートである（彼は一九一九年、前議員と交代する形で議員に就任した）。その破天荒な言動と行動は強い注目を浴びた。彼は既存の政治のあり方を強く批判し、議会は都市のインテリの独占物にすぎず、農村が排除され、農民が軽蔑されていると訴えた。議会では無意味な手続きや形式が重視され、農民の実務経験が活かされるどころか物笑いの種となる、という。そして彼は、夏時間制度や八時間労働の導入などの改革が農民を窮地に追い込むとして反対し、政府と議会を批判した。彼によれば、このままでは「オランダのレーニンたちやトロツキーたちが革命を起こす」だろう、必要なのはナポレオンのような公明正大な指導者だという。

また、議会における彼のぞんざいな言葉遣いや行動はその「田舎者」イメージを強め、他のほぼすべての政党からキワモノ扱いを受けた。議場で彼が、靴を履いたまま両足を机の上に投げ出す様子を戯画的に描いたイラストが残っている。こうして彼は、オランダ政治史上、「最も無作法な人物」とさえ評されたのである。

ただ、他の小党のほとんどが短期で消滅したり、事実上存在感を失ったのに対し、ブラートの強烈な個性に彩られた農民同盟は、一部の農民層の強い支持を受け、一九二二年の総選挙でも得票率一・六％、二議席を獲得することができた。翌年の州議選でも得票率を伸ばし、特に北東部の農村州、ドレンテ州で強い支持を受けた。フリース、アンローなどの農村自治体では、農村同盟の得票率は三割を超えている。

しかし農村同盟が支持を拡大した半面、ブラートの歯に衣着せぬ発言、行動を快く思わない党内の人々からの反発が次第に強まり、党を二分する内紛に発展する。デ・ブール議員を中心とする反ブラート派は最終的に党を追われ、一九二五年、独自に新党を結成して選挙に参加したが議席獲得に失敗した。しかしブラート側の負った傷も深く、以後農村同盟（およびその後継政党）は凋落の道をたどる。別の人物のもとで党の再建が図られるが、それも失敗し、一九三七年の総選挙で得票率は〇・一％にまで落ち込んだ。

5　「反政党的な政党」

さて比例代表制が導入されて二回目となる一九二二年選挙では、無所属議員選出委員会なる政党が結成され、注目を集めている。

同党は、有権者の信頼に足る「能力と人格」を持つ人物を議会に送ることを掲げ、選挙運動を展開した。反政党の立場を明示したこの団体には、歴史家として名高いホイジンガ、ケルンカンプをはじめとする文化人、芸術家らが支持を寄せ、独自の輝きを放った。オランダを代表する女性運動家の医師・研究者として歴史に名を残す、カタリーナ・ファン・トゥッセンブルークもこの動きに賛同した。この団体は、候補者をアルファベット順に名簿に並べることで、政党組織による支配を拒否する姿勢を明示した点でもユニークである。

しかしこの新党は、関係者の盛り上がりと裏腹に、得票率は〇・四％にとどまり、議席獲得に遠く及ばなかった。エリート中心で大衆的基盤を欠く「反政党的な政党」が議席を得、継続的に議会で存在感を発揮することは、一種の自己矛盾を抱えていたといえる。以後、小党の選挙参加自体が低調となる。

このように第一次世界大戦末期から一九二〇年代初めにかけてのオランダでは、既成政党を批判し、既存の政治から零《こぼ》れ落ちる人々の声をすくい上げようとする多種多様な新党・小党が出現した。オランダ政治は、ユーモラスで個性あふれる人物が入れ替わり登場し、騒がしくも賑やかな舞台となった。

しかしその試みがほとんど失敗するなか、一九三〇年代に世界恐慌の影響がオランダに本格的に到来すると、困窮する人々の生活を放置する政治の無策への嘆き、既成政党に対する批判は悲観的なトーンを帯び、ユーモラスどころではなくなる。そのなかで台頭したのが、ファシズム政党の国民社会主義運動（NSB）である。

Ⅲ　第三の挑戦──権威主義的政治運動

1　国民社会主義運動（ＮＳＢ）の伸張

国民社会主義運動は一九三一年、ユトレヒトでアントン・ムッセルト（ミュセルト）やケース・ファン・ヘールケルケンらによって結成された、権威主義的なファシズム系の政党である。既存の議会政治を拒否し、国民的統一を訴え、秩序と権威の回復を掲げて支持を広げた。特にオランダ社会がストライキや抗議行動などで混乱した一九三三年に顕著に躍進し、同年末に党員数は二万人に達した。ムッセルトはイタリアのファシスト指導者、ムッソリーニに親近感を覚えていたが、党名にはファシズムよりオランダ人に抵抗感の少ない「国民社会主義」を用いている。一九三五年に州議選で得票率が八％に達し、各界に強い衝撃を与えた。

当初、この党はドイツのナチ党と異なり、反ユダヤ主義を掲げることはなかった。歴史的にユダヤ人差別の少ないオランダで反ユダヤ主義の立場を打ち出すことは、党のイメージを損なうものとしてムッセルトも慎重だったのである。しかし党が支持を広げ、急進的で排外志向の強い新メンバーが続々入党して影響力を増すに及び、党の方向は大きく変わっていく。

この急進派の代表格が、オーストリア在住時にナチ勢力と親しい関係を築き、ナチ・ドイツの親衛隊指導者ヒムラーとも近い関係にあった、ロスト・ファン・トニンゲンである。彼は一九三六年に入党するとたちまち頭角を現し、外務部門や党機関紙などの重要部門で要職を占める（Foray 2012）。この彼を中心とし、ナチ・ドイツをモデルとする「民族派」の台頭により、国民社会主義運動は反ユダヤ主義に急速に傾き、ついに党として「ユダヤ人問題」を打ち出すに至る。街頭行動は暴力的色彩を帯びる。

こうして党の拡大と急進化を経て迎えたのが、一九三七年の総選挙だった。国民社会主義運動の機関誌『人民と祖国』は獲得議席として二〇議席を予想し、党員は強い期待を込めて結果を見守った。

しかし現実はその逆だった。得票率はわずか四・二%、議席数にして四議席にとどまり、期待は大きく裏切られた。一九三五年の州議選の得票率を半減させる敗北となり、関係者は絶句したという。投票結果の捏造を疑う声も上がった。創設以来の党幹部、ファン・ヘールケルケン総書記は「人々はわれわれを望んでいないのだ」と嘆じた。

国民社会主義運動への支持激減の背景としては、ロスト・ファン・トニンゲンの影響下で党の急進化・暴力化が顕著となり、当初支持していた保守層が違和感を覚えて離反したこと、党外から様々な組織・団体が幅広く国民社会主義運動の伸張に警戒の声を上げ、支持しないよう訴えたことなどが挙げられる。カトリックとプロテスタント両派はいずれも一九三六年、信徒に国民社会主義運動の支持を禁じたが、これは信徒層に一定の支持を広げていた同党に打撃となった。また、国民社会主義運動の伸張に危機感を覚えた各界の指導者らが結成した「民主主義による団結」は、国民社会主義運動への対抗運動を積極的に展開し、大衆集会を開催し、「民主主義者に投票を」と訴えた。著名な歴史家ヤン・ロメインらが結成した「警戒委員会」も、知識人に同様の働きかけを行った。いわば国民社会主義運動を批判する包囲網が設置され、徐々にその網を狭めていったのである。

国民社会主義運動は、一九三九年の州議会選挙でも得票率が三・九％にとどまった。こうして戦間期、オランダでは権威主義的・ファシズム的傾向を持った政党は、強い影響力を持つことはできなかった。

そもそも国民社会主義運動は、オランダの地域社会、市民社会で広がりを持つことはなかった。それは次の研究からも容易に見て取ることができる。

二〇一九年にアムステルダム在住の歴史家、リアン・フェルフーフェンの手による『アンネ・フランクはひとりじゃなかった――アムステルダムの小さな広場、1933－1945年』という本が刊行された(Verhoeven 2019)。一九四二年、アンネ・フランクがアムステルダムの「隠れ家」に家族とともに潜伏生活に入ったことはよく知られているが、それまで彼女が八年にわたり住んでいたのがアムステルダムの別の地区、メルウェーデ広場を取り囲む住宅群だった。リアン・フェルフーフェンは、この広場を舞台とし、歴史資料やインタビューをもとにアンネ・フランクや家族、友人たち、町の人々らの生活ぶりを詳細に明らかにしたが、ここに国民社会主義運動の党員たちの話がしばしば登場する。たとえば、同じメルウェーデ広場近く、アンネ・フランクの家の近所に住む男性住民は、もとはプロテスタント系政党に投票していたものの、失望を覚え、国民社会主義運動に新しい未来が約束されていると考え、党員になれば何らかの具体的なメリットがあることを期待し、入党したという。しかしその男性が入党したことは、彼の息子の通う学校で知られてしまう。息子は学校の居心地が悪くなり、周りの生徒たちは彼を避けるようになる。入党を公言できる政党ではなかったのである。

2　農民運動と国民社会主義運動

ただ実は一九三〇年代後半、この国民社会主義運動の有力支持基盤に転化したのが、先述のブラート以来の反既成政治の気風を受け継ぐ農民運動だった（Vossen 2003）。一九三〇年代前半に創設され、拡大した農業社会国民同盟がその代表格である。この団体の指導者、実践的な理論家であるヤン・スミットは、恐慌下で苦しむ農民を救うべく精力的に活動し、カリスマ的なリーダーとして農村部で熱烈な支持を受けた。彼は小農を勤労倫理を備え、責任感を持つ模範的存在として理想化し、その小農の自律性を維持させるためには政府の支援が必要と訴えた。特に北東部の農村州、ドレンテ州におけるスミット支持は強固であり、農業社会国民同盟の会員の半数は同州の農民だった。

農業社会国民同盟は独自政党を結成せず、他の政党の支持に回ることで政治的な影響力を行使する道を探った。そして一九三五年の州議会選挙で推薦先となった政党が、国民社会主義運動だったのである。農村の窮乏が進む中、農民の現状に関心を持たない既成政党への幻滅が、ファシズム系政党支持へと農民を駆り立てたといえる。スミット自身はファシズムと距離をとったものの、農業社会国民同盟の有力者やメンバーの一部は国民社会主義運動に積極的に参加する。この州議選でドレンテ州における国民社会主義運動の得票率が全国平均を上回る一一％を記録し、州内の一部の村で強い支持を受けた背景には、農民運動と国民社会主義運動の密接な関係があった。かつて農村同盟が高い得票率を記録した農村自治体として先に挙げたフリース、アンローでは、この選挙で国民社会主義運動が第一党となっている。そして一九四〇年にオランダがナチ・ドイツに占領されると、農業社会国民同盟は国民社会主義運動系の農民戦線と合併し、対独協力へと組み込まれた。

3 ドイツ占領下の国民社会主義運動

一九四〇年にオランダがドイツに占領されて以降、国民社会主義運動は唯一の合法的な政党として存続を認められた。ムッセルトは「オランダ人の指導者」なる称号を与えられ、親独色の強いロスト・ファン・トニンゲンはオランダ銀行総裁や経済省事務総長などの要職に任ぜられた。しかし国民社会主義運動に実質的な権力はなく、占領当局の手足として活動した面が強い。特に東部戦線における義勇兵の徴募や、ユダヤ人迫害に動員された。また個々の党員は、地域社会で当局の方針に反する動きがないか、次々打ち出される反ユダヤ立法が実際に執行されているかを監視した（Verhoeven 2019）。

たとえばアムステルダムに住むアンネ・フランクのクラスメートの叔父は、ストライキを呼びかけるビラを配っているところを国民社会主義運動の党員に通報され、処刑された。またアンネの近所に住むユダヤ人の医師は、着用を義務付けられていた「ダビデの星」をつけずに屋外にいたところ、やはり党員の患者に通報され、収容所に送られた。非ユダヤ人のふりをして迫害を逃れようとしていると思しきユダヤ人についても、党員から告発状が警察に提出された。

メルウェーデ広場の周辺には三〇人ほどの党員が住んでいたとみられるが、彼らが文字通り常に目を光らせ、違反行為をただちに当局に通報したことで、地域社会は息苦しくなっていく。収容所に移送されるユダヤ人が無理やり家から引きずり出される際も、党員がその補佐に回った。ドイツ占領当局に引き立てられた国民社会主義運動に期待し、入党する者は多かったが、イデオロギー的な動機というより、さまざまな便宜を求めてのことだった。そして戦況が悪化し、連合軍が迫ってくると、国民社会主義運動のメンバーの中には家を逃げ出したり、「もはや党員にあらず」という紙を戸口に貼りつけ、難を逃れようとする者もいた。

一九四五年五月、オランダが解放されると、党員らは厳しい追及を受けた。メルウェーデ広場には、家から引きずり出された地元の党員が着衣をはぎ取られ、激しく殴打された。その後、元党員や家族は、地域社会に居場所を失ったり、あるいは人知れずひっそりと暮らすこととなった。

Ⅳ　二大政党の凋落とポピュリスト政党の台頭

第二次世界大戦が終わると、オランダ政治はキリスト教民主主義・社会民主主義の二大勢力が多数を占める安定的な状況が復活し、半世紀にわたりそれが続いた。オーストリアやドイツ、イタリア、ベルギーも同様であり、いわば「教会と労組」をバックとした二大ブロックが各国政治の中核となった。

しかしこの状況が大きく変化したのが一九九〇年代以降である。都市化や個人化が進み、宗教やイデオロギーの凝集力が低下し、固定的な支持基盤が解体して、二大勢力への支持は低下の一途をたどった。特に二〇一七年総選挙では、社会民主主義系の労働党の得票率は六％に落ち込んでしまう。

他方二一世紀に入ると、完全比例代表制をてこに、多様な政党が議会に進出した。イスラム移民系の政党、デンク。中高年層の利益擁護を掲げる五〇プラス党。最もユニークなのが動物党で、動物の権利を憲法に規定することを目指し、動物福祉（アニマル・ウェルフェア）を前面に掲げて支持を集めている。

ポピュリスト政党の進出も著しい。まず右派ポピュリストでは、二〇〇二年フォルタインが設立したフォルタイン党、二〇〇六年にはウィルデルスが設立した自由党が、いずれも選挙初参加で議席を獲得した。左派ポピュリストでは社会党という政党が議席を得た。オランダではすでに二〇〇〇年代、近隣国より早くポピュリスト政党が進出したが、その背景にあったのが、完全比例代表制だった。これらの新党では、個性的な指導者がメディアやSNSを使って発信を行い、支持を獲得している。自由党のウィルデルスは、ツイッターのフォロワーが一三一・三万人に達している。以上のように見ると、宗教やイデオロギーを軸に結集した二〇世紀型社会が解体した二一世紀になって初めて、既成政党の枠に拠《よ》らずに比例代表制の仕組みを用いて多様な主張や人物が議会に参入し、継続的に存在感を発揮することが可能になった面がある。一世紀前の完全比例代表制の「制度趣旨」が、ようやく実現されたようにも見える。

おわりに――「公共の利益」をめぐる対抗関係

それでは最後に、比較政治的な視点から、戦間期と現代を比べてみたい。

戦間期と現代は、いずれも既存の体制が揺らぎ、多様で新たな政治勢力が「開花」し、新規参入していく時代という共通点がある。戦間期は直前の第一次世界大戦、現代はグローバル化や情報革命という巨大な衝撃を受けた、変動の時代という点で共通している。

そのような変動が、何をもたらすのか。三つのパターンが考えられる。第一は、本章で見た戦間期のオランダのように、既存の勢力がポピュリズム的な「挑戦」をはね返し、「安定化」に成功するパターンである。そして第二は、新興勢力を包摂し、「再安定化」に持ち込むパターン。実際に戦間期の各国では、反体制的だった社民政党が「体制内化」していく現象が見られた。そして第三は、新興勢力の台頭により、最終的に既存の体制が「崩壊」するパターンであり、戦間期のドイツ、イタリアなどがこれにあたる。

では現代のオランダはどうか。近年、ポピュリストを含む新興の「非政党的政党」群が台頭する一方、既成政党は弱体化の一途をたどっており、第一の「安定化」パターンの再現は難しいように思える。他方、第二の「再安定化」パターンが果たして成功するか、さだかではない。いずれにせよ、既成政治へのポピュリズム的な「挑戦」、既成政党と「非政党的政党」との「公共の利益」をめぐる対抗関係は、戦間期から百年を経て、再び私たちの目の前でダイナミックに展開しているといえよう。

＊本章は、ＪＳＰＳ科研費（課題番号　21H04386）の成果の一部である。

参考文献

作内由子（二〇一六）「オランダにおける「政党」の成立——保守党の失敗とカルヴァン派政党の成功」水島治郎編『保守の比較政治学——欧州・日本の保守政党とポピュリズム』岩波書店、五七—七八頁。
水島治郎（二〇一六）『ポピュリズムとは何か——民主主義の敵か、改革の希望か』中公新書。
水島治郎（二〇一七）、「「ひとり政党」の一人舞台はならず——二〇一七年オランダ総選挙とポピュリズム政党」『世界』八九五号、二〇三—二一四頁。
水島治郎（二〇一二）「オランダ：「完全比例代表制」の一世紀」日本政治学会編『年報政治学二〇一二—I』四〇—六一頁。
Foray, Jennifer L. (2012) *Visions of Empire in the Nazi-occupied Netherlands,* Cambridge: Cambridge University Press.
Lijphart, Arend (1968) *The Politics of Accommodation: Pluralism and Democracy in the Netherlands*, Berkeley: University of California Press.
Tanja, Erie (2010) *Goede politiek: De parlementaire cultuur van de Tweede Kamer, 1866–1940*, Amsterdam: Boom.
Van der Horst, Han (2007) *Onze premiers (1901 –2002): Hun weg naar de top*, Amsterdam: Athenaeum — Polak & Van Gennep.
Van Miert, Jan (1994) "Confessionelen en de natie," in Dirk Jan Wolffram ed., *Om het christelijk karakter der natie: Confessionelen en de modernisering van de maatschappij*, Amsterdam: Het Spinhuis, pp. 89–112.
Verhoeven, Rian (2019) *Anne Frank was niet alleen: Het Merwedeplein 1933–1945*, Amsterdam: Prometheus.（リアン・フェルフーフェン著、水島治郎・佐藤弘幸訳、『アンネ・フランクはひとりじゃなかった——アムステルダムの小さな広場、１９３３－１９４５年』みすず書房、二〇二二年）
Vossen, Koen (2003) *Vrij Vissen in het Vondelpark: Kleine politieke partijen in Nederland 1918–1940*, Amsterdam: Wereldbibliotheek.

第3章　イギリスの経験
——「議会主義への懐疑」と「自由放任の終焉」

山本みずき

はじめに

「民主主義の実験に対する幻滅は広く深い」——ジョン・アトキンソン・ホブソン

この一節は選挙権が拡大し、民主主義が確立しつつある時代を生きた、戦間期イギリスの経済学者ジョン・アトキンソン・ホブソンの失望のこもった嘆息である（Hobson 1921, 237）。このように民主主義の斜陽を論じたイギリスの知識人はホブソンにとどまらない。政治理論家として国際連盟設立の基盤を築いたレナード・ウルフもまた、同時代に民主主義が欠陥を抱えていることを鋭く見抜いた。彼は次のように書き残している。「政治関連の月刊誌や週刊誌を見たり、政治に関する真面目な本を読んだりするだけで、民主主義は失敗した、あるいは失敗しつつあるという感覚が一般的であることがわかるだろう」（Woolf 1931, 571）。

議会制民主主義の母国であるイギリスは、一九二八年に二〇歳以上の女性に選挙権を付与し、比較的早く男女普通選挙権を実現した。政治参加の裾野が広がり、より広く国民を巻き込むことで民主主義は拡大した。しかしそれは、政治の安定を意味しなかった。冒頭に紹介したホブソンやウルフの言葉からも読み取れるように、イギリスの民主主義、すなわち議会制民主主義に対して懐疑的な立場をとる者はイギリスにもそれなりにいたのである。議会制民主主義への批判は戦間期を通して広く共有され、議会改革のさまざまな構想が政治家や学者から提案されていく（犬童 一九八七、三六）。現体制に限界をみた知識人や政治家によって議会の改革やそれに替わるシステムへの模索が為されたのであった。

果たして何が議会への懐疑を生み出したのか。一つには議会の機能不全を問題視する見方がある。政治システムとしての民主主義／議会主義の「効率性」に対する懸念は、とりわけ首相や閣僚経験のある政治指導者層に見られた。

例えば保守党のスタンリー・ボールドウィンは一九三六年に議場で熱弁を振るい、「民主主義は全体主義体制の『効率性』に対抗できない」「民主主義は常に独裁者に二年遅れている」と訴えた（Baldwin 1936）。労働党政権で初めての首相となったラムゼイ・マクドナルドは「（既存の形態の議会は）資本家独裁の単なる道具、あるいはデマゴーグや党幹部の手になる単なる遊具である」と述べ、民意とかけ離れた議会政治の実態を批判した（Macdonald 1920, 53）。議会主義の模範として参照されることの多いイギリスにおいて、一九二〇年代以降政権交代を繰り返しながらイギリス流の民主主義を形作ってきた保守党と労働党の党首は、ともに議会制民主主義の限界を認識していたのである。

もう一方にはオルテガ・イ・ガセットが『大衆の叛逆』の中で描いた、「無能な」有権者が政治の世界に入り込んでくることへの恐怖、すなわち意志や責任感が欠如した有権者への危惧がある。それは例えば自由主義の立場をとる評論家C・D・バーンズの次の言葉にも表れている。「一般人の能力は、民主主義の理想を信じるに足るものではないかもしれない」（Middleton 2022）。このように新たな有権者が民主的市民権に必要な資質を備えているかどうか疑問を投げかける者は、後を絶たなかった。ジャーナリストのアイバー・ブラウンは一九二〇年に「大衆はまだ民主主義に必要な道徳的・知的資質を獲得していない」と述べている（Middleton 2022）。新たな有権者層を支持基盤とする労働党の指導者ですら、「選挙民は完全な民主的市民権に必要な資質をまだ身につけていないにもかかわらず、政治意識を持つ『大衆』を構成している」と認識していたのである（Macintyre 1977）。

そして議会主義への懐疑を生み出すもう一つの重大な問題として、左派右派の立場を問わず当時指摘されたのは経済の停滞であった。労働党のブレーンとして、政策に大きな影響力を有していたハロルド・ラスキは議会主義について観察した著書『イギリスの議会政治』を一九三七年に著し、その中で次のように記している。「それ（議会主義）は資本主義の発展期においてこそ望ましい統治形態となるが、資本主義の衰退期においては維持できない統治形態となる。それは、統治形態がその時代の経済上の原理によって制せられる、そして経済上の原理が新しい時代の要請に応じ得なくなれば統治形態は崩壊する、というさらにもう一つの例証ともなろう」(ラスキ 一九九〇、一五)。ラスキはまさしく経済危機により大混乱に陥った時代に、何であれ政治の統治形態が経済上の原理によって崩壊に追い込まれることを喝破した。

一九二九年のウォール街の株価暴落に端を発した世界恐慌は、未だ第一次世界大戦の傷跡を残すイギリスにも甚大な不況をもたらし、失業率は二七五万人を数えるような事態を招いたのであった。ラスキと同じく社会主義の立場をとる劇作家バーナード・ショーは、目前に広がる世界を次のように批判した。「世界中で三千万の失業者が少しずつ命を落としているというのに、経済学は天災被害や備蓄食料の意図的廃棄を黙認している。会議に出席した各国の代表者たち、経済学者たち、政治家たちは治療しがたい狂人であり、彼らの狂気から生まれる不公正が、彼らが再生しようとしている制度を最終的に粉砕するだろう」(Shaw 1933)。貧困がついには議会制民主主義を粉砕する日がくることを予見したのである。

経済構造を重視する左派系知識人は、経済的混乱の中で、政治体制がマルクス主義的な歴史法則に従って社会主義に移行していくのかどうかを見守った。そして彼らの主張は戦間期に多大な影響力を発揮することになる。その影響を受けた人物の一人がほかならぬエリック・ホブズボームであろう。

議会主義の限界を論じたのは左派知識人にとどまらない。イギリスの優れた外交評論家として名を馳せたハロルド・ニコルソンは、一九三〇年代の経済状況を次のように書き残している。「経済状況はとても深刻で、政党政治のシステムすべてを壊してしまう」(Ball 2004, 120)。言い換えれば欧州大陸において政治体制が権威主義に次々と取って代わられた時代に、イギリスも深刻な議会主義の危機に直面していたのである。それではイギリスにおいて経済危機が深刻な問題として立ち現われた戦間期に、なぜ議会政治は行き詰まったのか。そのことについて恐らく最も雄弁に語った、著名かつ同時代に影響力を持った議会主義への挑戦者が、イギリス人ファシストのオズワルド・モーズリーである。

I　イギリス・ファシスト連合の設立と議会主義批判

日本ではあまり馴染みのない人物だが、彼は一九八〇年に世を去って、今なおイギリスのラジオやテレビで特集を組まれるほどイギリス史に強烈なインパクトを与えた政治家であった。カズオ・イシグロの『日の名残り』にも登場しており、最近では「ピーキー・ブラインダーズ」という戦間期イギリスのギャングを描いた長編ドラマでも重要な役として登場している。また二〇一八年に日本でも上映された、第二次世界大戦下のイギリスを描いた映画『ウィンストン・チャーチル――ヒトラーから世界を救った男（*Darkest Hour*）』の中でチャーチルはモーズリーを揶揄したセリフを言い放っている。

映画から小説に至るまでイギリスでは作品のスパイスとして何かと登場するこの政治家は、道を踏み外さなければ首相となっていた可能性が高い。第一次世界大戦が終結した一九一八年、当時最年少の二二歳という若さで政界入りを果たしたモーズリーは、その際立った弁舌の才能と行動力から、同時代の知識人や政治家から将来の首相と目された。三三歳にして早くもランカスター公領大臣の座に就き、チャーチルが政治家として頭角を現した激動の時代に大きな期待を集めたのである。

ムッソリーニの助言を得て、モーズリーがイギリス・ファシスト連合（British Union of Fascists）を立ち上げたのは一九三二年一〇月のことである。彼は、イギリスにおけるファシズムの教義と政策を説明した『グレーター・ブリテン』（一九三二年）を著し、既存の政治体制を批判して改革の必要性を説いた（Mosley 2019）。「イギリスは戦争時代から立ち直ることができなかった」と述べ、経済不況と政治の停滞は、「一九世紀によって、また一九世紀のために設計された政府の制度に大きく起因」しており、「私は、現行の制度のもとでは、政府は効率的に運営することはできないと考えている」「現状の分析と建設的な政策によって、根本的な変革が必要であることを証明する」と明快に訴えた。

第一に、目前に深刻な経済不況が広がっているにもかかわらず、議会が無益な議論を繰り広げ、政府の手を縛っていることを批判した。「政府のあらゆる行為が、行政問題についての経験も知識もほとんどない議会で、詳細かつ妨害的な議論に付されなければならないとは、到底言えないのである。自由の起源として善意で始まったこの幻想的な制度は、多くの些細な制限で市民を縛り、歴代の政府の手を縛ることで終焉を迎えた」（Mosley 2019, 22）。

アメリカの大統領制は、行政権と立法権が独立して相互に抑制・均衡をはかっているのに対して、イギリスの議院内閣制は、議会の信任に依存する形で内閣が組織されている。議会と首相はともに不信任案と解散権を持つことから、イギリスの議院内閣制を権力分立制の一形態として位置づける議論もある。しかし一方で、例えばウォルター・バジョットは『イギリスの国家構造（イギリス憲政論）』の中で、イギリスの政体に関する「三権分立による抑制・均衡」という定説を形式的な権力配置論に過ぎないとしてしりぞけ、議員内閣制の本質を「権力融合」としてとらえる（Bagehot 2001, 22）。バジョットの理解によれば、国王の行政権への介入に抵抗する上で、議会に信任された首相の強力なリーダーリップのもとで安定的・効果的な政策の実施を可能にする政治体制こそがイギリスの議院内閣制である。行政・立法・司法が相互に抑制し合うのではなく、行政と立法は協働関係にあり、国王・貴族院・庶民院が相互に抑制と均衡をはかっている点にイギリスの三権分立の特徴があろう。議会は必ずしも行政府の権力の氾濫を抑え込む装置としてのみ期待されているわけではなく、内閣が効果的に政策を実施するための補助的役割を担っているという、相反する二つの解釈があった。モーズリーは、目前の議会に対して、内閣の補助的役割として機能していないことを批判した（山本 二〇二三）。

モーズリーの目には、議会で繰り広げられる討論が目前の社会の要請に応えていないように映った。「議会は、民意の代弁者であり、またそうでなければならない。しかし、現状では、その時間は主に、国民が知りもしないこと、気にかけもしないことに費やされている。主要な問題を排除して、各省庁や地方の利害関係者が議会に持ち込む多数の取るに足らない問題を延々と議論することで、誰かにとって状況がよくなると考えるのはばかげている。公共の利益が小さいこのような問題に、議会の時間が奪われ過ぎている。その議論もたいていは無益なものである」。（Mosley 2019, 18–19）

なおこのような議会討論の旧弊についてはラスキも指摘しているが、戦間期において議会の地位が低下した理由について、モーズリーとは幾分違った見方を提示している。「国政議員は、庶民院最前列の議席に座る両党の指導的議員でさえ、ほとんど例外なしに、国民の関心を捉えることが戦前の時期に比べてはるかに少なくなった」ことについてはモーズリーと同じ認識であるが、ラスキに言わせれば、だからと言って討論自体の存在意義が否定されるものではない（ラスキ 一九九〇、二〇）。彼の分析によれば、一昔前のアイルランド自治問題や選挙法の改正、国民教育の原則などは、あらゆる責任ある市民によって理解され得たし、ウィリアム・グラッドストンやベンジャミン・ディズレーリのような人によってドラマチックに持ち込まれたので、庶民院での討論がただちに国民関心の的になっていた。ところが一九三〇年代には、関税表の細目、レート引下げ計画の方針、農業および海運への補助金の条件など、専門的な知識を持つ者の力を借りなければ取り扱うことが難しい議題が多く討論の場に持ち込まれ、新聞各紙も討論内容の報道のウェイトを徐々に下げていったという。

ラスキは議会討論の存続を認めたのに対して、モーズリーは議会討論の廃止を訴えた。「現在の議会制度は国民の意思の表現ではなく、否定である」と断じ、立法に際して「多数派」（すなわち内閣）の意思の遂行を議会が妨害しているとみなし、批判を繰り広げた。議院内閣制においては、立法府を構成する庶民院も、行政府を構成する内閣も、いずれも間接民主主義により組織されるために、二つの民意を体現する組織が国家権力構造の中に存在することになる。そしてモーズリーは、内閣を「多数派」とみなし、国民の意思を実現するためには、政府の命令によって立法する権力を確立しなければならないと考えた。だが厳密には、議会そのものを廃止するのではなく、議会が罷免権を保持したまま討論のみを排するべきであると論じた。

我々は国民の同意のもとで、議会が有効な目的のために合理化をはかり、最新式に変革したい。無益な議論を排し、政府に権限を与えようと我々が考えているのは事実だが、それは行動するためであって、誰かが力を持たない限りは何も実現できないからだ。国民から選ばれた議員によって構成される議会は、依然として政府を解散させる権限を持つため、それは独裁を意味しない。しかし、我々は直ちに全権委任法を可決し、評議会命令によってファシスト政府に行動する権限を与える。こうすることで、議会の妨害によって多数派の意思を妨害するような少数派の権力は、間違いなく終焉を迎えることになる。

これを自由主義の終焉だと言う人もいるが、我々はこれこそが自由主義の始まりだと言いたい。真の自由主義とは経済的自由のことである。経済的自由によって、我々は安定した職業と収入を得ることができる。(中略)今日の経済的混乱の中に自由はあるだろうか。そのような混乱に終止符を打ち、人々が自由を手に入れるために、政府に権限を与えなければならない。今日、国民の自由を象徴しているかに見える議会の妨害を断ち切らない限り、政府は行動する力を手にすることができない。今日「自由主義」と呼ばれているのは一九世紀的な愚かなものであり、真の自由主義は、それを取り除かなければ実現できないのである。我々は、人民の生きる自由、すなわち人生の果実を享受する自由と、数人の老人が議会の議論に熱中する自由とのどちらかを選ばなければならない(Mosley 1933)。

以上の引用にモーズリーの議会主義批判のもう一つの核心部分がある。彼が現行の議会を批判しているのは、議会がもっぱら「政治的自由」を保障するものであり、「経済的自由」をもたらすものではないからであった。これは当時左派系知識人を中心に広く展開された議論に通じるものである。彼らにとって「政治的自由」とは既存の社会構造を固定化する仕組みに過ぎない。「真の自由主義」とは人々の「経済的自由」を実現することであり、世界恐慌の煽りをうけて困窮する人々を救済し、彼らが豊かになることで初めて自由主義が実現するという発想に基づいている。そこでは「政治的自由」は次善のものとされた。そしてモーズリーは、イギリスに深く根付く自由主義や民主主義という概念に正面から挑むのではなく、それらを逆手にとって、「経済的自由」の実現を目指す自らの構想こそが自由主義的であると喧伝したのであった。また、廃止するのはあくまで討論であり、議会に内閣の解散権を保持させる限りにおいて民主主義が損なわれないことを強調している。

議会が膠着状態に陥って政府が何も行動を起こせないのであれば、たとえ選挙で議員に信任が与えられ民主主義が保たれていたとしても、議会主義は万能な政治体制とはいえない。目前に広がる経済問題を解決に導くためには、より強い権限を内閣に集中させることが必要だとモーズリーは考えた。そして人々が経済的豊かさを手にして初めて自由主義が実現するという論理を組み立てたのである。

放任主義的な自由主義を放棄して国家介入型の自由主義により経済危機を乗り越えるべきだとする議論は、E・H・カーやジョン・メイナード・ケインズにもみられる戦間期イギリスの言論空間を支配した一つの特徴である。しかし強い権限を内閣に集中させれば問題が解決されるという議論にせよ、「経済的自由」が「政治的自由」に優先されるべきであるという主張にせよ、はたまた議会が回収し得ない人々の民意とは何を指すのかという論理も含めて、モーズリーの議論は根拠が実に曖昧である。議会に解散権がある限りは政府の権限が肥大化しても独裁を意味せず、民主主義や自由主義が保たれるとする主張も、議論の緻密さを欠いている。

経済的豊かさを提供しない限り政治（体制）の安定はないと説いたモーズリーやラスキのように、当時の経済や政治の行き詰まりの原因を議会のありかたに帰した者もいれば、イギリスに定着した自由放任主義（レッセフェール）という経済政策上の立場を批判することで、より構造的な問題点を指摘した者もいた。次節で紹介するニコラス・バトラーやケインズ、フィリップ・ノエル・ベーカーなどの知識人である。彼らは、あくまでも自由放任の原理が経済不況を招いたのであり、自由主義から自由放任の教義を取り除かなければ、現体制が急進主義勢力に転覆され、人々の「自由（liberty）」が失われると警鐘を鳴らした。既存の議会主義に立脚した民主主義を否定して、新たな政治体制の構築を目指す左右の急進主義勢力の存在も問題視したが、それ以上に、議論に基づく政治を維持するために、経済不況をもたらしたレッセフェールの欠陥に目を向けるべきだと考えたのである。

イギリスでは何世紀にもわたって、人々の自由を保障するためにいかなる政治体制が妥当なのか模索されてきた。自由主義の理念と政治体制をめぐる議論は不可分の関係にあったと言えるだろう。

Ⅱ　「自由放任の終焉」

「自由（liberty）」は、現代のニーズ、条件、機会の観点で自由の原則に基づいて組織された世界においてのみ生き残ることができる」(Butler 1934)。

ケロッグ・ブリアン条約締結を促した功績からノーベル平和賞を受賞したアメリカの哲学者ニコラス・バトラーは「リベラリズムへの攻撃」と題して一九三四年九月二日に講演を行った。バトラーは同講演の中で、「市民的、経済的、政治的自由の真の教義と、いわゆる自由放任の教義を区別することは、最も重要である」と強調した(Butler 1934)。

自由を定義し、それを社会的・政治的組織と行動の支配原理として確立するのに何世紀もの時間を要した。自由を定義し、数世紀にわたる着実な浸透を経て、生活と思想の支配原理としての地位を確立したかに見えたが、今、自由は、その真偽、妥当性、実践可能性に対する新たな強力な挑戦に、多かれ少なかれ突然直面することになった。(中略)

自由主義が、今激しく浴びせかけられている攻撃に対抗するためには、現在の経済状況と課題に照らして自由主義の原則を再提示し、自らの正当性と課題解決のための妥当性を新たに証明する必要がある。

(中略)

自由がもたらす生産における自由な競争システムは、その運用のもとでは生産と消費の間の秩序あるバランスを保つことができないため、失敗しており、必然的に失敗しなければならない。(中略)

真の自由による支配のもとでは、各個人は、思想の自由、言論の自由、集会の自由、礼拝の自由だけでなく、生計を立てる機会も自由かつ開放的に与えられなければならないことを肝に銘じなければならない。このような自由から締め出されると、他の自由はほとんど意味をなさない。自由放任主義が真の自由哲学の本質的部分でないのは、まさにこの事実のためである。いかなる人間も、自由という形態のもとで、仲間を食い物にしたり、仲間を不当に利用したり、仲間に機会の扉を閉ざすことは許されない。真の自由とその行使は、稼ぐ自由と貯蓄する自由と、奉仕する能力と意志とを結びつけなければならない。

生計を立てる機会が自由に与えられることを、自由主義を構成する不可欠な一要素とみなしたバトラーは、自由放任を自由主義から切り離し、自由放任に代わる経済路線を自由主義に組み込む形で「自由主義の原則を再提示」する必要性を説いた。そうでなければ、自由主義は目前の経済的・社会的問題に対して答える用意がないものとして、その支配的地位を奪われかねないことを危惧したのであった。

イギリスにおいて、このような既存の経済体制が正常に機能していないことを敏感に察知した人物の一人としてケインズが挙げられる。ケインズはホガース・プレスから『自由放任の終焉』（一九二六年）というパンフレットを公刊しており、そのなかで「自由放任」という教義がいかにして支配的な価値になったのかを明らかにし、それへの批判を展開した。ケインズに言わせれば、当時の一般的な理解や、また今日の一般的な理解とは異なって、アダム・スミスの有名な「（神の）見えざる手（invisible hand）」といった経済における自然調和は神話に過ぎず、現実には存在しないのだった（ケインズ 一九八一、三三三）。「何の干渉もなしに作用する諸個人の利己心がつねに最善の結果を生み出す、という古い見解は正しくない」（ケインズ 一九八一、三二三—三五三）。ケインズは一九世紀の経済学者ジョン・エリオット・ケアンズの言葉を引いて「自由放任の確立は、なんら科学的根拠を持っていない。それは、せいぜいのところ、単なる手軽な実用的原則でしかないのである」（ケインズ 一九八一、三三六）とも言っている。

そしてケインズは、古典的自由主義に代わる「ニュー・リベラリズム」を提唱した。この「ニュー・リベラリズム」とは一九七〇年代に登場した新自由主義（ネオ・リベラリズム）とは異なる経済思想で、経済不況や貧困などの問題を緩和するために、公権力が経済に介入しなければならないという考え方である。

今日、経済学者にとっての主要な課題は、おそらく、政府のなすべきこととなすべからざることを改めて区別しなおすことである。そして、それに付随する政治学上の課題は、そのなすべきことを成し遂げることができるような政府形態を、民主制の枠内で工夫することである。私が思い描いているところを、二つの例を使って説明しよう（ケインズ 一九八一、二八九）。

このような事態にたいする治療法は、一つには、中央機関による通貨および信用の慎重な管理に求められるべきであり、また一つには、知っておけば有益な、企業にかんするあらゆる事実の——必要とあれば法律による——全面的な公開ということを含む、事業状況にかんする膨大な量の情報の収集と普及に求められるべきであると、私は考える（ケインズ 一九八一、二九二）。

ケインズは、つねに景気循環の波にさらされている市場は自由に放任しておくだけでは維持できず、むしろ公共投資による有効需要の創出といった政策によって、政府が市場をある程度計画的に管理すべきだと主張した。

ともに自由放任主義を疑問視したケインズと比較してバトラーの時代診断に特徴的なのは、彼は自由放任主義の問題を指摘するにとどまらず、自由主義を攻撃する勢力が「自由（主義）」という用語を独自の解釈に基づき意図的に用いることで、彼らが真の「自由（主義）」の体現者であるかのように振舞っていることを見抜いた点にある。それは以下の一節に要約されている。

自由に対する挑戦者は、経済の領域でその主要な武器を探し見つける。自由が好き勝手に解釈されることがあまりにも多く、偽りの自由の教義を摑まされることがあまりにも多いのは事実である（Butler 1934）。

まさしくイギリスのファシズムは、経済不況を逆手にとって、既存の議会主義的民主主義に代わる自らの政治運動を「真の自由主義」と位置づけ正当化を試みた。先に紹介したイギリス・ファシズム運動の指導者モーズリーは、ケインズやバトラーと同様に従来の自由主義を「経済的自由」の観点から鋭く批判した（山本 二〇二三）。モーズリーは議会討論を軸とした既存の政治体制が経済不況の長期化を招いた要因であるとして、ファシズム体制による議会主義の刷新を提案した。集権的な政治体制下で行政府の効率化を図ることで初めて「経済的自由」を含めた「真の自由主義」が確立されることを喧伝したのである。

バトラーはそのような左右の政治勢力を指して、次のように警告した。

今日の課題や不正、窮地から逃れるために、社会、経済、政治システムの支配的な考え方として集産主義や強制に目を向ける人々によって、市民的自由、経済的自由、政治的自由は否定され放棄される。（中略）

どの国にも、大なり小なり、強力なあるいは無力な集団が存在し、既存の政治を覆そうとしたり、政府の基盤となっている経済システムや社会秩序を再編成して再構築しようとしたりする理由を説明している。時折これらの運動や事業は、議論や知的訴求の形をとるものを伴う場合もあるが、大抵は感情の爆発、叫び声やフレーズ、情熱的で革命的な熱意の誇示で満足し、次第に意図的で慎重に計画された殺人にまで及ぶ。（中略）

この観点を受け入れる人々は、意識的であろうと無意識であろうと、強制によって、自分たちが経済的な安定とみなすものを得るために、すべての自由を投げ捨てる用意がある（Butler 1934）。

長い年月をかけて築き上げられた、市民的自由や政治的自由を保障する自由主義的秩序が崩れることを恐れたイギリスの知識人・政治家たちは、まだヒトラーが政権を執って一年足らずの段階で、欧州各国で樹立された権威主義体制の強権的・暴力的本質を見抜き、自由を守るためにはファシズムや急進主義的な社会主義勢力を抑え込まなければならないと主張し始めた。事実、モーズリーのファシズム運動もイギリスに暴力的要素を持ち込み、ロンドンで共産主義者との大乱闘を繰り広げ、そのことがイギリス国内で大きな批判を招く結果となった。既存の議会主義を批判する議論それ自体は許容されても、暴力的手段を用いる政治運動がイギリスにおいて許容されることはなかったと言えるだろう。

イギリスの政界や学界で広く活躍したノエル・ベーカーは、欧州大陸で次第に樹立されていく権威主義体制を警戒し、「自由と民主的リーダーシップのための嘆願」と題して、ノーマン・エンジェルやヴァージニア・ウルフ、他にも政財界、学界、文学界の著名な一四七人の人物とともに声明を出すなど、一九三〇年代のイギリスにおいて自由（liberty）に基づいた秩序を維持する必要性を積極的に訴えた。その主な目的は、ファシズムや共産主義勢力が、イギリスにおいて既存の政治体制を転覆し、暴力に基づく反議会主義的政治体制を確立することを防ぐことにあった。

「われわれは、議会の明確な意思を実行するために設立された機関に、より大きな行政権を委ねることを躊躇してはならない」とノエルは述べ、国家の再建に積極的な討議の場として議会の価値を高め、その信頼を回復しなければ独裁の危険を退けることはできないとして、統治機構の効率化を図ることを要求した（Noel, date unknown）。同時代のイギリスでは、ファシストや共産主義者に限らず、議会主義の側に立つノエルのような人物までもが、議会主義に基づく政治体制の改革が急務であることを訴えていたことは注目に値する。

「議論による政治」が損なわれることはあってはならないとして、暴力を是認する政治運動を退けるために、ノエルは嘆願書の中で次のような踏み込んだ措置を政府に要求する。

議論による政治が、暴力による政治に道を譲ってはならない。すでに我々の政治生活を脅かしている不穏な暴力政策を阻止するために、政府が、私兵や政治的意見を示すために使用される制服、その他の特徴的な服装の着用を禁止する権限（すなわち秩序維持のために必要とされる権限）を直ちに取得することを我々は要求する（Noel date unknown）。

立法府および行政府の効率化とともに、民間人が公道で制服を着用して政治運動することを政府が禁ずれば、既存の議会主義体制を転覆しかねない勢力をある程度抑制できるだろうというのがノエルをはじめとする、急進主義運動を警戒した戦間期イギリスの知識人や政治家の間でみられた一つの見解であった。テレビがない時代、政治集会には今の政治家には望むべくもない数の聴衆が集まり、公道での政治運動は支持者獲得の重要な手段の一つであった。そこに制限をかけようとしたのである。

そして一九三六年にイギリスでは公共秩序法が制定される。同法は、公共の場での制服着用の禁止、「警察や国軍の機能を奪うことを目的とした人々の集まり」や「何らかの政治的目的を促進するために物理的な力を行使または示威する」行為の禁止、政治的な行進を行う際に警察の許可を要すること等を定めた。同法の成立により、数あるブリティッシュ・ファシズム組織の中で最大規模の勢力を誇ったモーズリーのイギリス・ファシスト連合は、公の場でイタリアのファシズムを模した黒いシャツを着て街頭での隊列行進を行うことができなくなり、失速を余儀なくされた。ムッソリーニやヒトラー政権の誕生を許したイタリアやドイツとは異なり、イギリスでは政府が率先して対策を講じることで、暴力的な政治運動を抑え込むことに成功したのであった。

おわりに——暴力への忌避

ジョージ・オーウェルは、イギリス人の政治観について特徴をいくつか挙げており、そのうちの一つに「大部分の国民は大きな変化を望んでいるが、しかし暴力は望まない」と述べている。「イギリスでは内乱は道徳的に不可能である。どんな場合を予想してみても、ハマースミスのプロレタリアートが蜂起してケンジントンのブルジョアジーを虐殺するなどということはないだろう。それほど両者は違っていないのである。どんな激烈な変化を前にしても、平和裏に、合法性の仮面をかぶって起こらざるを得ない」（オーウェル 一九七〇、一五一—一六）。オーウェルの言葉がイギリス人的価値を一様に言い表しているとは言い切れないが、事実、公道での暴力行為を受けて、イギリス国内ではイギリス・ファシスト連合に対する風当たりが強まり、それまで熱心な支持者だったイギリスの新聞業界を牛耳るビーバーブルック、ハロルド・ロザミア、そして自動車王ウィリアム・モリスは、モーズリーへの支援を取りやめた。モーズリーは、暴力騒動のために強力な後ろ盾を失ったのである。

「民主主義とは頭をかち割る代わりに頭数を数えることを言う」とはチャーチルの箴言である。数える頭の中にどんな思想があってもいいが、頭をかち割った瞬間に民主主義ではなくなる。戦間期イギリスは思想的には躍動の時代であり、実に多様な政治思想と政治体制の構想が生み出されていった。その中には内閣の集権化や議会主義批判も数えられた。しかし暴力行為に手を染めたモーズリーの政治運動は、その後衰退の一途を辿ることになる。いみじくもムッソリーニが、一九三二年の段階でモーズリーに与えた「イギリスに暴力は向かない」という助言が現実になったのであった（Mosley 2019）。

留意すべきは、統治機構の改革や議会のあり方に疑問を投げかけたモーズリーの問題意識それ自体は、急進主義者を批判する知識人にも共有されたものであり、彼の構想を、戦後の社会保障制度の礎となったベヴァリッジ・プランに重ね合わせて評価する者もいる。しかし議会を無力化させる構想を打ち出し、暴力を用いて議会制民主主義に挑戦することで、当初は首相候補とまで言われた彼は、次第にイギリス政治の中心から離れ、国家の脅威となり、イギリス政治を変革する力を失っていった。

民主主義を掲げる連合国と、全体主義を是とする枢軸国の対立という単純な図式で描かれることの多い時代であるが、一九三〇年代のイギリスの議会制民主主義をめぐる内部からの危機を見ることによって、自由と秩序を重視し、平和的変革を志向するイギリス国民の強い意志を見いだすことができるだろう。

参考文献

犬童一男「戦後イギリスの議会改革――下院の衰退と六〇年代以降の改革について」『年報政治学』（一九八七年）、三八巻。

オーウェル、ジョージ「イギリス人の政治観」鮎沢乗光訳『オーウェル著作集〈3〉1943〜1945』平凡社、一九七〇年。
ケインズ、J・M「自由放任の終焉」宮崎義一訳『ケインズ全集9巻』東洋経済新報社、一九八一年。
山本みずき「オズワルド・モーズリーと戦間期イギリスにおける議会主義批判——乖離する二つの民意と「権力融合」」『法学政治学論究』第一三七号、二〇二三年。
ラスキ、ハロルド・J『イギリスの議会政治』前田英昭訳、日本評論社、一九九〇年。
Bagehot, Walter (2001), *The English Constitution*, edited by Paul Smith, Cambridge University Press.
Baldwin, Stanley (1936), speech to the House of Commons, 12 November, col. 1144.
Ball, Simon (2004), *The Guardsmen: Harold Macmillan, Three Friends, and the World They Made,* Harper Collins Publishers.
Butler, Nicholas (1934), "The Attack on Liberalism", An address delivered at the Parrish Art Museum, Southampton, Long Island, September 2, NBKR 4/ 249, Churchill Archives Centre.
Hobson, John (1921), *Problems of a New World,* G. Allen & Unwin Limited.
MacDonald, Ramsay (1920), *Parliament and Democracy* , National Labour Press.
Macintyre, Stuart (1977), 'British Labour, Marxisism and working class apathy in 19 centries', in the *Historical Journal* .
Mazower, Mark (1998), *Dark continent: Europe's twentieth century*, Allen Lane.
Middleton, Stuart (2022), 'The Crisis of Democracy in Interwar Britain' in *the Historical Journal* .
Mosley, Oswald (2019), *The Greater Britain*, Black House Publishing, first published in 1932.
Mosley, Oswald (1933), 'Does England Need Fascism?', *Listener*, Vol 9, No 219, Wednesday, 22 March.
Müller, Jan-Werner (2013), *Contesting Democracy: Political Ideas in Twentieth-Century Europe,* Yale University Press.
Noel, Philip, et al. (date unknown), 'Plea for Liberty and Democratic Leadership', NBKR 4/249, Churchill Archives Centre.
Overy, Richard (2010), *The Morbid Age: Britain and the Crisis of Civilisation, 1919–1939* , Penguin.
Shaw, Barnard (1933), *The Political Madhouse in America and Nearer Home*, Constable.
Woolf, Leonard (1931), "Is Democracy Failing?", *Listener*, 7 October.

第4章　オーストリアの経験
――「非」ポピュリズム的なファシズム？

高橋義彦

はじめに――ファシズムとポピュリズム

世界情勢が混沌とするなか、現代世界と自由民主主義の危機の時代であった戦間期を比較する議論が盛んに行われている。各地で躍進を遂げるポピュリズムをファシズムと関連づけて論じる研究も多い。なかでもファシズム研究者のロバート・パクストンが二〇二一年一月六日のアメリカ連邦議会議事堂襲撃事件を受けて、アメリカ大統領であるドナルド・トランプを「ファシスト」と批判したことは話題を集めた（Paxton 2021）。一方で『ポピュリズムとは何か』の著者であるヤン＝ヴェルナー・ミュラーは、「ナチズムとイタリア・ファシズムはポピュリスト運動として理解できる」と述べる（ミュラー 二〇一七、一一五）。

すべてのポピュリズムがファシズムに分類されるわけではないが、ポピュリズムが一定の限度を超えるとファシズムとみなされうること、またファシズムにはポピュリズム的な要素が含まれていることは明らかといえよう。

それでは、「オーストロ・ファシズム」とも呼ばれる一九三〇年代のオーストリアの権威主義体制にも、ナチズムやイタリア・ファシズムのような「ポピュリズム」的要素を見て取ることはできるのだろうか。ドイツとイタリアという典型的なファシズム国家に挟まれたこの小国は、さまざまな点で両国から影響を受けていた。だが結論を先取りすれば――タイトルで「非」ポピュリズム的と示したように――オーストロ・ファシズム体制はポピュリズム的というよりも、むしろポピュリズムに「対抗」する形で成立したといえるのである。

I　オーストリアの政治状況

それではまず民主主義体制が崩壊する前の一九三〇年代のオーストリアの政治状況を確認しておこう。戦間期のオーストリアでは、カトリック保守主義に基づくキリスト教社会党とオーストロ・マルクス主義に基づく社会民主党の二大政党が有力で、どの選挙でも両党で七〇%以上の得票率を占めていた。そして第一次世界大戦直後の大連立政権を除けば、一貫してキリスト教社会党主導の政権が続いていた。

のちに権威主義体制を確立するエンゲルベルト・ドルフス政権が一九三二年五月に成立した段階での国

民議会（定数一六五）の構成は、連立与党がキリスト教社会党（六六）、ラントブント（九）、護国団（八）からなり、社会民主党（七二）、大ドイツ党（一〇）、そしてナチ党（〇）が野党であった（カッコ内の数字は国民議会の議席数。一九三〇年総選挙に基づく）。数のうえでの議会の第一党は社会民主党で、ドルフスのキリスト教社会党はラントブント、護国団と連立を組むことによりわずか一票差でかろうじて与党の地位にある状況だった。

当初は議会主義的な手続きで首相に就任したドルフスであったが、一九三三年三月に国民議会を議事進行の混乱に乗じて閉鎖し、戦時経済授権法に基づく政府命令による統治を開始する。これが体制という意味でのオーストロ・ファシズムの始点である（高橋 二〇一七）。その後、社会民主党やナチ党といった野党は政府命令により活動を禁止された。そしてドルフスは一九三四年四月末に共和国憲法を新憲法へと改正し、普通選挙を廃した独特の「シュテンデ国家」を設立する。「シュテンデ」とはローマ教皇の回勅に基づくカトリック的な理念で、職能的中間団体を重視するものであった。ドルフスは一九三四年七月にナチのテロにより暗殺されたが、ドルフス内閣の法相であったクルト・シュシュニクが政権を引き継ぎ、同政権は一九三八年三月にナチ・ドイツによって合邦されるまで存続した。一般に「オーストロ・ファシズム」とはこのドルフス＝シュシュニク体制を指す。

ポピュリズムの定義の一つには、しばしば「反エリート主義」が挙げられる。ポピュリスト政治家たちは既成政党を「腐敗したエリート」として批判し、自分たちの運動こそ真に人民全体を代表するものと主張するからである。だがこの定義をオーストリアに当てはめると、ドルフス＝シュシュニク体制はポピュリズム的とは呼び難い。そもそもオーストリアの場合はエリートの側にある既存の与党が権威主義化したのであり、在野のポピュリズム運動が政権を獲得したイタリアやドイツの事例とは大きく異なるからである。これがオーストロ・ファシズムはそもそも「ファシズム」なのかという議論がいまだに続けられていることの一因でもある。

とはいえ、一九三〇年代のオーストリアにポピュリズム的な政治運動が皆無だったわけではない。一九三二年から一九三三年にかけての野党によるドルフス政権批判には、現代のポピュリズムとも共通する主張を読み取ることができるからである。しかもそこにはナチ党による「右派ポピュリズム」的主張と、社会民主党による「左派ポピュリズム」的主張が存在した。以下それぞれの特徴を詳細に検討していこう。

Ⅱ　オーストリアの右派ポピュリズム——ナチ党

ナチ党のイデオロギーは民族的なナショナリズムであり、同党が想定する人民とはドイツ民族を指す。ナチ党は「一つの民族・一つのライヒ（国家）・一人のフューラー（指導者）」をスローガンに、ドイツとオーストリアの合邦を主張した。また二大政党であるキリスト教社会党と社会民主党を並べて旧エリートとみなし「聖職者と組合幹部」による支配と批判した。

ドイツにおいて、ナチ党は一九三〇年の総選挙で一二議席から一〇七議席へと躍進を遂げ、一九三二年七月の総選挙で一挙に第一党へと躍り出た。オーストリア・ナチ党もまず目指したのはドイツ同様の選挙を通じた勢力の拡大である。一九三〇年の総選挙ではオーストリア・ナチ党の獲得議席はゼロであったが、深刻化する世界恐慌の影響やドイツでのナチ党の躍進を受けて、一九三二年四月のオーストリアの地方選挙でナチ党は各地で議席を増やした。

なかでも議席増が顕著だったのが首都ウィーン市議会（定数一〇〇）で、ナチ党は一七％の得票率で一五議席を獲得した。六六議席を獲得した社会民主党は前回と得票率もほぼ変わらなかったが、支持層をナチ党に奪われたキリスト教社会党は大惨敗を喫し、一六％以上も得票率を落とし獲得議席も一九にとどまった。他地域の選挙でも、ナチ党はザルツブルク州議会（定数二六）で二〇％の得票率で六議席、ニーダーエスタライヒ州議会（定数五六）で一四％の得票率で八議席を獲得した。これら両州では二大政党の支持基盤を脅かすほどの得票率の急激な変化は見られないものの、一九二〇年代を通じてオーストリア政治の第三勢力として位置づけられてきた大ドイツ党などのドイツ・ナショナリズム政党の支持者がこぞってナチ党支持へと鞍替えしたことが見て取れる。

オーストリア政治史の研究においては、この一九三二年四月二四日の選挙結果は「オーストリア共和国の政治的展開にとって運命を左右する意味を持った」といわれる（Kerekes 1966, 103）。なぜならこの選挙によって、キリスト教社会党の退潮とナチ党の躍進が明らかとなり、一九三〇年の総選挙に基づく国民議会の構成が直近の世論と合致しないことが露呈したからである。国民議会での勢力拡大を目指すナチ党は解散総選挙を次の目標に掲げた。研究者のフランツ・シャウスベルガーは、もし当時解散総選挙を行っていたらナチ党は約四〇万票、二〇～二五議席程度獲得したのではないかと予測している（Schauberger 2012,

193)。

こうした極端な右派ポピュリズム政党が登場してきた場合には、二大政党が協力して連立を組みポピュリスト政党に対抗するという対処法がありうる。しかし二大政党の一翼である社会民主党はむしろナチ党の尻馬に乗り、いまだナチ党が議席を有さない国民議会において政府に解散総選挙を強く求めた。社会民主党を代表する論客であるオットー・バウアーは地方選直後の国民議会で次のように演説した。

先の日曜日の選挙において、政権与党、つまりキリスト教社会党とラントブントは決定的な敗北を喫し（……）この選挙が現政権そしてこれまでの政権システム全体の重大で決定的な敗北であることは、異論の余地がありえません。（……）現政権が主権者である国民の決断によりこのような敗北を喫したのですから、わが党の考えでは、政府が行わねばならないことは唯一つだけ、つまり総辞職だけでありま す（St. PR. NR 4, 2041）。

当時首相を務めていたカール・ブレシュはキリスト教社会党のなかでは穏健派で、社会民主党との協力にも積極的であった。しかし社会民主党はナチ党と一緒になってブレシュを総辞職へと追い込んでいく。これは社会民主党の戦略的な失敗であった（のちにバウアー自身も、この時の政府批判を「左ぶれ」であったと自己批判している［Bauer 1934, 25］）。翌五月にドルフス政権が成立するが、ドルフスは過半数を維持するためにキャスティング・ボートを握った土着ファシズム政党である護国団への依存を深めていくことになる。

このあと、一九三三年一月にドイツでアドルフ・ヒトラーが首相に就任すると、オーストリアにおいても政権獲得は時間の問題と見たナチ党は政府批判を強めていった。その際彼らがキーワードに使ったのが「民意」である。ドイツでは三月五日の総選挙でついにナチ党が国家人民党との連立で議会の過半数を獲得し、さらには二三日に全権委任法を議会で通過させヒトラーによる独裁体制を固めていった。一方オーストリアでも、ドルフスは三月七日に議会を閉鎖し政府命令による統治を開始していた。両国ともに政府独裁という点では変わらないが、そのよって立つ民意が異なるとナチ党はドルフスを批判するのである。

たとえば三月九日のウィーン市議会においてナチ党のアルフレート・フラウエンフェルト議員は現状のオーストリアの政治体制を「政治的未熟児」と呼び、それは父親であるドルフスに外見もそっくりで（一五〇センチほどしかなかったドルフスの身長を揶揄している）、その命運も短いだろうと嘲笑する。独裁を始めた政府の措置は「総選挙への不安」に由来するものであり、ドルフス内閣は「オーストリア版シュライヒャー内閣」である。われわれナチ党は「通常の合憲的状態への即座の復帰」を求める、と主張した（*Neue Freie Presse*, 10. März 1933）。

また三月二四日のニーダーエスタライヒ州議会でも、ナチ党のコンラート・ヘッフィンガー議員は次のように述べた。

われわれ国民社会主義者は基本的に独裁に異議はないが、オーストリアで独裁を始める権利が誰にあるのかは問わねばなりません。ここにあなたがたの独裁と先日樹立されたライヒ［ドイツ］の独裁の大きな相違があるのです。ライヒでは選挙結果に基づいて独裁が樹立されたのでありますし、独裁を欲した者は最初に国民に独裁に同意するかどうかを問い、国民は圧倒的多数が同意したのです。あなたがたは国民に問うのを避けるために独裁を始めた。それはあなた方が国民に不安を感じているからなのです（傍点引用者、Schausberger 2012, 311）。

この両者の発言に共通するのは、ヒトラーの独裁は民意に基づくがドルフスの独裁は民意に反するという主張である。彼らは解散総選挙が行われた場合にはナチ党の躍進は確実であると期待し、政府への攻撃を強めていた。そしてドルフス政権の措置が憲法違反であることを指摘し、合憲的秩序への復帰を声高に求めたのである。皮肉なことに、この当時「合憲性」や「民主主義」といった用語は、ナチ党の政権批判の道具になり果てていた。

一方でキリスト教社会党側の危機感は深刻であった。政府内では「国民社会主義者がドイツを支配しているあいだは、オーストリアではもう選挙はできない」とささやかれ、元首相のカール・ヴォーゴワンも今選挙を行えばキリスト教社会党は第三党へと転落すると予想した（Huemer 1975, 195）。こうした危惧は杞憂ではなく、実際一九三三年四月に行われたインスブルック市議会選でナチ党は四一％の得票率で第一党に躍り出る。ドルフスやカール・レンナーなどの二大政党の「大物」も現地入りした選挙戦に、新興勢力であるナチ党は勝利したのである。

これ以上の選挙の実施はナチ党に利をもたらすだけと判断したドルフスは、五月に政府命令を布告し選挙を停止する。一方合法的手段での政権獲得の芽が摘まれたナチ党は過激化し、六月には各地で爆弾テロを行った。ドルフスはこのテロ攻勢に対抗する形で、ナチ党の活動そのものを六月一九日の政府命令により禁止したのである。

ドルフスの次の首相であるシュシュニクは、当時を振り返り次のように書いている。

この状況での選挙は極めて深刻な内政の動揺をもたらさずにはいない。しかしそうした動揺は国家の破滅を意味するに相違なかった。（……）その際、民主主義的・議会主義的権利を声高に叫ぶ国民社会主義にとって、民主主義とは目的のための手段にすぎず、その綱領によれば、彼らが国家権力を握った暁には、議会主義と民主主義が消えてなくなることは明らかであった（Schuschnigg 1937, 181）。

まさに「議会を破壊するために議会のなかへ」（シャウスベルガー）入り込もうとするナチ党に対し、ドルフスはなす術《すべ》がなかった。自由な選挙を続ける限り、ドイツ同様にナチ党の躍進と政権への接近は自明だったからである。ドルフス政権はナチ党という極右ポピュリズム政党を超憲法的措置で排除する道を選び、より権威主義的な体制へと歩を進めていくことになった。

Ⅲ　オーストリアの左派ポピュリズム――社会民主党

それでは次に、左派ポピュリズムという観点からオーストリア社会民主党について検討していこう。社会民主党は当時のオーストリア議会において第一党であり、バウアーやレンナーなどの有力な指導者を抱え、一大勢力を誇っていた。同党が想定する人民とは当然労働者階級を意味し、またドイツでヒトラー政権が成立するまでは一貫してドイツとの合邦を主張していたので、それは全ドイツの労働者階級を指していた。同党はドルフス政権をナチ党の「褐色のファシズム」と区別して「教権ファシズム」と呼び、それが特権エリートである「聖職者と貴族」の独裁に過ぎないと批判を加えた。

社会民主党の政府批判を左派ポピュリズムと関連づけて論じるうえで重要なのが、一九三二年の国際連盟からの借款（ローザンヌ借款）問題である。一九二九年に始まった世界恐慌はもともと脆弱だったオーストリア経済に壊滅的な打撃を与えた。一九二九年を基準とした場合、一九三二年には国民総生産は八〇%、国内投資額は四八%へと低下し、一方で失業率は倍近い一九七%へと増加していた（Matis 2003, 47–48）。この苦境を乗り切るために、ドルフスは国際連盟に赴いて各国に支援を求め、ローザンヌ協定を締結する。協定ではオーストリアが三億シリングの借款を得る条件として、独立維持の確認（ドイツとの合邦の禁止）、国家予算の均衡・オーストリア連邦鉄道予算の均衡・財政改革、通貨の安定、国際連盟代表者の受け入れが定められていた。この協定の批准をめぐり、一九三二年夏のオーストリア国民議会は大荒れとなるのである。

社会民主党をはじめとする野党は、相互に関連する二つの観点から協定を批判した。一点目は経済的観点である。協定の規定に基づけば、均衡財政を実現するために歳出削減は不可避であり、それは当然社会保障費や公務員給与の削減を意味した。社会民主党は自らの支持基盤に影響を及ぼすそうした政策を嫌い、協定の諸規定を財政主権の侵害と批判したのである。二点目はドイツ・ナショナリズム的観点である。協定の合邦禁止規定に対し、ドイツ・ナショナリスト政党である大ドイツ党やナチ党は当然反対したが、大ドイツ社会主義共和国を目指す社会民主党も強く反対した。社会民主党は統一ドイツ市場へと組み込まれることでのみ、オーストリア経済の問題は解決可能と考えていた。批准をめぐる七月二八日の国民議会で、社会民主党のヴィルヘルム・エレンボーゲン議員は「合邦に賛成することこそが民主主義なのであり、合邦に反対することは反民主主義であり反動である」とまで主張している（St. PR. NR. 4, 2430）。

七月末に国民議会で二日間にわたる討議を行ったあと、野党側は協定案の採決に先立ちドルフス内閣不信任案を提出する。八月二日に行われた採決は八一対八一の同数でかろうじて否決されたが、これは内閣の側からすると文字通り薄氷を踏む勝利であった。協定批准をめぐる採決は八月一七日に行われることが決まったが、与野党の票数が拮抗しているうえに与党内（護国団の親ナチ分子）から造反が出ることも予想され、協定の批准は見通しのつかない状況だった。

一七日の国民議会で満を持して登壇したバウアーは次のように協定への反対演説を行った。

われわれはローザンヌ協定に対し、四つの異論があります。一つ目は、協定がオーストリアの外交上の自由を二〇年にわたり制限すること、しかも固有の政治的領域だけでなく、国民経済的な領域に関しても行動の自由を侵害することです。第二に、ローザンヌ協定は期間を定めずに共和国を外国のコントロール下におきます。それはドイツ・オーストリア人民の主権と自決権のはなはだしい侵害です。第三に、ローザンヌ協定には、国民経済的にきわめて危険に思える規定があります。それはとりわけ、付与された国内の借款が連邦の負債の国立銀行への部分的返済にのみ使われ、何らかの生産的目的には使われえないということであり、われわれの確信では、この規定はデフレ政策を不可避のものとする危険性をはらんでいるのです。第四に、ローザンヌ協定はわれわれには社会政策的に危険に思える規定、多くの労働者やサラリーマンに危険に思える規定を含んでいます（St. PR. NR. 4, 2510）。

バウアーは政治的主権の制約・経済的主権の制約・借款の使い道・労働者の負担増といった観点から借款の問題点をまとめた。採決の結果は賛成が八一（キリスト教社会党六六、ラントブント九、護国団六）、反対が八〇（社会民主党七〇、大ドイツ党八、護国団二）であった。造反議員は護国団の二人にとどまった。このあと与党が少数派である連邦議会での否決、国民議会での再議決というさらなる手続きはあったものの、何とかローザンヌ協定は批准されたのである。

当然のことながら、当時ソ連共産党を除けばヨーロッパで最も強力な社会主義政党であったオーストリア社会民主党の政府批判のすべてが「ポピュリズム的」というわけではない。ドルフス政権が権威主義化したあとのオーストリア政治にあっては、形だけ合法性・民主主義の擁護を主張するナチ党とは異なり、社会民主党は唯一の議会主義＝民主主義の擁護者であった。しかし本節で扱った一九三二年のローザンヌ借款をめぐる論争においては、社会民主党の政府批判には「ポピュリズム的」とみなしうる特徴がいくつか存在する。

第一に社会民主党の協定批判には、現代の左派ポピュリズムとの共通点を見て取ることができる。この点については、二〇〇九年以降のギリシャ経済危機を一九三〇年代のオーストリア経済危機と重ね合わせて論じた、ヴァレンティン・シュヴァルツによる興味深い論稿「オーストリアがギリシャだったとき」がある（Schwarz 2014）。ギリシャ経済危機に際して、ギリシャ政府はいわゆる「トロイカ」（欧州連合・欧州中央銀行・国際通貨基金）から財政支援の条件として厳しい緊縮財政を求められ、それに反発する形で国民のなかに左派ポピュリズムが広がりアレクシス・ツィプラス政権の誕生につながった。シュヴァルツは一九三二年のオーストリアと現代のギリシャにおける借款への反発には共通点が見られると指摘する。実際、借款は当時のオーストリア国民の間でも不人気であり、社会民主党は来るべき総選挙での勝利を予想していたからこそ強硬な反対意見を述べていたのである。

第二に社会民主党の協定批判には、「無責任で大衆迎合的な政治」という意味での「ポピュリズム」が見て取れる。というのも社会民主党は、オーストリア経済にとって借款が不可欠であることを十分に認識し、協定が可決されることを見越して反対意見を述べていたと考えられるからである（加えて、フランス社会党を通じフランスでの議定書の批准も働きかけていたという［細井 二〇〇一、一九七］）。もし本当にローザンヌ協定を廃案に追い込むつもりならば、社会民主党には奥の手が存在していた。共和国憲法の規定では採決には議員定数の半数の出席が必要であり、反対派が結束して退席すれば、そもそも採決ができなくなったからである（Klingenstein 1965, 94）。しかし社会民主党はこの戦術を採らなかった。社会民主党はあくまで表面上強硬な反対を貫くことで、不可避ではあるが不人気な政策を実行する責任をドルフスと与党に押しつけたのである。

ドルフスは協定をめぐる国民議会での討論に先立つ演説で、借款がオーストリア経済の維持に不可欠であること、借款の否決は単に政府の問題ではなく援助を用意してくれている諸外国への侮辱に当たることを強調していた（St. PR. NR. 4, 2420–2426）。またキリスト教社会党のレオポルド・クンシャク議員も、協定反対派は「ではどうするのか？」という問いに答える義務があると述べる。オーストリアの状況とはまさに「沈没寸前の船」であり、こういう時にありうる命令は「総員甲板へ！」だけである、とオーストリア経済の危機的状況を訴えながら協定への協力を求めたのである（St. PR. NR. 4, 2443–2449）。

しかしこうした政府・与党の訴えに耳を貸す野党は存在しなかった。そして野党の非妥協的態度・一票差与党という不安定な政権基盤・解散総選挙の不可能性に直面したドルフスとキリスト教社会党は権威主義路線へと傾いていくことになるのである。この意味でローザンヌ協定をめぐる論争は、オーストリア第一共和国の民主主義にとって――Ⅱ節で述べた四月二四日の地方選挙同様――決定的な転換点となった（Berger 2003, 86–87）。

一方、オーストリアの財界はドルフスの権威主義路線を歓迎した。たとえばある経済団体の幹部は「ドルフス首相は、産業界が長年望みながらも、まがいものの議会主義がデマゴーグ的な理由からあらゆる健全な意見を拒否していたがゆえに到達できなかった方向性を歩んでいる」と述べ独裁を擁護する（*Wiener Zeitung*, 12. Dezember 1933）。またオーストリアの財務状況を監督するために派遣された国際連盟代表財政アドバイザーであるロスト・ファン・トニンゲンも、ドルフスのこうした政治姿勢を諫《いさ》めるどころか後押ししていた。ファン・トニンゲンは日記に次のように記している。

私は宰相［ドルフス］に対する友情が増していくのを感じていた。（……）連邦宰相とキーンベック［国立銀行総裁］と共に、われわれはオーストリア議会の閉鎖をやむを得ないものと考えていた。というのも議会は再建作業をサボタージュしていたからである（Berger 2000, 567）。

与党、財界さらには国際連盟代表も、オーストリア経済の再建には民主主義はむしろ障害と捉えていたのである。

議会閉鎖後、政府からさまざまな抑圧を受けた社会民主党は一九三四年二月に蜂起し、オーストリアは一時内戦となる。しかし蜂起は数日で鎮圧され、ドルフスは政府命令により社会民主党の活動を禁止し、国民議会の議席を剝奪した。こうして最大野党もナチ党同様に排除された。そしてドルフスは一九三四年四月末に、社会民主党なき国民議会を再開して新憲法への改正案を通過させ「シュテンデ国家」建設を始めるのである。

Ⅳ　オーストロ・ファシズムの政治体制

それではオーストロ・ファシズムにおいてはどのような国制が採られたのであろうか。新憲法の前文において、新たな国制は「シュテンデ原理に基づく、キリスト教的・ドイツ的連邦国家」と位置づけられ、「シュテンデ」がその中心に据えられた（高橋 二〇二二）。

一九三四年憲法下においては、普通選挙に基づく国民議会は廃止され、立法府は四つの予備協議機関と一つの議決機関に再編された。予備協議機関に当たるのが国家評議会、連邦文化評議会、連邦経済評議会、州評議会であり、議決機関に当たるのが連邦議会である。連邦議会は各予備協議機関から派遣された代表者により構成された。

法案の提出権は政府が独占し、法案は各予備協議機関で議論されたあと連邦議会へと送付され採決に付される。予備協議機関はあくまで諮問機関であり議決権は持たない。政府は連邦議会に法案を提出する前に、予備協議機関の鑑定に基づき法案を修正することもありうるが、原案通りに提出することもできる。連邦議会は法案の議決を行うが、その際法案の修正権は持たず、原案通りの可決か否決を議決する機能しか持たない。

予備協議機関のうち、国家評議会は大統領による指名制で、州評議会は州政府の代表が議員だったので、「シュテンデ」的と呼べるのは業種別の職能シュテンデ団体の代表からなる連邦経済評議会と、宗教・教育・学術など各種文化団体の代表からなる連邦文化評議会であった。つまりオーストロ・ファシズムは、ポピュリズム的な「単一」の人民に基づく支配というよりは、複数の中間団体の利害関係者を通じて国民意志を把握する体制を目指したのである。

だが中間団体を通じた民意の把握という点に関しても、オーストロ・ファシズムは不十分であった。なぜなら憲法の規定に従えば、連邦経済評議会議員は職能シュテンデ集団での選挙に基づいて選出されることが予定されていたが、その制度化は先送りされ事実上すべての予備協議機関の議員は政府により指名されたからである。そのうえ政府はこのように権威主義的に構成された立法機関すら軽視していた。一九三四年から一九三八年三月のナチ・ドイツによる合邦までにオーストリアで成立した五三二本の法律のうち、連邦議会で議決されたのは三二％（一六五本）に過ぎず、六九％（三六七本）は政府命令という形で公布されたのである（Wohnout 1993, 305）。シュテンデ国家の理念とは労使が協調した職能シュテンデ集団から選挙された代表者が立法に携わるというものであったが、その実態は事実上の政府独裁に過ぎなかった。

また一九三四年憲法では、大統領選挙も国民による直接選挙制ではなく、地方自治体の長による間接選挙制が採られていた。この仕組みも大統領選挙がいわばポピュリズム化しないために設けられたもので、その起草に当たっては当時オーストリアに滞在していた元ドイツ首相のヨーゼフ・ヴィルトのアドバイスも影響を与えたといわれている（Seefried 2006, 296–297）。ドイツではヒトラーが一九三二年の大統領選挙に立候補し、ヒンデンブルクらと第二回投票まで戦うことで知名度と支持を広げたが、こうしたヴァイマル共和国の失敗を教訓にした規定だったのである。

このようにオーストロ・ファシズムは直接的な民意の発出を好まない「非」ポピュリズム的な国制だっ

た。皮肉なことにその唯一の例外となったのは、シュシュニクが一九三八年三月に企図したオーストリア独立維持を問う国民投票であった。ナチ・ドイツによる合邦が目前に迫るなか、シュシュニクは自身の統治の正統性を「民意」によって裏づけようと試みた。しかしこれはヒトラーの逆鱗に触れ、逆にドイツの武力侵攻を招く。そして翌四月に今度はナチ・ドイツの占領下でドイツとの合邦の是非を問う国民投票が行われ、圧倒的多数の支持で合邦は承認され、オーストリア独自のファシズム政権は姿を消すことになるのである。

おわりに

戦間期オーストリアにおける民主主義体制の崩壊の原因には、すべての政党が自由民主主義に対し真に忠実ではなかったことが挙げられる。ナチ党は最初から独裁を目指していたし、議会閉鎖後のキリスト教社会党は明確に権威主義的であった。そのなかでは社会民主党が最も民主主義的な政党であったが、同党も綱領にプロレタリア独裁の可能性を記すなど曖昧な性格を持っていた。また各党派がそれぞれ武装組織を保持しているなど、戦間期特有の市民社会への暴力の拡散という問題も存在していた。これに加えてドイツとの関係を考えても、ナチ党と社会民主党はドイツとの合邦推進派であり、オーストリアという国家そのものへの忠誠度も低かったといわざるを得ない。

しかし当時民主主義の擁護が皆無だったわけではない。ドルフスが国民議会を閉鎖したあとも、州議会のレベルでは社会民主党とキリスト教社会党の協力を模索する動きが存在したからである。それは両党が一致して州議会で議決することで、自由で民主主義的な秩序を共にできないナチ党を政治のアリーナから排除しようとする試みであった。シャウスベルガーはこの動きにはいわゆる「闘う民主主義」との共通点が見られると主張する（Schausberger 2012, 379–380）。だがこうした試みは一部の州では実現したものの連邦レベルには広がらなかった。権威主義路線への転換を決断したドルフスにとって、社会民主党の協力の申し出はあまりに「遅すぎた」のである。

最後に、本章で紹介してきた戦間期オーストリアの事例から現代政治への示唆を、右派ポピュリズムの問題と左派ポピュリズムの問題のそれぞれについてまとめてみたい。

第一にナチ党のような過激な右派ポピュリズムが出てきた際には、既成政党間での協力が不可欠であることが挙げられる。一九三二年四月の地方選挙のあと、社会民主党が結果的にナチ党に加勢する形で解散総選挙を求めたことは、ドルフスとキリスト教社会党の民主主義への信頼を大きく損ねた。実際、第二次大戦後のオーストリアは戦間期の反省から長きにわたりキリスト教社会党の後継政党である国民党と社会民主党の大連立政権が続いた。まさに二大政党の協力が、戦後オーストリアの国政の安定につながったのである。

第二にローザンヌ借款のような国際借款問題においては、債権国の側にも慎重な対応が求められるということが挙げられる。借款に際し債務国側に緊縮政策などの厳しい条件を課すと、それは債務国の政治の不安定化と左派ポピュリズムの拡大を招くこともありうるし、その反動として政府の権威主義化を招くこともありうる。戦間期オーストリアの事例は、リベラルな債権国が主導して行った借款により債務国が権威主義化するという、ある種逆説的な事例であった。

過激なナショナリズムという右派ポピュリズムと緊縮財政に反対する左派ポピュリズムという二つのポピュリズムに対抗する形で政府が権威主義化していった戦間期オーストリアの事例は、右派・左派ポピュリズムがはびこる現代世界を考察するうえでも重要な示唆を与えてくれるのではないだろうか。

参考文献

＊国民議会議事録

Stenographische Protokoll des Nationalrates IV. Gesetzgebungsperiode (St. PR. NR. 4 と略記)。

＊文献

高橋義彦（二〇一七）「オーストロ・ファシズム確立過程の『合法性』と『正統性』——アドルフ・メルクル、ロベルト・ヘヒト、エーリッヒ・フェーゲリン」（『政治思想研究』第一七号、二〇三—二三三頁）。

高橋義彦（二〇二二）「シュテンデ国家の理念と実践——オーストロ・ファシズムと憲法／国制」（『北海学園大学法学研究』第五七巻四号、四〇五—四二五頁）。

細井保（二〇〇一）『オーストリア政治危機の構造——第一共和国国民議会の経験と理論』法政大学出版局。

ミュラー、ヤン＝ヴェルナー（二〇一七）『ポピュリズムとは何か』板橋拓己訳、岩波書店。

Bauer, Otto (1934) *Der Aufstand der österreichischen Arbeiter. Seine Ursachen und seine Wirkungen.* Prag: Verlag der Deutschen sozialdemokratischen Arbeiterpartei.

Berger, Peter (2000) *Im Schatten der Diktatur. Die Finanzdiplomatie des Vertreters des Völkerbundes in Österreich, Meinoud Marinus Rost van Tonningen 1931–1936.* Wien: Böhlau.

Berger, Peter (2003) "The League of Nations and Interwar Austria: Critical Assessment of a Partnership in Economic Reconstruction", in: Günter Bischof, Anton Pelinka, Alexander Lassner ed., *The Dollfuss/Schuschnigg Era in Austria, A Reassessment,* New Brunswick: Transaction Publishers.

Huemer, Peter (1975) *Sektionschef Robert Hecht und die Zerstörung der*

Demokratie in Österreich. Wien: Verlag für Geschichte und Politik.

Kerekes, Lajos (1966) *Abenddämmerung einer Demokratie. Mussolini, Gömbös und die Heimwehr*. Wien: Europa.

Klingenstein, Grete (1965) *Die Anleihe von Lausanne. Ein Beitrag zur Geschichte der Ersten Republik in den Jahren 1931–1934*. Wien: Stiasny.

Matis, Herbert (2003) An economic background to Berchtesgaden: business and economic policy in Austria in the 1930s, in: Terry Gourvish ed., *Business and Politics in Europe, 1900–1970*, Cambridge: Cambridge University Press.

Paxton, Robert (2021) "I've Hesitated to Call Donald Trump a Fascist. Until Now", *Newsweek*. https://www.newsweek.com/robert-paxton-trump-fascist-1560652（最終アクセス：二〇二三年二月二五日）

Schausberger, Franz (2012) *Ins Parlament um es zu zerstören. Das Parlamentarische Agi (ti) eren der Nationalsozialisten in den Landtagen von Wien, Niederösterreich, Salzburg und Vorarlberg nach den Landtagswahlen 1932*. Wien: Böhlau.

Schuschnigg, Kurt (1937) *Dreimal Österreich*. Wien: Thomas.

Schwarz, Valentin (2014) Als Österreich Griechenland war: Krisenpolitik damals und heute. *A&W blog*. https://awblog.at/krisenpolitik_damals_und_heute/（最終アクセス日：二〇二三年二月二五日）

Seefried, Elke (2006) *Reich und Stände. Ideen und Wirken des deutschen politischen Exils in Österreich 1933–1938*. Berlin: Droste.

Wohnout, Helmut (1993) *Regierungsdiktatur oder Ständeparlament. Gesetzgebung im autoritären Österreich*. Wien: Böhlau.

第5章　ドイツの経験
――エルンスト・ルドルフ・フーバーと「ナチズム」

長野　晃

はじめに

「われわれが求め闘い取ろうとするのは、われらの不純ならざる固有性、つまりわれらがドイツ民族の瑕疵なき純粋性である」（Schmitt 2021, 491）。俗に「ナチズム」と呼ばれる国民社会主義（Nationalsozialismus）は、とりわけ排除的な民族＝人民（Volk）観を称揚した。「民族共同体（Volksgemeinschaft）」という言葉には極度の反ユダヤ主義的色彩が施され（Wildt 2017, 65 ff.）、「不純」な要素を削ぎ落とすことで獲得されるべき「純粋」な一つのドイツ民族が志向された。冒頭に記した国法学者カール・シュミットの悪名高い一節も、その一つの現れである。

このような「純粋性」への志向は今日、ポピュリズムを想起させる。ポピュリズムは既存のエリート層を「汚れた」存在とみなし、それに対置される「純粋」な人民の代表者を装う。「人民」を分裂させているとして政党政治を批判し、「同質性」に訴える点で、確かにポピュリズムは全体主義やファシズムと類似性をもつ。だが両者が同一視されるわけではない。例えば、ポピュリズムに一貫して批判的なナディア・ウルビナティも、民主主義を完全に破壊するファシズムからポピュリズムを区別する。自身の意志を押し通そうとするファシズム指導者とは異なり、主権者たる人民の「純粋な道具」として振る舞おうとする（Urbinati 2019, 130）ポピュリスト指導者は、あくまで民主主義の「内部」でそれを歪める存在だと言うのである。

以上の見解を受け入れるとすれば、戦間期のドイツに見出されるのは、ポピュリズム的要素をもった国民社会主義が全体主義と化していった経験である。それでは、ポピュリズムを超える全体主義を、体制の支持者はいかに説明し、正当化したのか。その一端を解明するため本章では、二〇世紀ドイツを代表する歴史家の一人であるエルンスト・ルドルフ・フーバー（一九〇三―一九九〇）に着目したい。第二次世界大戦後に書かれ、今日なお高く評価される大著『ドイツ憲法史』全八巻によって名を遺したフーバーは、その前半生においては、精力的に国民社会主義を正当化する新進気鋭の国法学者であった。その諸作品から浮かび上がるのは、体制を肯定した論者だからこそ描き出すことのできた国民社会主義「憲法」の姿である。以下では、まずフーバーが用いる重要な政治的概念を概観した上で（Ⅰ）、一九三九年に公刊された『大ドイツ・ライヒ憲法』のうち、本章にとって重要な箇所、すなわちフーバーのヴァイマル共和政理解（Ⅱ）、国民社会主義の独自性の理解（Ⅲ）、選挙および投票の意味に関する記述（Ⅳ）、を順に検討する。

Ⅰ 「政治的」概念の探求

一九〇三年、ドイツ帝国を構成するオルデンブルク大公国のオーバーシュタイン・アン・デア・ナーエにて商人の家に生を享けたフーバーは、ボン大学でカール・シュミットの下で法学を学んだ。フーバーはヴァイマル末期には、師シュミットと共に大統領内閣を支えるべくクーデタ計画にも関与したが、同計画の失敗を経てヒトラー内閣が成立すると、師と同じく急速に国民社会主義に接近し、一九三三年五月に国民社会主義ドイツ労働者党（NSDAP）に入党した（今野 二〇一六、六三―六六）。こうしてフーバーは、体制派の若手法学者が集まり「特攻隊大学（Stoßtruppuniversität）」（Stolleis 2002, 279）と呼ばれたキール大学法学部の正教授として、すなわちいわゆる「キール学派」の一員として、第三帝国の指導的な国法学者の道を歩み始める。新体制発足後数年のうちに矢継ぎ早に公刊された作品は、いずれも新秩序にふさわしい「政治的」概念の探求を志向するものであった。

1 「政治的」国家と「政治的」民族

フーバーは、自らが従来の自由主義の特徴とみなす「分離思考」を克服できる国家概念を求めた。自由主義が、国家と社会、国家と法、国家と経済といった形で「国家」と「国家ならざるもの」の分離を志向する以上、それが前提とする国家概念は、新たな「政治的」国家概念によって置き換えられねばならない（Huber 1935a, 15 ff.)。そのためにフーバーは、動態性と静態性を併せもつ「形態」という概念を援用する。確かに国家は、意志や決断、行為という「恒常的運動」から成立するが、それだけでは歴史における持続性を説明できず、「運動する生を型押しされた秩序と結びつける」形態概念こそが国家にふさわしい、と主張される。かくて国家とは、「政治的民族の形態（Gestalt des politischen Volkes)」である（Huber 1935a, 28 ff.)。

ここでは国家と民族の一体性が徹底的に強調される。「民族主義的国家思想」における国家は、絶対主義におけるような「自己目的」でもなければ、自由主義におけるような単なる「道具」でもなく、「民族の生ける形態」である（Huber 1935a, 33)。フーバーにおいて民族は、国家という形態を獲得することで「政治的民族」となる。政治的民族とは、「自らの歴史的使命の意識に目覚め、この歴史的任務を達成できる形式を国家のうちに見出した民族」（Huber 1935a, 35）のことである。その基盤となるのは「血統に基づいた空間的統一体」としての「自然的民族」であるが、これだけでは政治性を欠く。「逃れられぬ根本法則として民族を過去・現在・未来において規定する歴史的理念が初めて民族を、純粋な生物学的実存から真の政治的存在へと高める」（Huber 1935a, 35）のだから、国家という形態を通じて歴史的使命を達成しようとする民族のみが「政治的民族」なのである。

ドイツ国家の「形態」は、運動（Bewegung）・指導制（Führertum）・全体性（Totalitat）という三点によって説明される。第一に、あらゆる国家は「政治的身分」を必要とするが、そのような政治的身分がもつ、民族から遊離しがちな傾向を克服するのが、「民族の中から成長し民族と絶えず直接的に接触する」運動である。ＮＳＤＡＰを政治的身分とする「ドイツ運動国家」において運動は、教育を通じて民族を政治的民族へと成長させ、民族の政治的世界観を深化・貫徹させ、指導者を選抜するという機能を果たし、さらには「民族の政治的意志の担い手」たる役目を引き受けるのである（Huber 1935a, 37 ff.）。

第二に、政治的民族を統一体へとまとめ上げ、民族における生に内容と価値を付与するのが「指導」である。政治的指導とは「体現（Repräsentation）」であり、民族の歴史的使命を具現化する。指導者国家にあっては、指導者のみが真の主権と権威をもつ。なおこれに関連してフーバーは、支配概念と指導概念を峻別して「自由な服従」に基づく指導者国家に「支配」は存在しないとする見解を批判し、政治的指導は支配秩序を前提とするものであり、したがって指導者国家もまた政治的支配であると主張する（Huber 1935a, 40 ff.）。

第三に、「全体国家」が論じられる。イタリア・ファシズムを強く想起させるこの概念を国民社会主義に転用できるのかどうかをめぐって同時代の国法学には争いがあり、例えばオットー・ケルロイターは、この概念は非民族主義的国家思想の表現であると主張し、「全体国家」論者を攻撃した（Koellreutter 1935, 13 ff.）。これに対してフーバーはドイツ的「全体性」の特殊性を強調することで、この概念を維持しようと試みる。フーバーによれば国民社会主義における全体性とは、「民族の政治的な生の法則（Lebensgesetz）が、民族の生の領域全体に浸透してそれを規定していること」、「民族におけるあらゆる出来事が共通の歴史的任務へと方向づけられていること」を意味する（Huber 1935a, 44）。

2 「政治的」憲法

「国家」や「民族」だけでなく、「憲法」概念も政治化されていく。フーバーによれば、あらゆる国家に存する、「指導者たち、支配的諸勢力および経済・文化的諸制度の一定の秩序」こそがその国家の憲法であるが（Huber 1935b, 5）、こうした意味での憲法は「民族主義思想」においては、「政治的民族が自らを国家へと形成する根本秩序」であり、「政治的統一体たる国家を根拠づける基本的・根本的原理」である（Huber 1935b, 39）。かつてヴァイマル期に師シュミットが提示した「決断」としての憲法理解は退けられる。決断主義的な憲法理解は、第一に政治的決断を下す権力を絶対視するあまりに「民族の態様と理念」を軽視する「純粋な現実主義」に陥るからであり、第二に制定プロセスにのみ着目することで決断行為を超えて持続する秩序を理解しえないからである（Huber 1935b, 40 ff.）。そうではなく憲法は、「民族と国家の生の不文の基礎」としての「政治的秩序」と把握されねばならない。なおフーバーは、民族は根源的に「闘争共同体（Kampfgemeinschaft）」であると主張し、その意味でドイツ人を政治的統一体へと高めたのは、「ヘルダーやゲーテ」ではなく「解放戦争（Freiheitskriege）」に他ならない、とする（Huber 1935b, 44）。

フーバーは憲法の根本原理を「民族主義的な統一性と全体性」とし、憲法の内容を、「指導」、「運動」、「支配秩序」、「民族秩序」という四項目で説明する。第一に、「指導者の行為が民族共同体を意識的生へと目覚めさせ、精神的闘争共同体へと向かう運動を形成する」とされ、「指導者国家」の本質には、「憲法秩序全体を単に権威的に組織するのみならず、生ける指導制によって貫くこと」が含まれる（Huber 1935b, 81 ff.）。第二に、「民族の統一性と全体性」を実現するには民族の教育等を担う「運動」が不可欠であるとされ、そのような運動には自立性が必要であるため、運動の担い手であるＮＳＤＡＰは別の国家機関の監督に服しないと主張される（Huber 1935b, 84 ff.）。第三に、「支配秩序」に属するのは、軍・行政・司法であり、一般兵役義務の導入によって生まれた「武装した民族」、「指導者意志の執行者」たる官吏、「民族主義的正義の擁護者」たる司法が、民族主義国家の支配を担う（Huber 1935b, 87 ff.）。第四に、生物学的「原身分（Urstand）」としての「家族」、民族体の「細胞」としての「ゲマインデ（市町村）」、経済や文化の担い手である「経済身分」と「文化身分」の四つが、「民族秩序」を構成する（Huber 1935b, 91 ff.）。

以上のようにフーバーは、国家・民族・憲法といった根本概念に独自の政治化を施すことで、国民社会主義体制を説明する根本枠組を獲得しようと試みた。こうした作業の積み重ねを経て数年後に生み出されたのが、国民社会主義「憲法」を総体的に記述する作品である。

Ⅱ　暗黒の共和国

一九三七年にライプツィヒ大学に移籍したフーバーは、開戦の年となる一九三九年、大著『大ドイツ・ライヒ憲法』を公刊した。二年前の著作に大幅に加筆することで五百頁を超える作品に仕上がった同書は、第二次世界大戦以前のフーバーの国民社会主義理解の集大成を示すものであり、「国民社会主義的憲法秩序に関する紛《まご》う方なきスタンダード・ワーク」（Wiederin 2015, 200）と呼ぶにふさわしい。まずは同書で提示されるヴァイマル共和国理解から検討しよう。

ヒトラーの権力掌握がドイツに真の国家を打ち立てたと考えるフーバーにとって、それに先立つヴァイマル共和国はおよそ国家とは言い難い代物であった。『大ドイツ・ライヒ憲法』において披瀝されるのは、ヴァイマル共和政を国民社会主義が克服した暗黒の共和国とみなす歴史認識である。その際にフーバーは、ヴァイマル憲法の根本的特徴を、民主主義・連邦主義・自由主義の三概念を用いて説明し、その西洋的憲法原理と伝来のドイツ的欠陥の負の相乗効果こそが真のドイツ国家を妨げたと主張した。

まず民主主義原理に関してフーバーは、直接的人民活動、ライヒ議会、ライヒ大統領、ライヒ政府の四側面から検討する。ヴァイマル憲法はその第一条で「国家権力は人民に由来する」と規定し、ライヒ議会選挙、ライヒ大統領の選挙、国民発案および国民票決において「直接的人民活動」がなされるが、そこでいう「人民」とは何か。フーバーに言わせれば、ヴァイマル憲法は三つの人民概念を想定している。第一に、人種や言語、歴史といった要素は考慮されず、国家によって定められた、すなわち国籍をもつ者が「人民」となる（「国家主義的人民概念」）。第二に、人民は有機的な統一体としてではなく、「自由な個人の総体」として観念される（「自由主義的人民概念」）。第三に、人民はそれ自体としては政治的行為能力をもたず、様々な政党に属する形で、すなわち「政党人民（Parteivolk）」として組織化される（「政党適合的人民概念」）（Huber 1939, 14）。

以上の三重の人民概念はヴァイマル民主主義の特質を形成し、国家機関のあり方に重大な影響を及ぼした。「全人民の代表」とされるライヒ議会議員はもはや自らが所属する政党の代理人に過ぎず、政党同士の不一致により、憲法がライヒ議会に与えた強力な地位は大幅に損なわれた（Huber 1939, 15 f.）。これに対してライヒ大統領のあり方は、政治状況と共に大きく変化した。フーバーの見るところ、ヴァイマル憲法が規定する大統領は、公選で議会と分離したアメリカ型と、議会が選出し内閣と共同で職務を遂行する第三共和政フランス型の「中間的解決」であった。しかしその地位は当初考えられていた「装飾」から、最上位の仲裁者（「憲法の番人」）を経て、「権威的国家元首」へと変遷を遂げた。議会が機能不全になるにつれ、国家は大統領の権限に根拠づけられるようになったのである（Huber 1939, 16 f.）。これに対して、ライヒ議会とライヒ大統領の両者に依存するライヒ政府は「本性において弱体」であった。内閣の合議体としての性格と「政治の方針を定める」宰相の優越性の関係は憲法上曖昧であり、このような「均衡の体系」は憲法危機の時代にあって、大統領独裁によって克服されることとなった、というのがフーバーの見立てである（Huber 1939, 18）。

次に第二の特徴として挙げられるのが連邦主義である。フーバーの見るところ、ヴァイマル憲法が当初企てた単一国家の樹立は失敗に終わり、ライヒを構成する各ラント（州）が自らの国家性を保持し続けたために、以下の四つの帰結が生じた。第一に、ヴァイマル憲法は比例代表制選挙と議会主義的統治を各ラントに課すことで、ある種の「均制化（Gleichschaltung）」を達成しようとしたが、その結果として生じたのはラントの次元における「政党人民」であり、ラント議会とそれに依存するラント政府はライヒに対して自立性を主張することになった（「ラント議会主義」）。第二に、南ドイツの諸ラントは自らが国家であることを強調し、とりわけバイエルンはヴァイマル憲法をより連邦主義的に改正しようと繰り返し要求した（「南ドイツの分邦主義」）。第三に、ライヒから切り離されたプロイセンに「ラント議会主義」が適用されることで、社会民主党が支配するプロイセンと「純粋にブルジョワ的」なライヒの対立は収拾がつかないものとなり、ライヒ・プロイセン関係が「ヴァイマル憲法の構成の最悪の欠陥」となった（「ライヒ‐プロイセンの二元主義」）。第四に、各ラントの代表機関であるライヒ参議院は、帝政期の連邦参議院に比べればその地位を大幅に低下させたとはいえ、それでもライヒの意志形成に強力な影響を及ぼした。ラントの政党政府の代理人の集合体となることで、本来議会でも政党政治的機関でもないライヒ参議院が「議会化」し、ライヒに対抗する支柱となった（Huber 1939, 19 ff.）。以上四点によって特徴づけられる事態をフーバーは、真の連邦主義ではない、「政党連邦国家の堕落した連邦主義」と名づける（Huber 1939, 23）。

最後に第三の特徴として自由主義が挙げられる。その要素として取り上げられるのは、権力分立、基本権、そして法治国家理念である。権力分立はフーバーにとって、個人の自由と財産のために国家権力を無力化することであり、ヴァイマル憲法の「極めて複雑な相互抑制体系」はこの原理の帰結であった。同じく基本権も、国家から自由な不可侵の領域を作り出す「根本的に個人主義的な法概念」とされ、それを超えて「秩序を根拠づけ国家を担う積極的な制度」へと基本権を発展させる試みは挫折に終わったと主張される。そして法律の優位と裁判による国家高権の統制を二つの柱とする法治国家理念も、結局は破綻したものと結論づけられる（Huber 1939, 23 ff.）。

以上のようにフーバーは、ヴァイマル憲法をほぼ全否定する理解を提示した。いわく「ヴァイマル憲法は固有の創造的原理を含むものではなく、公然と自由主義および民主主義の肩をもつことで、一七八九年の理念に屈した。この西欧的憲法原理はドイツの古くからの遺伝病、すなわち党派と部族の個別主義と結びついた。こうして異国の形式と自国の悪習が一つになった。これがヴァイマル憲法の本質であった」(Huber 1939, 28 f.)。この立場からすれば、ヴァイマル共和国の崩壊は単に外的事情に帰せられるものではなく、ある種の必然だったことになろう。フーバーは、NSDAPが躍進を遂げた一九三〇年九月の選挙から一九三三年一月のシュライヒャー退陣に至る（通常「大統領内閣」と呼ばれる）「大統領制」の試みも、結局は議会制と手を切ることができず中途半端に終わったとし、評価を拒む。そして三三年一月三〇日のヒトラーの宰相任命をもって、すなわち同年三月の「民族およびライヒの危難を除去するための法律」（いわゆる「全権委任法」）をまたずして、国民社会主義「革命」が成就し、ヴァイマル憲法は国民社会主義「憲法」に完全に置き換えられた、と主張するのである（Huber 1939, 33 ff.）。

以上の説明はわれわれからすると、国民社会主義の立場から「悪しき」前史を振り返った「歪んだ」ヴァイマル像にみえる。しかしながら同時代を生きる者にとって、ヴァイマル末期の混乱は相対的安定期の記憶を抹消してあまりあるものだったのである。

Ⅲ 「指導者ライヒ」の独自性

1 「民主主義」の否定

前節で概観したようにヴァイマル共和政を理解するフーバーは、ヴァイマル的要素を完全に払拭した新体制として、国民社会主義体制をとらえた。政治権力の最高の担い手を指導者ただ一人とする「指導者権力の単一性」によって連邦主義や権力分立は克服され、非政治的な市民社会が存立する余地はもはやない。「民族におけるあらゆる政治的生は統一的・包括的な指導者意志によって規定される」(Huber 1939, 160) のであり、新たな国家は「民族主義的指導者ライヒ」と呼ばれるにふさわしい――むろんこれはあくまでも国民社会主義体制を法的に記述したものであって、しばしば「多頭制 (Polykratie)」と呼ばれるように現実の体制は一枚岩とはいえなかったのではあるが。

それでは民主主義も一掃されたのだろうか。国民社会主義政権を「民主主義」という言葉を用いて特徴づけることは、たとえ今日では考えられないとしても、同時代の文脈では不可能ではなかった。ヒトラーやゲッベルスは時として、「ドイツ的な (germanisch)」ないし「高貴な (veredelt)」といった形容詞を付して、この言葉を肯定的に使用した (Neumann 2020, 207)。オットー・ケルロイターは、自身はこの言葉を積極的には用いないが、それでもヒトラーの「ドイツ的民主主義思想」を賛美した (Koellreutter 1934, 806)。後に第三帝国に殉ずることになる国法学者パウル・リッターブッシュに至っては、国民社会主義こそが本来の民主主義であるとまで主張した。いわく「民族への訴えから明らかとなるのは、ドイツ指導者国家が、今日一般に全世界を支配する議会制多党国家に対抗して存在する、真の民主主義そのものであることである」(Ritterbusch 1934, 2195)。この言葉の多義性を考慮するならば、それが極度の民族主義と両立したとしても不思議ではない。

だがフーバーは、そのような試みを断固としてはねつけた。堕落した西欧の形式的民主主義に代わる真正の民主主義としてライヒを特徴づけることは、民主主義の意味からして不可能である、と。フーバーにとって民主主義とは、主権者たる人民の自己統治であり、そこには「治者と被治者の同一性」が存するが、それはつまるところ「同権の国家市民の選挙と投票（Wahlen und Abstimmungen）を通じて多数決原理によって打ち立てられる同一性」（Huber 1939, 209 f.）に他ならない。そこでは人民は主権者であり、選挙と投票を通じて「一般意志」が形成される。

だがこのような発想は国民社会主義体制には適用されえない。フーバーにとって、「民族主義的ライヒ」を特徴づけるのは、民主主義的な「同一性」とは相容れない、「指導と服従の区別」である。指導者と民衆は截然《せつぜん》と区別され、ルソー的な「一般意志」概念も拒絶される。フーバーに言わせれば、「一般意志」など、たとえ「全体意志」との相違が強調されようとも、所詮は「対立する様々な社会的利益間の妥協」に過ぎず、民族主義的ライヒの「真の共同意志（Gemeinwille）」となりうるものではない（Huber 1939, 195）。なおこの議論は、ヘーゲルのルソー批判に依拠したものである（ヘーゲル 二〇二一、一八四）。今日の研究においてしばしばポピュリズムのイデオロギーの中核とみなされる一般意志概念であるが（ミュデ／カルトワッセル 二〇一八、二九―三二）、フーバーは自らのヘーゲル主義に基づいてこれを否定したのであった。

2　体制の独自性

だからといって指導者は、民族を超越した存在とはみなされない。それどころか指導者は、フーバーにとって徹頭徹尾、民族に奉仕すべき存在である。主権者として指導することと民族に奉仕することは、いかにして両立するのか。その鍵を握るのは、すでに説明したフーバー独特の民族概念である。ここでは、

「民族」と「その都度の民族構成員」が截然と区別される。特定の瞬間に「民族」を構成している人々の総体は、歴史的存在としての民族そのものとは一致しない。それゆえ、その都度の民族構成員がもつ「民族の確信（Volksüberzeugung）」と、「客観的所与」として存在する「民族の意志」の間には、乖離が生じうる。指導者の任務が生じるのは、まさにこの点においてである。フーバーにとって指導者の任務とは、「民族の確信」と「民族の意志」を一致させること、すなわち人々が抱いている単なる感情を客観的な意志へともたらすことである。そして指導者は「民族の意志」の唯一の担い手であるのだから、他の誰といえども、「民族」を引き合いに出して指導者に対抗することはできない。指導者は特定の利益集団から独立し、まさしく「真の意志」の名において個々の民族構成員に優越する存在なのである（Huber 1939, 195）。

このような体制の独自性を、フーバーは強調してやまない。国民社会主義が絶対主義でも民主主義でも自由主義でもないことが力説されるばかりか、ＮＳＤＡＰ以外の政党が禁止されているにもかかわらず、「一党」「独裁」国家という名称も明示的に拒否される。フーバーの主張によれば、第一に、「一党国家（Einparteistaat）」という概念が意味するのは、「組織された排他的少数派」による「政治的権利を欠く多数派」の支配であり、これが疑念の余地なく当てはまるのはボリシェヴィズムだけである。そこでは政党（Partei）が文字通り「一部（pars）」として支配するが、これは「あらゆる民族同胞が、共通の政治的出来事に参与し共通の政治的運命を共に形成するべく召喚される」「民族主義的ライヒ」には該当しない、と言うのである（Huber 1939, 291 ff.）。

また第二に、「独裁（Diktatur）」という概念も退けられる。フーバーは、「独裁」を「専制（Despotismus）」

と同一視する「西欧民主国の政治的プロパガンダ」に対し、指導者と民族の一致を原理とする国民社会主義はこのような意味での「独裁」とは正反対であると反発する。なお元来「独裁」という言葉は、緊急事態に対処するために最長半年の任期で全権を付与された共和政ローマの臨時政務官である「独裁官（dictator）」に由来するが、フーバーは「指導者ライヒ」は例外状態ではなく通常状態であるとして、この「古典的」独裁概念も該当しないとする（Huber 1939, 210 f.）。以上の議論からは、負の価値判断を伴いかねない用語法から国民社会主義体制を守ろうとする、フーバーの執念が見て取れよう。

とりわけ問題だったのは、イタリア・ファシズムとの差別化である。本書第1章で詳述された通り、ファシズムと国民社会主義は競合する関係にあったため、国民社会主義があたかも「二番煎じ」と受け取られかねない記述は、避けられねばならなかった。「全体国家」なる言葉を用いたために国民社会主義にふさわしくないと攻撃されたフーバーのことであるから、なおさらである。

『大ドイツ・ライヒ憲法』において両者の相違点が現れるのは、民族／国民概念や国家と党の関係に関してである。第一にフーバーは、国家が国民を創造するというムッソリーニの言葉を引用しつつ、フランス革命を源流とする「ロマンス的国民概念」の延長線上にファシズムの国民概念を位置づけ、ドイツの民族主義思想との差異を強調する（Huber 1939, 161 f.）。第二にフーバーは、国家が党に優越するファシズムにおいては、ファシスト党は国家に奉仕する国家機関であると説明し、党と国家の一体性を原理とする国民社会主義との相違を際立たせる（Huber 1939, 235）。国民社会主義の独自性を適切に示せるかどうかは、体制を正当化する理論家にとって避けては通れない問題だったのである。

Ⅳ　投票による事後承認

1　国民投票の意味変化

ポピュリズムを論じる際にしばしば挙げられるのが国民投票の利用であるが、国民社会主義政権も、国民投票を自らの権威づけのために活用した。一九三三年七月一四日の国民投票法はその第一条において、「ライヒ政府は、国民がライヒ政府の意図した措置に賛成するか否かについて、国民に問うことができる」と規定する。なおここで言う「措置」とは、法律に関わる場合も含まれる広い概念とされている（同第二条）。国民投票は、一九三三年一一月には国際連盟脱退に関して、翌一九三四年には国家元首法に関して、一九三八年にはオーストリア合邦に関して実施され、いずれも圧倒的多数の賛成票が投じられた。国民社会主義は自らの政治を民族の喝采をもって正当化したのである。

この制度は『大ドイツ・ライヒ憲法』において、「民衆諮問（Volksbefragung）」という表題の下で説明される。フーバーによれば、民衆諮問の趣旨とは「生ける民族全体を、指導者が立てた政治的目標のために召喚し動員すること」（Huber 1939, 200）にある。その意味を明らかにするため、フーバーはヴァイマル憲法下での国民票決（Volksentscheid）との相違を強調する。よく知られているようにヴァイマル憲法は、議会制民主主義を主軸としながらも、さまざまな形で直接民主制的要素を加味していた。同憲法の国民票決は、フーバーの説明では二つに分類される。第一に、ライヒ議会が議決した法律に対してライヒ大統領が国民票決を命じる場合、第二に、有権者の一〇分の一が提出を発案し（「国民発案」）政府が議会に提出した法案を、議会が否決した、あるいは変更を加えて可決した場合に行われる「国民発案に基づく国民票決（Volksentscheid auf Volksbegehren）」である。だがフーバーによれば、第一の国民票決は意味を喪失し、第二の国民票決は国民全体の分裂と敵意を助長する結果となった。そして政府が自ら国民投票を実施する可能性が欠けていたのがヴァイマル国家の特徴である、と批判を加えたのである（Huber 1939, 200）。

これに対してフーバーが新たな国民投票の特徴とみなすのは、徹頭徹尾、指導者の優越性である。民衆自身が決定権をもつのではない。国民投票とはフーバーにとって、指導者が決定したことに民衆が喝采する機会に過ぎないのである。このような理解に基づき、フーバーは国民投票法に独自の解釈を施していく。第一に、すでに為された措置の事後的投票も可能であるばかりか、むしろその方が本来の趣旨にかなっている、と断言される（Huber 1939, 201 f.）。確かに「ライヒ政府の意図した措置に賛成するか否かについて」という国民投票法の文言だけ見れば、政府の提案に対して民衆が然りか否かで答えて決定を下す、かのようにも読める。だがフーバーは、この解釈を認めない。国民投票とは指導者の決定に対する信頼を民衆が表明するための機会であり、指導者に代わって民衆が決定することではない、というのが制度「本来」の趣旨であり、そこから条文の「正しい」解釈が導かれねばならない、というのがフーバーの言い分である。加えて第二に、指導者は国民投票の結果に拘束されない。民衆の多数が反対した措置を講じることも、民衆の多数が賛成した措置を講じないことも、指導者の自由である（Huber 1939, 202 f.）。このようなフーバーの解釈に対しては異論もあった（Neumann 2020, 217）。加えてそもそも民衆の大多数が反対する措置をとった際に果たして実際に指導者の権威が維持されるのか否かも疑問であるが、フーバーは自らの見解のみが「指導者ライヒ」に適合的だと信じていた。国民投票の結果に拘束されるような指導者はもはや主権者とは言えず、指導者のみを唯一の主権者とする原理に抵触するからである。

2 議会の選挙と解散

議会の選挙や解散も、国民社会主義体制においては「指導者への喝采」という国民投票的性質を帯びる。一九三四年に明文をもって廃止されたライヒ参議院と異なり、ライヒ議会は存続こそしたが、立法機関としての性格をほぼ失った。フーバーも、ライヒ議会はもはや「議会（Parlament）」ではないと断言する。多党制も自由な討論もなければ、決定的な立法権も政府の統制権もない以上、旧来の「議会」概念は当てはまりようがない（Huber 1939, 204）。一九三三年三月の選挙の後、同年一一月、一九三六年三月、一九三八年四月に選挙が実施されたが、NSDAP以外の政党がすべて禁止されている状況下にあっては、それはもはや政権への支持を表明する場でしかなかった。フーバーはこれをもって、選挙が「真正の国民投票」となったと表現する。「然りか否か」が表明されるのは、あれこれの政党に対してではなく、指導者ヒトラーに対してである（もっともフーバーは、「『否』は政治生活から自らを締め出すことを意味する」と注意深くつけ加える）（Huber 1939, 203 f.）。同様のことは議会の解散にも当てはまる。解散はもはや、議会と政府のどちらが正しいのかを国民に問うための制度ではない。フーバーによれば、国民社会主義憲法における解散は、「民衆を政治的に動員するために指導者に与えられた手段」である（Huber 1939, 206）。名ばかりの存在と化した議会を解散するのは、喝采する機会を民衆に与えるためだと言うのである。

おわりに

正当化する目的であれ、批判する目的であれ、特定の政治体制を何らかの言葉を用いて説明するという行為それ自体に、その論者の政治性が明瞭に現れる。このことはとりわけ、「民主主義」という論争的な言葉に当てはまる。フーバーが国民社会主義体制を記述する際にこの言葉を退けたのも、「悪しき」ヴァイマル国家を印づけるこの言葉は、新たな「民族主義的ライヒ」にはおよそふさわしくないという判断のためであった。指導者が奉仕するのは歴史的存在としてのドイツ民族に対してであり、現実を生きる人々は、どれほど喝采しようとも指導者に従属した存在に過ぎない。フーバーからすれば、そのような体制を民主主義と呼ぶ者は、国民社会主義の独自性を完全に捉え損なっているのである。

今日では事情が異なる。民主主義のみが正統な政治体制とみなされる時代には、どのような権威主義国家も民主主義を自称し、それどころかポピュリズムは、「汚れなき人民」を体現する真の民主主義を打ち立てると強弁する。しかしこの場合には少なくとも、それは果たして本当に民主主義と言えるのか、と異議を申し立てることが可能である。民主主義を自称する以上、このような批判は免れない。これに対してフーバーが描き出した国民社会主義にあっては、そうした可能性は最初から封じられていた。このことは期せずして、ポピュリズムを超えた全体主義の恐るべき姿を、鮮やかに浮かび上がらせている。

＊本稿は一般財団法人櫻田會政治研究助成による研究成果の一部である。

参考文献

今野元（二〇一六）「エルンスト・ルドルフ・フーバーと『国制史』研究（1）」『愛知県立大学外国語学部紀要（地域研究・国際学編）』第四八号、六一―八四頁。

ヘーゲル（二〇二一）『法の哲学（下）』上妻精他訳、岩波文庫。

ミュデ、カス／クリストバル・ロビラ・カルトワッセル（二〇一八）『ポピュリズム――デモクラシーの友と敵』永井大輔・髙山裕二訳、白水社。

Huber, Ernst Rudolf (1935a) Die deutsche Staatswissenschaft, in: *Zeitschrift für die gesamte Staatswissenschaft* 95, S. 1–65.

Huber, Ernst Rudolf (1935b) *Wesen und Inhalt der politischen Verfassung*, Hamburg.

Huber, Ernst Rudolf (1939) *Verfassungsrecht des Großdeutschen Reiches*, Hamburg.

Koellreutter, Otto (1934) Wesen und Rechtscharakter des deutschen Volksstaates, *Reichsverwaltungsblatt* 55, S. 806–807.

Koellreutter, Otto (1935) *Volk und Staat in der Weltanschauung des Nationalsozialismus*, Berlin-Charlottenburg.

Neumann, Volker (2020) *Volkswille*, Tübingen.

Ritterbusch, Paul (1934) Der Führer und Reichskanzker, des Deutschen Volkes Staatsoberhaupt, *Juristische Wochenschrift* 63, Sp. 2193–2196.

Schmitt, Carl (2021) Das Judentum in der Rechtswissenschaft, Schlusswort (1936), in: ders., *Gesammelte Schriften 1933–1936 mit ergänzenden Beiträgen aus der Zeit des Zweiten Weltkriegs*, Berlin（＝長尾龍一訳「『ドイツ法学におけるユダヤ人』学会への結語」、長尾龍一編（二〇〇七）『カール・シュミット著作集II』慈学社）.

Stolleis, Michael (2002) *Geschichte des öffentlichen Rechts in Deutschland. Weimarer Republik und Nationalsozialismus*, München.

Urbinati, Nadia (2019) *Me the People: How Populism Transforms Democracy*, Cambridge, Mass.: Harvard University Press.

Wiederin, Ewald (2015) Ernst Rudolf Huber und das Verfassungsrecht im „Dritten Reich“, in: Ewald Grothe (Hg.), *Ernst Rudolf Huber. Staat-Verfassung-Geschichte*, Baden-Baden 2015, S. 199–228.

Wildt, Michael (2017) *Volk, Volksgemeinschaft, AfD*, Hamburg.

第二部　戦間期日本の教訓

第6章　戦間期日本の政党内閣――緊張・生命・国体

五百旗頭　薫

はじめに

戦間期日本の政党内閣期といえば、戦前の政治的民主化の頂点のはずである。ところがその印象はかんばしくない。少し前に盛り上がった大正デモクラシーという思潮や運動を頂点と考えることも多い。政党内閣期に欠陥があったのは明らかである。

政権交代に直結した選挙は、一九二四年の第一五回衆議院議員総選挙のみであった。この選挙から政党内閣期が始まるのだが、その後は時の政権が行き詰まると、野党第一党の党首が元老の西園寺公望により後継首班に推薦されることが続いた。新たな与党は少数与党であり、衆議院を解散して事後的に多数を造らなければ政局の安定が難しかった。選挙は政権の力を借りた干渉的なものになりがちであった。野党は時の政権を行き詰まらせること、与党は行き詰まらせないことに必死となり、政局は泥試合となることが多かった。

行き詰まるかどうかが政策の優劣で決まればまだよかった。だが政策の選択肢は限られていた。財政は、第一次世界大戦後の不景気による税収の停滞に制約された。軍事も戦後の軍縮機運に直面した。外交は、中国で高揚するナショナリズムと、日本の大陸進出に批判的・警戒的な米国の台頭により、やはり制約された。

したがって、大きな差異のない政策を、どういう観念で装飾・調整するか、という多分に見てくれの勝負となりがちであった。政党は有権者だけでなく、元老・宮中・官僚・貴族院・枢密院・財界・論壇・メディアなど幅広い観客の前でこの勝負を繰り広げていたといえよう。この観念の勝負を、それはそれとして再現する、というのが本章の目的である。

では、どのような観念があったか。

第一は、〈緊張〉である。前記の制約を受け入れた、緊縮・軍縮・協調外交を志向する。正統的な政策体系として元老と、有権者や論壇や財界に相当の支持があった。不景気が長引く原因を大戦中の好景気に伴う消費水準の向上と、それに起因する戦後の輸入超過に求める議論が有力であったから、国民の消費の切り詰めもリストに加わった。大向こうの支持を確保するために、政治家・政治集団としての節制・統制ある言動がリストに加わることもあった。憲政会とその後身の立憲民政党は〈緊張〉を基調とした。

第二は、〈生命〉である。制約を嫌い、何かを性急・大胆に追い求める衝動である。戦争中の犠牲は、戦後に報酬の要求を噴出させた。報酬の種類は極めて多様であり、民主化や社会政策、社会主義や共産主義、地方利益や地方分権、対外拡張や平和であり得た。日本は第一次世界大戦によって大きな犠牲を被ることはなかったが、〈生命〉の世界的思潮は流入した。そして一九二三年の関東大震災の被害がこの思潮を実体化した。いたましい犠牲に由来するだけに、これらの要求は理非を超え、矛盾をはらんだ欲望の奔流であり、〈生命〉と名付けるにふさわしい。政友会は〈生命〉を基調とした。政権を委ねるには不安があったが、野性的なパワーがあった。

〈緊張〉は要するに我慢と努力を求める観念であるから、〈生命〉の魅力は脅威であった。だから〈緊張〉を説く者は、今耐え忍べば、将来に飛躍的に良いことがある、と論ずることが多かった。〈緊張〉が現在、受忍されるためには、未来の〈生命〉に寄生するのが好都合であったということである。

第三に〈国体〉である。これは天皇の忠実な臣民としての奮闘や恭順を求める言説である。〈国体〉を正面から否定するのは難しく、天皇の系譜や地位がかかわる南北朝正閏論争や宮中某重大事件といった特定の争点において、猛威を振るうことがあった。だが個別の政策分野に具体的な指針を与える力には乏しく、政治の日常においては〈緊張〉や〈生命〉に張り合うほどの規定力はないはずであった。

ところが〈緊張〉と〈生命〉が正面から競合すると、〈国体〉のこの狭さが強みになる。後に説明するように、〈国体〉は個々人の努力を促す点で〈緊張〉の機能を代替することができた。同時に、個別政策で〈生命〉の横行を容認することもできたからである。

それは、日本の近未来を先取りする状況だったのかもしれない。今日の日本も安全保障環境と財政の悪化により、政策上の選択肢が限られている。自由民主党の政権に満足する有権者は半分を切っているようだが、立憲民主党も支持を拡大できていない。日本維新の会のような政党が野党として台頭し、保守二党が与党と野党第一党を占める時代が来るのかもしれない。それは、憲政会・民政党と政友会が対峙した戦間期に似ている。

政治をボードゲームにたとえれば、イデオロギーが対立する政党政治は陣取りゲームのようなものである。右に自民党を置き、かつての社会党や今日の立民を左に置いて競わせる。自民党が左にウィングを広げようとすると、右側に維新が出てきたりする。

これに対して、主要政党のイデオロギーの差異が小さい政治は、双六のようなものである。複数の政党が、同じゴールを目指す。ただし、サイコロの数を競うだけでは芸がない。途中でアイテムを拾う。そのアイテムでワープできたり、敵を足止めできたりする。アイテムを奪ったり奪われたりもする。

一つのアイテムではゴールしきれない場合、つまりはそれぞれ限界を抱えた〈緊張〉〈生命〉〈国体〉のようなアイテムの場合、複数のアイテムが欲しくなり、その争奪は敵対的なものとなろう。しかも複数のアイテムを追求することで、自らの中に分裂を抱え込むことが常態化する。

本章が取り上げる史実や史料のほとんどは、先行研究では先刻承知のものである。だが時代の特徴を踏まえて、幅広い政策分野と政局、政党間政治と党内政治を架橋した見取り図を描きたい。紙幅の制約により、先行研究にはほとんど触れられないがご寛恕頂きたい。

現代の政治の最大の問題は、アイテムとして奪い合うほどの観念を持ち合わせていないところにある。有権者に気兼ねして〈緊張〉は棚上げとなり、リスクを取りたがらない社会・経済は〈生命〉を畏縮させている。日本はこれらの欠陥を克服するだろう、と私は期待する。この期待がかなったところで、戦間期のスタートラインに立つのだ。スタートラインで思考の材料が尽きていては残念である。戦間期は日本の近未来かもしれず、それは自明ですらない。だから戦間期から学びたいと思う。本章究極の目的である。

I　分岐

1　政友会の分裂と純化

日本の戦間期は、広義には欧米より早く始まったともいえる。第一次世界大戦よりも日露戦争（一九〇四～〇五年）の方が、日本にとって深刻な戦争だったからである。日露戦後から〈緊張〉も〈生命〉も言説に普及していた。

ただし政友会は内政の〈生命〉（地方利益への積極的な応答）と外交の〈緊張〉（列強との協調外交）、非政友会系は内政の〈緊張〉（歳出削減）と外交の〈生命〉（自主性を重視する対外硬）を組み合わせていた。第一次世界大戦後の政党内閣期に入り、両党が複数のアイテムを争奪したのは、日露戦後という徒弟期間の成果であったのかもしれない。親方に昇格した日本の政党の腕前を、これから追跡しよう。

一九二四年一月七日、貴族院の最大会派・研究会を基礎とする清浦奎吾内閣が成立した。この内閣への賛否をめぐって、政友会は分裂した。政友会所属の衆議院議員二八〇名の半分以上が、床次竹次郎・中橋徳五郎・山本達雄・元田肇らに率いられて二九日に政友本党を樹立し、清浦内閣の与党となった。六月に床次が総裁に就任する。

政友会には「折角永年苦心し来つた貴衆両院縦断の理想」があり、その忍耐と協調の歴史に忠実なのは自分たちである、というのが床次の言い分であった（「清新の天地に新黨の樹立」『日本公論』一九二四年五月。以下、雑誌の刊行年月で巻号を特定できる場合は巻号を記載しない）。

政友会に残ったのは総裁の高橋是清や横田千之助・小泉策太郎らである。横田も、政友会が伝統的に「穏健着実」を標榜してきたことには同意する。だがそれ以上に偉大な改革に本領があると論じ、「自由党は板垣〔退助〕、星〔亨〕、原〔敬〕、といふが如き革新的政治家の手によつて、その生命を今日に溌溂たらしめた」と回顧した（「此の昏盲の闇を滅せよ」『改造』一九二四年三月）。政友本党が〈緊張〉の伝統を伴って離脱した結果、政友会は〈生命〉の党としての色彩を強めたといえよう。

2 憲政会の台頭と亀裂

ただし当時、世論が最重要の改革とみなしていたのは男子普選の導入であった。一九二一年末以降、憲政会は納税要件のない男子普選にすでに賛同しており、政友会は出遅れていた。清浦内閣と対決する在野勢力としては、憲政会の方が清新な印象を与えた。

憲政会・政友会と小会派の革新倶楽部が提携し（護憲三派）、清浦内閣と対決した。衆議院は解散され、一九二四年五月一〇日の第一五回総選挙で憲政会が第一党となった。政友会と革新倶楽部は振るわなかったが、足せば護憲三派が優位であった（憲政会一五一、政友会一〇五、革新倶楽部三〇、政友本党一〇九、無所属六九）。政友本党は、最高幹部の中橋徳五郎すら落選するありさまであった。清浦内閣は退陣し、西園寺は憲政会総裁の加藤高明を後継に奏薦する。六月一一日に加藤を首班とする護憲三派内閣が成立した。政党内閣期の始まりである。

連立内閣を主導したのは憲政会であった。そして憲政会の政策を主導するのは加藤・若槻礼次郎・浜口雄幸ら官僚出身者であり、首相候補と目され、国家的観点から〈緊張〉志向の基本政策を追求した。

外交においては、強硬外交から卒業し、幣原喜重郎外務大臣を中心とする協調外交を支持した。中国への内政不干渉を原則としつつ、満蒙権益は維持するというものであった。政友会で主流の外交論も大差はなく、政友会は幣原の満蒙権益維持の真剣さを疑い、憲政会は政友会の内政不干渉の誠実さを疑う、という程度の違いであった。しかしそのような違いがあった。

財政においては、大蔵大臣となった浜口が「消費に対する政府及国民の一大節制を断行する」と宣言し（「新内閣の財政方針」『憲政』一九二四年七月）、一九二五年度予算案には節減と繰り延べをそれぞれ一億三〇〇〇万円前後ずつ施し、予算規模を一五億円あまりに抑えた。これは一九二四年末から翌年にかけての第五〇議会において、おおむね認められた。

だが憲政会の代議士の多くは選挙区の利益要求に応答する必要に迫られており、この点で政友会の代議士と大きな違いはなかった。憲政会党人派に大きな影響力を有していたのが、安達謙蔵であった。憲政会とその前身の立憲同志会の選挙を指揮し、「選挙の神様」の異名をとっていた。この安達が官僚出身指導者の政策サロンにおおむね忠実であったことが、憲政会・民政党の安定をもたらす（五百旗頭 二〇二〇、一一五〜一一六）。

安達は、政府の財政政策についてこう説明している（「時局に対する所感」『憲政公論』一九二五年七月）。

> 現内閣が緊縮政策を採れる所以のものは、我国目下の財政的病状に最も適応するが為に外ならないので、敢て消極政策を好む者でないことは何人も認むる所であらう。彼の西伯利に無益の軍隊を派遣して九億の財帑を費し、露国若くは支那の証券を買込で五億円の損失を招ぎ《ママ》、之が補顚の為めに現内閣は整理緊縮を断行したのである。故に人民の生活に直接交渉のある、又産業の発展に多大の関係を有する鉄道、港湾に関する事業の如きは、全然打切りを断行した訳でなく、最善の注意を払いつつ在るものである。

〈緊張〉が不可避だと擁護したのが第一文、その責任を過去の政権に負わせたのが第二文、〈生命〉にも目配りしていると弁明したのが第三文である。

3 〈生命〉の暗黒

何といっても〈生命〉の本尊は政友会であった。

この〈生命〉は規範を超越する。評論家の室伏高信は「生命の哲学」を唱え、そこには認識や智を超えた驚異や奇跡があると記す。「生命の跳躍」（élan vital）を唱えたベルクソン（Henri-Louis Bergson）ですら不徹底で、「生物学の囚へるところとならんとす」るという（「進歩乎没落乎」『中央公論』一九二四年六月）。

先に紹介した論説で横田は「生々流転寸前暗黒、政局の将来を卜知するものは只仏天あるのみである」「政策を超越せねばならぬ」と述べているが、室伏と同じような気分を反映している。

政友会の策略と広報の両面で活躍した小泉策太郎は、護憲運動を政友会が「更生」する好機だと述べる（「高橋政友会総裁　声明書の釈明」『政友』一九二四年四月）。政友会本位で行動していると自認しているからこそ、小泉は細かい貸し借りや代償要求を超越しており、憲政会や革新倶楽部との交渉でも活躍し得たのであろう。しかし護憲三派の協調も、あくまで自己本位であった（同上）。

而も協調は諧和であつて矯正ではない、融解であつて苟合ではない、自然の陽気に春の草が芽生えたのであつて、もやしや温室で人工を加へたもので無い事をくり返して申します。されば我々は只我々の主張に生き、所謂我絶対の心境に更生しつつあるのであつて、毛頭他力を頼まない。

旺盛な〈生命〉のメタファーを駆使しつつ、三派協調に拘束されないことを示唆している。憲政会に対する、政友会の手段を選ばぬ対抗意識には目を見張るものがあった。

第一に、急進的な貴族院改革を標榜する。男子普選における憲政会のイニシアティブを中和する狙いがあった（伊藤　一九八七、一七〇〜一七七）。

第二に、男子普選導入を挫折させることによる倒閣すら企てた。第五〇議会に提出された衆議院議員選挙法改正法律案に対し、衆議院において貴族院が同意しないような修正を加えたのである。だが難航の末、一九二五年三月二八日両院協議会で妥協が成立し、翌日に両院で可決される（松尾 一九八九、三一三〜三二二）。小泉は二八日の日記に「此夜深更、普選案協議会妥協案成ル、大機去ル、浩嘆、十二時帰宅」と記す（「日記」一九二五年「小泉策太郎関係文書」一〇四八）。

第三に、陸軍長州閥の田中義一と交渉を重ね、四月に政友会の総裁に迎えた。田中は対中政策に抱負があり、幣原よりも積極的な対中政策を模索していた。高橋が入閣していたのに対し、田中は自らの入閣を辞退し、憲政会から距離をとった。

第四に、五月に犬養毅ら革新倶楽部と合同し、憲政会の議席数に近づいた。革新倶楽部は犬養に率いられた自由民権運動の伝統を最も色濃く残す政党であり、「貴族征伐」に加えて「元老征伐」まで唱えていた（古島一雄「我等の態度」『改造』一九二四年三月）。この革新倶楽部との合同は、田中の擁立や元老西園寺への諒解工作とは不整合な印象を与えるが、小泉はいずれも推進した。

第五に、政友会の対外硬を代表する小川平吉が、政友本党との合同を推進した。研究会と関係の深い政友本党との合同は、貴族院改革と相性が悪かったであろう。小川は、貴族院改革を争点とすることには消極的であった（小川平吉文書研究会編 一九七三、六〇〇）。

このように政友会は、護憲三派内閣発足時から、矛盾をはらんだ多彩な策謀を展開したのである。

行財政整理の後、憲政会は税制整理を推進した。政友会系閣僚はこの内容に異を唱え、七月三一日、閣内不一致による退陣をもたらした。

4 〈緊張〉の狡知

西園寺は再び加藤を首班に推薦し、一九二五年八月二日、憲政会単独内閣が成立した。憲政会の政策を支持していたと思われる。世論にも同様の傾向があり、三宅雪嶺は「憲政会が兎も角も政友会よりも受けが好いのは、放漫政策の弊害を大きくしまいと見られて居るに因る」と解説していた（「今日一利を興すは一害を除くに若かず」『中央公論』一九二五年九月）。

ただしこの時の憲政会の〈緊張〉には不徹底な面があった。第五〇議会に行財政整理を提案するにあたって加藤首相は、定員の改廃を伴う整理は「今次の整理を以て終了」すると明言していた（「行政整理の態度」『憲政』一九二四年一二月）。続く税制整理は、したがって歳入を増減させない範囲で負担の公平を図るべく立案された。

これに対し政友会は、地租は七五〇〇万円を地方に委譲し、できれば営業税五五〇〇万円も委譲するという、きわめて大胆な税制整理を検討していた。そして憲政会が地租委譲を容れないことに特に強く反発し、連立解体に至ったのである。しかし政友会の税制整理構想には、財源面で無理があった。

各党の税制整理案は、一九二五年末からの第五一議会において競合する。財政学者の堀江帰一は、歳出削減が不十分で、減税の財源が失われたことに強い不満を表明する。これは憲政会への失望であったはずが、結果としては政友会案への評価がより低くなる。財源が限られた結果、政友会は営業税の委譲を断念していた。地租がもっぱら農民に、営業税が商工業者に課す直接税であったことから、地租のみの委譲は整合性を欠いてしまったのである（「三政党の税制整理案」『中央公論』一九二五年一二月）。

地租と営業税とにして、租税制度の体系に於て、不可分の関係に居るものである以上は、其一を地方に委譲する以上は、他の一にも亦同様の処置に出でなければならない。仮に政府が財源の関係上、地租だけを地方に委譲したとして、全国の商工業者は果して之に満足して居るであらうか。

政友本党も政府案に歩み寄ったため、税制整理案は議会を通過した。憲政会は、自らの〈緊張〉を不徹底にすることで、政友会の〈生命〉の危うさを際立たせることに成功したといえよう。

5　旭日の〈生命〉

これに対し政友会は、田中を総裁に迎えた後、野党として、憲政会よりも意欲的かつ多様な政策を立案する。それはまさに〈生命〉の奔流のようであった。

例えば山本条太郎のように、産業政策に経綸を発揮する議員もいた。旧革新倶楽部の産業立国論も流入し、政務調査は多士済々であった。憲政会の緊縮財政によって不景気が長期化しているという批判を怠らなかった。

社会政策についても、有馬頼寧のような熱心な議員から、政府の労働組合法案の不徹底を批判する声が上がった（「握り潰した労働組合法案」『政友』一九二六年四月）。

特に重要なのは市町村への地租委譲であった。田中は、税制を改良するためだけでなく、「細胞の活躍」として地方分権を達成するために必要だと強調する（「国政の方向を地方分権へ」『時事新報』一九二六年一月四日・五日・六日）。東洋経済新報は政友会の地租委譲論を「地方分権主義」と認め、「この点に於て政友会は已成政党中最も進歩せる分子を吸合する将来を有する」とまで絶賛した（「我産業不振と既成政党の対策」一九二六年一月九日）。

政友本党からも呼応する動きがあった。床次が禅譲を期待して憲政会政権に接近したところ、それに反発した政本合同派の議員二〇名あまりが一九二五年一二月に脱党したのである。この動きの中心だったのが鳩山一郎や落選中の中橋である。翌二六年一月に同交会を結成し、翌二月に政友会に合流した。これで憲政会の議席数一六五に対し、政友会は一六一に迫り、政友本党は八七に減った。

中橋の政策立案を支援していたのも東洋経済新報である。中橋は同誌に人口問題についての論説を掲載しており、「同一民族、同一歴史、同一言語、同一習慣、同一宗教、を有する」国民が密集する国こそ強固かつ安全であり、日本がまさにそうであるから移民も領土拡張も必要ないと論じていた（「人口論」一九二六年八月一四日、「人口集中論」一九二六年九月一八日）。小日本主義の一面を代弁していたといえよう。同誌の三浦鉄太郎が起草した「新政党の政綱政策（未定稿）」を、中橋は八月に印刷・配布させている。市町村への大胆な権限・税源移転と府県の権限縮小に、社会政策と積極金融政策とを融合した内容である

（一九二六年八月印刷「中橋徳五郎関係文書」八六、三浦「故中橋徳五郎氏を憶ふ」『東洋経済新報』一九三四年四月二一日）。この路線が政友会で失速するならば、また中橋の「新政党」があり得るという威嚇だったのであろうか。

以上述べたように、憲政会は党組織が〈生命〉で蠢動することを黙認しつつ〈緊張〉の正統性を享受し、〈緊張〉の手を抜く術策も知っていた。政友会は〈生命〉の可能性を尋ねて対抗した。この時代の政治対立には見てくれの要素があったが、見応えがなくもなかった。

Ⅱ　失速

1　憲政会内閣——〈緊張〉の未達

第五一議会中、一九二六年一月二八日に加藤高明は病死した。若槻礼次郎が憲政会総裁に就任し、大命降下を受けた。一月三〇日、第一次若槻内閣が成立する。

政友会は引き続き憲政会の緊縮財政路線に反対したが、同時に、憲政会内閣がこの方針を実現できておらず、財政が膨張しているという指摘を繰り返した。憲政会が遅まきながら「姑息退嬰」の非を悟り、政友会の政策に追随しつつあるのは喜ばしいが、ならば政友会に政権を譲った方が実行力がある、と皮肉ることもあった（「田中総裁演説」『政友』一九二六年一一月）。

前述のように、政友会の税制整理を挫折させる代償として、憲政会の行財政整理は不徹底に終わっていた。一九二五年度予算の減少額は大きかったが、その半分は繰り延べであり、恒久的な節減ではなかったことはすでに述べた。その後、一九二六年度予算は一六億円に迫り、一九二七年度予算は一七億三〇〇〇万円を超え、さらに二八〇〇万円あまりの追加が発生するなど、再び歳出膨張の傾向を見せたのである。〈緊張〉を標榜しているだけに、それが途中で弛緩した時の幻滅は大きかった。加藤の生前から、東京朝日新聞は社説で「自称緊縮内閣の腕前は大凡《おおよそ》わかつた」と冷評していた（「無気力政治の流行」一九二五年一一月一七日）。後年、東京日日新聞記者の杉山幹が若槻内閣の末路を「公約に反して緊縮政策の放棄を敢てした時に国民の信望を失しその生命はなかつたのである」と解説したのは、この幻滅を回顧したものである（杉山幹「浜口内閣への翹望」『中央公論』一九二九年八月）。

政局においても、憲政会内閣は妥協を強いられた。少数与党であったため、第五一議会閉会後に政友本党に対して入閣を打診したが断られ、かわりに六月三日、研究会から個人の資格で、井上匡四郎が鉄道大臣に、佐竹三吾が同政務次官に就任した。護憲三派の中核であった憲政会が、政友本党や研究会に入閣を誘ったことへの失望の声はあった。若槻は一三日の演説で「私は万般に亘りて細心の注意を払ふ」「それは躊躇逡巡するが故ではない。否却つて勇往邁進せんが為の下準備である」と説明している（「現下の政局に当面して」『憲政公論』一九二六年七月）。

妥協と忍耐は〈緊張〉の証しであり、憲政会の本領だといいたかったのである。ところがこの人事が新たな背信の疑いを招いた。井上・佐竹が青木周三鉄道次官の辞任を求め、紆余曲折の末、若槻もこれを認めたのである。

政務次官・参与官は加藤護憲三派内閣の際に設置されており、政務と事務の区別を確立するために憲政会が要求したものであった。政務官は大臣・内閣と進退を共にしても、(事務)次官は影響を受けず行政の継続性を担保するという考え方に基づいているはずであり、東京朝日新聞が「憲政会の責任は、一と通りのものでは無いのである」と指摘する通りであった(「一次官の進退問題にあらず」(社説)一九二六年七月二二日)。〈緊張〉に政治の行政に対する自制が含まれているとすれば、それを貫徹できなかったことになる。憲政会総務で衆議院議員の斎藤隆夫は日記に「若槻首相の威信失墜せりとの非難多し」と記している(伊藤隆編 二〇〇九、五〇二)。

〈緊張〉の重要な一環として綱紀粛正があり、これは行政・司法との適正な距離、汚職・怠慢の防止を目標とした。政党が台頭する過程で、重要かつ困難な課題となる。一九二六年は綱紀粛正の不全が頻繁に問題となり、政党が互いのスキャンダルを攻撃し合うことが続いた。

一月には、田中政友会総裁が陸軍機密費を横領していたという疑惑が浮上した。

二月には、大阪・松島遊郭の移転をめぐって政治家が不動産会社から収賄したという疑惑が持ち上がった。疑惑の渦中には憲政会の長老で、人格者と謳われた箕浦勝人も含まれていた。

三月二五日、朴烈と金子文子に大逆罪で死刑判決が下ったが、四月五日に恩赦された。収監中の二人が抱き合っている写真が七月二九日に公開され、大問題となった。

センセーショナリズムに加えて、朴烈・金子文子の恋愛へのロマンティシズムが手伝い、報道を賑わせた。これがあらためて国体論者を刺激したであろう(筒井 二〇一二、七一～八二)。

一連のスキャンダルで憲政会・政友会・政友本党とも非難の対象となった。だが憲政会の境遇は微妙に異なっていたかもしれない。

元来は、政友会の方が放漫や腐敗の印象が強かった。しかも陸軍機密費問題は、政軍関係の暗部であると認識された。大阪朝日新聞一九二六年三月六日の社説「頻々たる査問会」は明らかに政友会の方に厳しく、「政友会が持参金づきの陸軍大将といふ以外に、何等の縁もゆかりもない軍人を、昨夏突如、党の総裁として奉戴したことそれ自体が、何人より考へても現代における正常事とは思惟されないでないか」と追及している。憲政会に不利な松島遊郭移転問題については「各政党に醜悪事が暴露されんとしてゐる」と述べるにとどまった。

もっとも、憲政会は綱紀粛正を体現すると自認していたため、それが裏切られた時の痛手は大きかった。箕浦が大阪刑務所北区支所に収容されると、大阪朝日新聞は社説「箕浦氏の収容」（一九二六年四月二五日）において、憲政会が「心にもなき正義公平を高調してゐるのである」と決めつけ、内閣の命運にかかわるスキャンダルになるであろうと予言する。東京朝日新聞は、他党の腐敗を攻撃する資格が憲政会にあるのか疑問を呈し、「烏《からす》の雌雄は国民の敢て與《あずか》り知らぬところであるが、要するに政界の低調は争はれない」と総括する（「依然たる泥仕合」（社説）一九二六年八月五日）。憲政会が〈緊張〉を裏切ることで、既成政党への一律的な不信という、ポピュリスティックな心情が強まっているのが分かる。

憲政会は既成政党の中では清新な印象があり、都市部で優位に立っていた。そのことも、憲政会をスキャンダルに対して脆弱にした。都市部の有権者は疑獄事件に比較的敏感であり、内務省警保局の「地方政情調」（一九二九年一〇月）の東京府編は政治家が「市疑獄事件ニ連座シ一般人気ヲ失墜セル」「市疑獄事件ニ連座シテ勢力ヲ失墜スルアリ」といった報告を繰り返していた（内務省警保局編 一九八八、五八〜五九）。

若槻首相は九月三〇日の憲政会両院議員・評議員連合会で「政府又は其の与党たる憲政会の中枢が、政府又は政党の威力を藉《か》りて不当の事を為し、依て以て政府又は政党の利益を謀りたるが如きことは断じてなく、我々年来の主張たる綱紀粛正の大眼目は正に達成せられつつあるのである」と弁明しているが、「中枢」以外については歯切れが悪く、しかも箕浦が詐欺罪で起訴されただけでなく、予審尋問が閣僚にも及ぶ形勢が七月には判明していたので、「中枢」も危うかったのである。そしてこの弁明を掲載した党機関紙『憲政公論』の刊行日、一一月一日の一週間後の七日には若槻自身が予審尋問を受ける。箕浦が若槻の証言に不満を持ち、八日に偽証罪で告発するというおまけまでついた。

当然ながら政友会は、「看板を偽る綱紀紊乱の数々」と追及した（『政友』一九二六年九月）。〈緊張〉の看板に偽りあり、ということである。これに対し政友会はもともと印象が悪いだけに、悪評に打たれ強かった。「何等の縁もゆかりもない軍人を、昨夏突如、党の総裁として奉戴したことそれ自体」が悪い、という前述の大阪朝日新聞の表現も、政友会の不明朗は今年に始まったことではない、という諦念を伴っている。

政友会は朴烈問題を中心に、憲政会が〈国体〉観念をおろそかにしている、という批判も忘れなかった。一〇月二四日の全国支部長会議で田中は演説し、国体の観念はあらゆる政策よりも重要であり、これを護るために民心の緊張を求めると述べた（前掲「田中総裁演説」）。

此問題は固より政策を超越せる国体の観念に関する根本義であります、一党一派の利害休戚の問題に非ずして、実に帝国国民の一員として至誠以て君国の基礎を確立すると云ふ大精神の発露であり、又厳粛なる民心の緊張を求むる所以であります。

スキャンダル合戦の中で、〈国体〉が政権を揺るがす攻撃手段として重宝された。朴烈問題を契機に、政友本党は政友会に接近する。一二月一四日、両党は提携に合意した。

ところでこの引用には緊張という言葉も登場している。憲政会が喪失するかもしれないアイテムには唾をつけておくのである。

現に〈緊張〉は政友会にとっても必要であった。対外競争や国力のことを考えると、国民の努力や忍耐を促したいからである。だから田中は総裁になってすぐに、「人心の一大緊張に出発せねばならぬ」と述べている。ただしその手段として重視したのは社会教育・精神教育であった（「更生の立憲政友会」『政友』一九二五年六月）。

田中・政友会は〈緊張〉の機能を欲しつつも、その政策的含意である財政緊縮や幣原外交には否定的であった。これらの個別政策は、〈国体〉が〈緊張〉に代替または随伴することで中立化させるという仕掛けだったのではないか。〈国体〉には〈緊張〉を蚕食する機能があったといえる。

憲政会の〈緊張〉未達が目立つにつれ、政友会の〈緊張〉輸入が増え、それは〈国体〉密輸を助長したのであろう。

政友会・政友本党の提携に対し、政府・与党側では第五二議会を解散し、総選挙を実施する機運が高まった。斎藤隆夫は二七日の日記に「一路解散に向つて進む」と記す（伊藤隆編 二〇〇九、五〇八）。だが若槻はそう考えなかったらしい。

一九二七年一月二〇日、若槻と田中・床次は研究会が斡旋した手順に沿って会見し、新しい（昭和）天皇の治世の開始にあたって予算及び関連法案の議会通過に協力することを申し合わせた。そのかわり、田中・床次は若槻に「深甚なる考慮」を求めた。これによって野党は内閣不信任案を撤回し、衆議院解散は回避された。総選挙の準備に励んでいた憲政会内と、男子普選の実施を期待していた世間には、この三党首会談は極めて不評であった。

衆議院では、憲政会の安達と政友本党の山本達雄の折衝の結果、将来の禅譲を期待した床次が再び憲政会に接近したため、三月一日に憲本提携が合意された。孤立した政友会は震災手形処理関連法案で激しく政府を追及した。それは政府が金融不安を制御することを困難にしたが、衆議院の議席数として政権は当面安泰となった。「深甚なる考慮」が退陣を意味するかどうかは、当初から曖昧であった。

だが直後に起きた金融恐慌が退陣をもたらした。若槻内閣は台湾銀行を救済するための緊急勅令を提案し、枢密院と衝突した。枢密院の伊東巳代治らと論争するにあたって、若槻らは妥協的とはいえなかった。枢密院が緊急勅令案を否決したのをきっかけに、四月一七日に退陣する。

2　政友会内閣──〈生命〉〈国体〉の未達

一九二七年四月一八日に田中が組閣を命ぜられ、二〇日に田中政友会内閣が成立する。憲政会は政友本党と合流して六月一日に立憲民政党を結党し、総裁には浜口が就任した。

高橋が蔵相に就き、緊急勅令で三週間のモラトリアム（高額の支払い・預金引き出しを猶予する）を実行して金融恐慌を収拾した。だがその後、田中内閣は〈生命〉を思うように展開できなかった。金融恐慌による税収減が大きな理由である。

一九二七年度予算は一七億七〇〇〇万円あまりにしか増やせず、地租委譲は実施を一九二九年度からではなく一九三〇年度に延期せざるを得なかった。

一九二七年末からの第五四議会に向けて田中は、地租委譲の実施を一九三〇（昭和五）年度からと提案することについて、「急いで実行したい。出来るならば四年度にやりたい。五年度に決めた事は自分に於ても不本意である」と弁明しなければならなかった（「政党の基礎は主義政策の徹底」『政友』一九二七年一二月）。およそ弁明は〈生命〉に似つかわしくない。

しかも第五四議会を解散したので、地租委譲案は審議未了に終わった。一九二八年二月二〇日に初の男子普選である第一六回総選挙が行われた。民政党の方が〈緊張〉した選挙戦を展開したようである。安達が立候補・地盤の調整を厳格に行ったのに対し、政友会の選挙戦はより奔放であり、不効率であった（五百旗頭 二〇二〇、一五五）。

投票日当日、鈴木喜三郎内務大臣は、民政党の議会中心主義が国体に反すると発言した。〈国体〉概念の濫用として一般に不評であった。

選挙結果は政友会二一七、民政党二一六、無産諸派八、実業同志会四、革新党三、中立その他一八となり、与党の利点を活かせなかった政友会の事実上の敗北であった。

多数に近づくため政友会は実業同志会に提携を申し入れ、提携の条件として営業税委譲を受け入れた。地方への税委譲のハードルはさらに高くなり、実施予定も一九三一年度となった。選挙後の第五五特別議会に臨んで民政党の浜口総裁は、田中内閣がその「生命」といえる重要法案の提案を躊躇していると指摘し、退陣を勧めてみせる（「政局安定の途と我党の態度」『民政』一九二八年四月）。

それどころか第五五議会では鈴木内相の選挙干渉への責任が執拗に追及された。内相不信任案が提出され、政権側は停会を繰り返して野党議員の切り崩しに努めたが否決の見通しがつかず、五月四日に鈴木は辞任に追い込まれた。田中の主たる党内基盤は鈴木派であり、鈴木の辞任は少なからぬ打撃となった。

外交においても、田中は積極的な対中政策を志向し、外相を兼任した。中国では当時、蔣介石率いる国民党軍が中国統一を目指して北伐を始めていた。これに理解を示しつつ、既得権益、特に満蒙の権益を擁護するという隘路を模索する点で、幣原外交と田中外交には大差がなかった。この隘路をどうにか〈生命〉で潤飾するのが田中外交の課題であった。

だが外交や軍事には相手国があり、結果を制御するのはひときわ難しい。軍部に独自の方針がある場合は、自国を制御することすら難しい。

北伐が山東半島に到達すると、日本人居留民を保護するため一九二七年五月と一九二八年四月の二度にわたって山東出兵を行った。しかし第二次山東出兵に際し、五月に日中両軍の衝突が起きてしまう（済南事件）。これを受けて第三次の出兵を行い、一九二九年三月まで山東半島に駐兵する。後に引きにくい田中外交は、中国との軋轢を拡大してしまったのである。

ただし北伐軍を足止めすることで、田中は張作霖に満洲に撤退するよう説得する時間を得た。日本は張作霖を通じて満洲での権益を維持していたが、張作霖は北京が北伐軍の手に落ちるのを防ごうと戦い、苦戦・消耗していた。張作霖に撤退を決断させたことは、その満洲支配を温存するという観点からは成功といえる。

しかし陸軍強硬派はすでに田中外交に失望しており、独断と実力行使の傾向を強めていた。一九二八年六月四日、奉天に向かう張作霖の列車が関東軍の策謀で爆破された。父親の死の真相を知った張学良は、一二月に国民党政権との合流を宣言する。日本への敵意を強める形で、中国統一が実現したのである。

内政・外交の〈生命〉が停頓する中、〈国体〉の比重が高まっていく。前述の鈴木内相の国体発言はその一つである。

三月一五日、警察は共産党や労働農民党・労働組合の関係者を一斉に検束し、四八八名が起訴された（三・一五事件）。

六月二九日には、緊急勅令で治安維持法を改正し、「国体ヲ変革スルコトヲ目的トシテ」結社を組織・指導した者の最高刑を死刑とした。

民政党も〈国体〉の大切さを承認していた。田中内閣の問題は、天皇・宮中関係でも失態が続き、〈国体〉を重視しているようには見えなくなったことである。

水野錬太郎文部大臣や上山満之進台湾総督の辞任にあたって、天皇の慰留（優諚）を利用したり、正しく伝えなかったりしたという疑惑が持ち上がった。

また、日本は八月二八日に不戦条約を締結した。第一条は「締約国ハ国際紛争解決ノ為戦争ニ訴フルコトヲ非トシ且其ノ相互関係ニ於テ国家ノ政策ノ手段トシテノ戦争ヲ抛棄《ほうき》スルコトヲ其ノ各自ノ人民ノ名ニ於テ厳粛ニ宣言ス」と謳っていた。この「人民ノ名ニ於テ」が国体に反するという批判が起こった。民政党は不戦条約そのものには賛成であったが、〈国体〉を政友会から奪う機会は逃さなかった。当該箇所は「国体の大本」に反していると断定し、このような過ちを犯すような内閣はかえって国民思想を悪化させると論じた（「不戦条約の憲法違反」『民政』一九二八年一〇月）。

> 嗚呼、現内閣は曩《さ》きに水野前文相に関する優諚問題を惹起し、次で上山前台湾総督に関する聖旨不伝達問題を起し、今やまたこの国本上看過すべからざる大罪悪を敢えてするに至つた。此の如くにして国民思想の善導を計らんとするは、酔漢の禁酒演説よりも更に徒爾《とじ》に終るべきは勿論、為に国民思想は益す悪化し去らんのみである。

一九二八年末からの第五六議会は、田中内閣にとって解散を予定しない最初の通常会であった。この議会に向けて、政友会は民政党を大胆に切り崩した。その最たるものは、八月一日に床次が発表した脱党である。床次と共に脱党した議員は少なかったが、五月雨式に脱党が続いた。議会召集日（一二月二三日）の民政党の議席数は一七四に減っており、斎藤は日記に「特別議会以来脱党者実に四十余名。議会の形勢利あらず。憤慨に堪へず」と記している（伊藤隆編 二〇〇九、五九六）。

だがこの議会でも田中内閣は所信を貫徹できなかった。税収は相変らず停滞しており、公債を募集しつつも積極政策には限界があった。浜口は開会に先立つ一二月四日、中国四国大会において「積極と緊縮の中間に彷徨したる無主義無方針の予算と評するの外はない」と述べ、政友会の公約は信用できないと地方に訴えた（「第五十六帝国議会に直面して」『民政』一九二九年一月）。

衆議院では、民政党の満を持した質問・野次、議事引き延ばしにより、重要法案の通過が難航した。衆議院でようやく可決されても、〈国体〉擁護を任ずる貴族院が敵対的であった。

貴族院において、重要法案は地租・営業税委譲案をはじめとしてほとんどが審議未了となった。議会最終日（三月二五日）の日記で浜口は「議会成績、重要法案殆ト全滅、貴院政府不信任ノ証左歴然タリ」と記している（濱口 一九九一、一五六）。

〈生命〉の失速に〈国体〉への背信が重なったかのようであった。内閣はなおも存続に努めたが、最終的には、張作霖爆殺事件についての上奏が一貫していないという理由で、天皇が田中の説明を聴取することを拒絶し、田中は退陣を余儀なくされた。

若槻内閣が金融恐慌で退陣しつつも、緊縮財政の不徹底ですでに失速していたように、田中内閣は張作霖爆殺事件で退陣しつつも、積極政策の停頓ですでに失速していた。杉山が「田中内閣の生命はその積極政策の行詰りにより滅失して居つたと見るべきである」と述べた通りである（杉山前掲）。

3　民政党内閣──〈緊張〉の暴走

田中が辞表を奉呈した一九二九年七月一日のうちに、西園寺は民政党総裁の浜口を後継首班に推薦した。浜口は迅速に閣僚を選定し、翌二日には内閣が成立した。

政友会の方では田中が九月二九日に急逝した。後継総裁としては派閥の規模からして鈴木が最有力であったが、これに床次が競合していた。間隙を縫って、岡崎邦輔ら古参の党人政治家が犬養の総裁擁立に成功した。犬養は立憲改進党以来の最古参の政党政治家であった。一九世紀から唱えていた行財政整理と減税に、二〇世紀の持論である産業立国を提示し、一つ一つが大胆かつ有権者に訴える要素を備えていた。

浜口内閣は組閣早々、官吏減俸を発表したところ、強い反対を受けて撤回に追い込まれる。しかしそれ以後は、緊縮・軍縮・協調外交といった〈緊張〉を体現する政策を断行していく。

幣原が外相に復帰し、ロンドン海軍軍縮会議への協力姿勢を明確にした。一九三〇年四月二二日に海軍軍縮条約に調印し、海軍軍令部・枢密院の抵抗を押し切って批准にこぎつけたことはよく知られている。

井上準之助が蔵相に就任し、金解禁を決定した。その準備として、緊縮・公債非募集の財政政策に加え、消費節約のキャンペーンを展開した。一九二九年一〇月のニューヨーク・ウォール街での株価暴落をきっかけに世界恐慌が始まっていたが、一九三〇年一月一一日に旧平価（円高）での解禁を断行し、日本の不景気をひときわ深刻なものにした。これもよく知られている。〈緊張〉〈生命〉〈国体〉といった観念は政争と政策論争における武器であったが、諸刃の剣であった。敵に向けた刃よりも自らに向いた刃の方が鋭かった。観念を達成できないと自らが深手を負い、剣を敵に奪われる。このことを浜口内閣は、過去の自他の経験から熟知していたであろう。浜口は組閣早々の演説でこう述べている（「財界立直しの急務と整理緊縮」『民政』一九二九年八月）。

現下の一時的苦痛は所謂生みの悩みに過ぎない。此の悩みを体験することに依りて、我国は始めて光輝燦爛たる目的地に到達することが出来るのである。将来に於て伸びんが為め現在に於て縮むのである。

〈緊張〉のレトリックの全面展開である。そして、民政党の〈緊張〉に付き合えば将来は燦爛たる〈生命〉も享受できるといわんばかりである。

一九二九年末からの第五七議会を解散し、一九三〇年二月二〇日の第一七回総選挙で民政党二七三、政友会一七四と圧勝した（他に国民同志会六、無産諸派五、革新党三、中立その他五）。

不景気が深刻化し、井上財政への批判が高まる中で、政府の政策転換を拒絶し続けたことは今日まで批判と興味の対象になっている。井上は元来小心であったが、この時ばかりは強引であった、という指摘もある（中村 一九九四、二一二～二一四）。

浜口や井上が恐れたのは、〈緊張〉への反対以上に、自分たちが〈緊張〉を貫けなくなることだったのかもしれない。一九三一年度予算案の作成はひときわ難航した。深刻な税収減により、非募債主義の放棄を迫られたからである。

この頃に井上宛に送ったと思われる書簡の中で浜口は、収支を合わせるためには行政整理・税制整理に加え借入が必要になるかもしれないと示唆し、「従来ノ主張上非常ノ困難ナルベク又非常ノ批難ヲ予期セサルヘカラス此処御互ニ決心ヲ要ス」と記している（「井上準之助関係文書」Ⅲ―二―四．二）。さらには夢で来客が政権投げ出しを勧めた、という寓話まで書き留めている（濱口 一九九一、五四〇～五四二）。

内閣で辛うじて予算編成方針が合意されたのが一一月一一日深夜であった。二日間休息をとった浜口は、一四日に陸軍大演習を陪観するため出立したところ、東京駅で狙撃された。

浜口の予後は思わしくなかった。若槻が総裁を引継ぎ、一九三一年四月に第二次若槻内閣を組織する。九月に勃発した満洲事変を契機に退陣し、一二月に犬養政友会内閣が成立する。高橋がまたしても蔵相となり、金輸出の再禁止を行い、景気回復に寄与した。一九三二年の五・一五事件で犬養が暗殺され、政党内閣期が終焉する。

だがこの間の経過を描くのは本章の任ではない。井上財政が経済に重圧を与え、高橋財政が多大の資金を放出し経済に刺激を与えた。見てくれで勝負する時代は終わったのである。新たな時代に政党は政権を維持できなかった。〈生命〉〈国体〉を掲げた政友会はそれを裏切った前科があり、〈緊張〉を掲げた民政党はそれで暴走した前科があった。

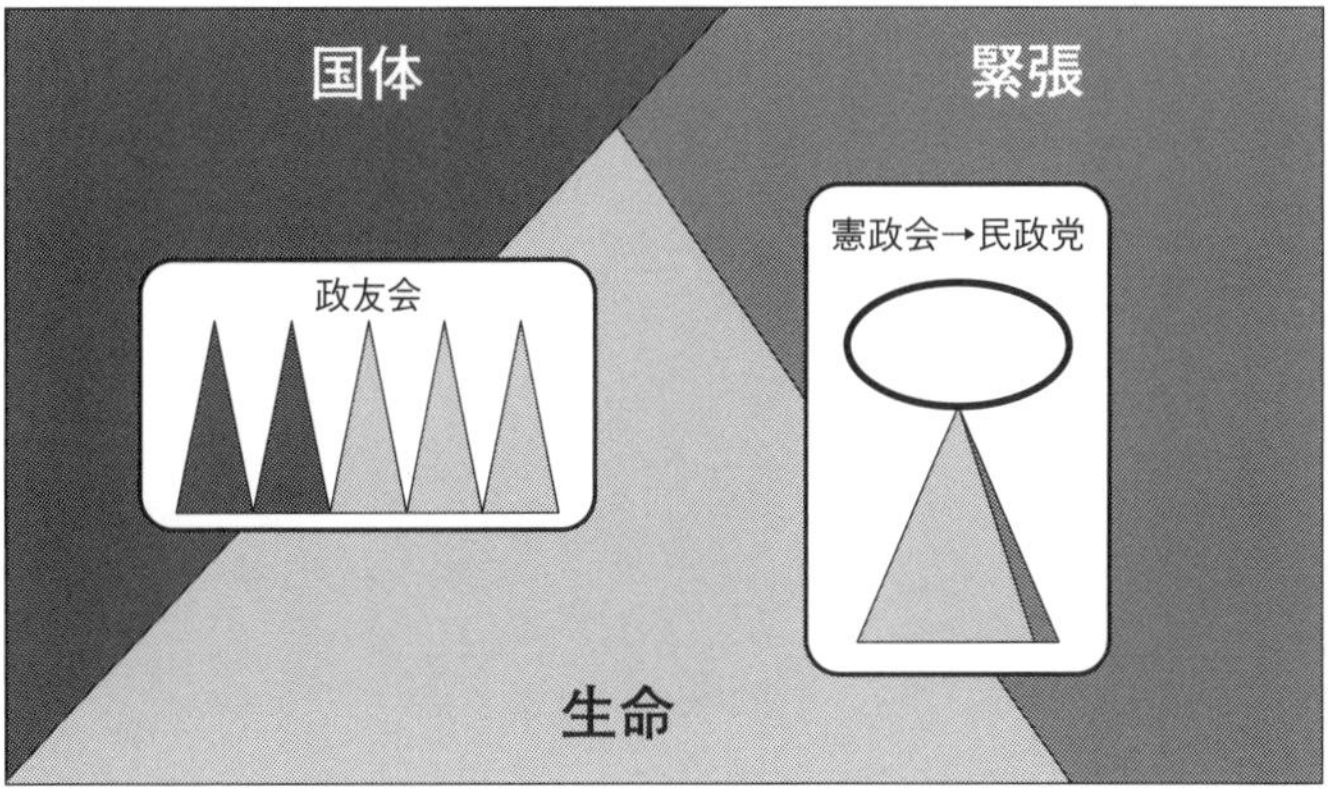

おわりに

イデオロギーで対立する政治においては、自らのイデオロギーを達成できなくても、他の勢力から奪われる危険性は相対的に低い。イデオロギー間のすみわけがある。

これに対し、〈緊張〉〈生命〉〈国体〉といった観念を争奪する政治においては、自らが掲げる観念を達成できないとすぐに失速し、他から奪われかねない。そこで未達だけは避けようと、自らの観念と心中したがる者も出てくる。自らのアイテムがブーメランとなり、墓穴となるダイナミックな政治を概観した次第である。

日露戦後、政党は〈緊張〉と〈生命〉を折り合わせる訓練を積んでいた。第一次世界大戦後に政党内閣期が始まると、憲政会は〈緊張〉を、政友会は〈生命〉を基調とするよう分岐するが、それぞれの観念に安住していたわけではなく、機会があれば相手の観念を奪おうとした。

双六ゲームをあえて陣取りゲームに書き直し、社会で有力な三つの観念とその中での二大政党の陣取りを描くと、静物画のような見取り図が得られる。

憲政会・民政党は〈緊張〉を掲げる官僚出身の政策サロンが幹部層の中心となったが、組織には〈生命〉志向を包含していた。上下はお互いを必要とし、内部対立はあったが内向する傾向が強かった。一定の党内統制の達成と〈緊張〉の正統性に助けられ、元老・宮中と有権者からの相対的な支持と、より長い政権を享受した。

政友会は〈生命〉の可能性を模索しつつ、〈国体〉の力を借りるのも躊躇しなかった。それは政党内閣期には政友会の信用を損ねた。だが〈生命〉の雑多で冒険主義的で、時に非国家的な価値を掲げた要求群が、〈国体〉に包摂され切るはずはなかった。党内は派閥の横断的対立が顕著で、床次や中橋が象徴するように脱党や復党も頻繁であった。政党内閣が終焉した後は、〈国体〉を掲げて軍部に迎合する派閥もありつつ、〈生命〉の衝動に駆られて軍部と衝突する鳩山一郎のような勢力もあった。

鳩山は、敗戦後の保守政党復活の中心人物となった。一九五五年に結成された自由民主党は、憲政会・民政党系と政友会系の寄り合い所帯であったが、政友会系が保守本流であるという感覚が我々の中では強いのではないだろうか。この感覚は憲政会・民政党が優位であった政党内閣期を正確に反映しているとはいえないが、ある事情からそういう錯覚を持っている。錯覚を正すには事情を知るのが一番である。

政党内閣期がポピュリズムの時代であったかは微妙な問題である。〈生命〉〈国体〉はポピュリズムの格好の土壌であった。〈緊張〉もそれで国民を駆り立てるならばポピュリズムの道具となるが、国民に迎合するものではなかった。何よりも政治家はすぐに観念の責任を取らされ、横着に政権に居座るのは田中義一にとってすら困難であった。ポピュリストとなるには政治家たちが誠実すぎたともいえようか。恐らくこれは心がけの問題ではなかった。

参考文献

五百旗頭薫（二〇二〇）『〈嘘〉の政治史――生真面目な社会の不真面目な政治』中央公論新社。

伊藤隆編（二〇〇九）『斎藤隆夫日記』上（中央公論新社）。

伊藤之雄（一九八七）『大正デモクラシーと政党政治』山川出版社。

「井上準之助関係文書」東京大学大学院法学政治学研究科附属近代日本法政史料センター原資料部所蔵。

小川平吉文書研究会編（一九七三）『小川平吉関係文書』1、みすず書房。

「小泉策太郎関係文書」国立国会図書館憲政資料室所蔵。

「田中義一関係文書」山口県文書館所蔵。国立国会図書館憲政資料室所蔵紙焼きコピーを閲覧。

筒井清忠（二〇一二）『昭和戦前期の政党政治――二大政党制はなぜ挫折したのか』ちくま新書。

内務省警保局編（一九八八）『昭和初期政党政治関係資料』（復刻版）第三巻、不二出版。

「中橋徳五郎関係文書」国立国会図書館憲政資料室所蔵。

中村隆英（一九九四）『昭和恐慌と経済政策』講談社学術文庫。

濱口雄幸（池井優・波多野勝・黒沢文貴編）（一九九一）『濱口雄幸　日記・随感録』みすず書房。

松尾尊兊（一九八九）『普通選挙制度成立史の研究』岩波書店。

第7章　民主主義をめぐる帝国期日本の教訓
――かつて日本でも民主的後退があった

村井良太

はじめに
――世界的な民主主義後退の中で「大正デモクラシー状況」の幽霊を考える

世界はコロナ禍やウクライナ危機など課題に追われ続けている。戦争や大規模自然災害など、大きな災厄はそれぞれの国の統治のあり方を試験する。必要に応じて都市封鎖を繰り返した国、警告の度合いを変えて国民の自発的協力を促した国、いずれも綱渡りが続いた。その中で管理型の権威主義体制と自由を尊重する民主主義体制の対比が議論され、（自由）民主主義体制の旗色はあまりよくないように見える。

しかし、民主主義の旗色が悪いのは二〇二〇年三月のコロナ・パンデミックに始まったことではない。

ヨーロッパでは排外主義の高まりとポピュリズム政党が存在感を増し、アメリカでも自国第一を唱えるトランプ大統領の誕生が社会の分断を深めた。ポピュリズムは民主主義の再生を促すのか、死に導くのか。日本でも大阪維新の会など従来の政党とは位相を異にする政党の誕生と伸長が注目を集めた。二〇二一年一月、アメリカでは再選を阻まれたトランプ前大統領の敗北に疑問を持つ人々が連邦議会議事堂に突入し、死者が出た。また、八月には米軍が撤退するアフガニスタンで、戦後約二〇年間アメリカが国づくりを主導し日本も当事者として支援した自由民主主義的な体制が泡のように失われた。

それらは現在の世界的な民主主義の後退を象徴する出来事である。民主主義諸国には劣化の問題や崩壊の問題があり、選挙などの民主的制度の権威主義体制によるつまみ食いも見られる。一九八九年の冷戦終結時に「歴史の終わり」として自由民主主義体制が賞賛された時代とは隔世の感で、権威主義体制が自信を強めている。その中でポピュリズムと多様な権威主義体制は現在の議論の焦点である。

このような世界的な民主主義の後退を考える上で、戦前日本の歴史に何か示唆はあるだろうか。ポピュリズムとの関係で注目されてきたのは日米開戦期の指導者近衛文麿であり、筒井清忠は日露戦争以降の大衆人気に基づく政治が日米戦争へと日本を進めていった、とより俯瞰した議論も提供している（筒井 二〇一八）。他方、本章の準備に際して大変興味深かったのが、ドイツでの「ヴァイマル状況」という言葉である（ヴィルシング、コーラー、ヴィルヘルム編 二〇一九）。当時最も進んだ民主主義国であると考えられたワイマール共和国にヒトラーが登場し内部崩壊した。その陰が現在にも見いだせるのか。その点、日本はどうだろうか。

現在「大正デモクラシー」という言葉は比較的よいイメージで理解されている。しかし一九五〇年代の初出時にはそうではなく、不完全で脆弱な逸脱期として理解されていた。その後、運動や思想、モダンな文化が顧みられ、政党政治など政治制度も肯定的に振り返られるようになった。それは実際の帰結とは異なる可能性の時代と言えよう。先にあげた「ヴァイマル状況」と対比するならば反面教師としての古典的な「大正デモクラシー状況」が問題となるだろう。ここではその後の研究の進展を踏まえて、第一次世界大戦後の日本の政党政治とポピュリズムとの関係を論じ、現在への示唆を考えたい。

Ⅰ　戦前日本に自由民主主義体制はあったのか——その成立過程

最初に踏まえておきたいのは、第一次世界大戦後の日本の民主政治（政党政治）はドイツと違って、また戦後の日本とは違って、戦勝国での民主化であったということである。政党政治は後に西洋由来だと攻撃されたように文化的には距離があるものの、大戦に勝利した帝国で既存の憲法上に、慣行によって体制化された民主政治であった。文化的問題についても、明治維新以来進めてきた近代化の先に議会の開設（立憲国家化）があり、さらにその先に政党政治があるのであって、文化的接《つ》ぎ木は一九二〇年代ではなく、一九世紀にさかのぼる。したがって、一九二〇年代後半の自由民主主義的時代が明治史の発展の逸脱期なのではなく、それを放擲した一九三〇年代後半に断絶面があると言えよう。

立憲政治の中に民主政治（政党政治）が胚胎していく過程は、吉野作造に代表されるアイデア（自由主義思想）の発展に加えて、選挙権の拡大と政権交代ルールの民主化（議会の中心機関化）、その担い手となる政党の成長が三位一体で進んでいく。法律として明文化されるのは選挙権拡大だけであり、他は慣行や実態として進んだ。一八九〇年に帝国議会が開設され、一九一二（大正元）年に第一次憲政擁護運動で政党内閣が組織されるべきという「憲政常道」論が唱えられる。首相選定は天皇の指名が正統性の根拠であり、しかも君主無答責の原則から元老らが決めて天皇に推薦する形となっていた（首相選定過程の変化など以下の叙述は、村井 二〇〇五、二〇一四を参照）。

第一次世界大戦後に思想的に隆盛したのはロシア革命に刺激された社会主義とそれに危機感を抱いた国粋主義であり、自由主義への警戒はあくまでも行き過ぎへの懸念であった。大戦末期の一九一八年に初の本格的政党内閣と呼ばれる原敬立憲政友会内閣が成立するが、元老山県有朋からも信頼を得た。大戦中の第二次大隈重信内閣は事実上の政党内閣といってよいものだったが、対華二一カ条要求や中国革命に沿う袁世凱排斥運動はポピュリズム政党への懸念を招くものであり、さらなる焦点として男子普通選挙制の導入があった。原内閣は納税条件の緩和で普通選挙を先送りし、他方で三・一独立運動を受けて帝国統治のあり方を変更するなど、政党政治は合理的統治の担い手として登場する。この場合の合理的統治とは列強と協調しつつ帝国を維持していくことである。政党は国民を代表するために尊重されるだけでなく、国民と対話し、説得し、導く存在であった。

第一次世界大戦の終結は「民主主義の勝利」と言われた。日本でも犬養毅を中心に改革派の革新倶楽部が組織され、大隈内閣の与党に起源を持つ憲政会は男子普選支持に転じた。原が暗殺されると党内から元老の指名を受けて高橋是清内閣が成立した。政党政治は次第に自信を深め、自律的傾向を強める。それは民意を背景とした政党政治の当然の発展である。高橋内閣が党の内紛で倒れると、三代の非政党内閣が実質的には政党の支えを得ながら誕生したが、一九二四年には第二次憲政擁護運動が起こった。それは政党勢力の多数が政党内閣制の確立を掲げた政治改革運動であった。総選挙を受けて清浦奎吾内閣が自ら退陣すると、元老西園寺公望はさらなる混乱を避けるために第一党の党首加藤高明を指名せざるを得なかった。こうして加藤は、貴族院議員から衆議院に転じて当選した高橋、犬養とともにいわゆる「護憲三派」内閣を組織した。元老と選挙を媒介にした政府と反政府勢力との平和的政権交代である。以後、一九三二年まで政党内閣が連続し、この内閣では男子二五歳以上を対象とする男子普通選挙制も導入された。

Ⅱ　民主政の展開から崩壊へ
――民主主義は過小だったのか過剰だったのか

治安維持法が同時に成立したことで、ここをもって「大正デモクラシー」は終わり（大正も一九二六年に終わる）、戦争への坂道を転げ落ちていく像がかつての通説であった。しかし、まだ民主化は終わっていない。政党間での政権交代を考える上では、憲政会単独の第二次加藤高明内閣の成立が重要である。これによって統治政党が複数化した。一九二七年には与野党間で政権が交代し、これを「憲政の常道」とみなす政党内閣制が成立した。さらに政界再編で立憲民政党が誕生し、政友会との間で二大政党化した。初の男子普通総選挙執行は一九二八年であり、二大政党が政権をかけて国民の支持を競い合った。この選挙には無産政党も参加し、若き昭和天皇も高い関心を示した。ところが選挙結果は与野党伯仲し、田中義一政友会内閣は張作霖爆殺事件の処理をめぐって天皇の叱責によって退陣するなど混乱が続くことになる。

これは民主主義の過小であろうか、過剰であろうか。戦前日本で民主主義の過剰などと言えば世迷い言に聞こえる人もいるだろう。確かに過小であった。先に一九二〇年代の日本の政党政治は戦勝国での民主化だと述べたが、このことは帝国憲法の運用で実現した民主政治であり、枢密院や軍の統帥権独立など政党による国政統合を阻害する諸制度が残ったままであった。したがって、政党政治が国民から支持を受けている間は伸長著しいが、支持が離れると旧勢力が生き残りをかけて立ちはだかるのであった。また、政党政治が立憲政治の中で成長したことは、帝国の問題と衝突する。日本は帝国憲法施行後に台湾、関東州、朝鮮、南洋群島といった海外植民地を獲得していった。このことは国内統治と帝国統治との間に溝を生み、特に安全保障問題で軍が発言拠点を維持することになった。

しかし他方で民主主義は過剰でもあった。正確に言えば、さらなる民主化の途上にあって、すでに過剰であると感じられたことが歴史を動かした。一九二九年の世界大恐慌の発生は長期的に深刻な影響をもたらすが、その後も民主化は続いていた。一九三一年春には女性の地方参政権が貴族院の反対で惜しくも実現しなかったが、政友会と民政党は競って女性の政治参加を求め、国政参加実現も近いと見られていた。それは政党政治の新たな国民的基盤となるはずであった。陸軍と海軍も政党政治に適応しようとしていた。そもそも予算の獲得には議会の説得が必要であったが、政府が国際軍縮を進めたことは厳しい組織運営を強いた。官僚も党派性を帯び、政権党が代わるたびに選挙に関わる地方官の交代が起こった。昭和天皇や宮中官僚も政党政治に適応し、政党政治の問題を矯正する元老の役割に期待したが、西園寺は政党政治の自律的展開を支持して介入しない。田中は内閣退陣後も政友会総裁に止まり、選挙で与野党が逆転すれば叱責した昭和天皇が再び田中を首相に指名しなければならなくなることが宮中で憂慮されるほどであった。与野党対立も先鋭化した。政党は権力を求めて国民の支持を得ようと努め、国民は二大政党に投票した。権力の中心となった政党には玉石混交な人が集まり、汚職事件も頻発した。

こうした中で陸軍の出先である関東軍の、しかも司令官ではなく幕僚が、一九三一年九月に満州事変を引き起こした。国内でもテロが起こる中で、一九三二年五月に首相が官邸で暗殺された（五・一五事件）。この時、第三次憲政擁護運動は起こらなかった。犬養の遺骸を政友会本部に運んで対決すべきだという議論もあった。しかし、元老西園寺は政党と軍の正面衝突が不測の事態を引き起こすことを恐れ、政党の中にも自らの反省を求める議論があった。犬養内閣の後、元海軍大臣で朝鮮総督を務めた斎藤実が首相に選ばれ政党内閣の連続は途絶えた。しかし、政党内閣制の崩壊ではなく、非常時暫定政権として政党政治への復帰を前提に選挙や議会の改善も図られた。にもかかわらず一時的な存在は長期化し、再現し、一九三六年の総選挙直後には二・二六事件が起こった。政党は劣化したから権力から排除されたのではない。暴力によって排除された後、政権復帰をめぐって迷走した結果劣化したのである。一方、軍は国民を背景とする国際主義的な政党政治の復活を強く警戒した。かつては軍こそが近代的で国際的であったのに。こうして帝国期日本の民主政治は二度の暴力によって時間をかけて失われていった。大衆人気にしか基盤を持たない近衛に期待が集まるのは政党政治という政治制度が日本政治から失われた後である。日本の固有性が強調され、愛国教育の中で自由主義は原理的に否定された。

おわりに――第二民主政と「大正デモクラシー状況」からの声

一九四五年に日本が受諾したポツダム宣言には民主主義的傾向の「復活強化」と記されていた。それは現在の研究状況から見ても正しい理解である。民主主義を無から作り出したわけでもなく、復活しただけでもなく、反省を踏まえて制度的に強化されている。日本側の憲法改正案は保守的と一顧もされなかったが、政党政治が基盤とする議会の強化がすでに謳われていた。帝国の解体も粛々と受け入れた。以後、現在まで民主政治が続いている。

現在の日本政治に危険な「大正デモクラシー状況」は見えるだろうか。戦後日本は、時に熱狂に揺れながらも、制度でも、規範でも、実践でも、民主主義を日々適切な範囲で管理してきたのではないだろうか（詳細の一端は村井 二〇一九：村井 二〇二一を参照してほしい）。首相選定の方法は憲法に明記され、議会と結びつけられた。また防衛大学校などの取り組みを通して民主主義と調和的な軍の再建にも成功した。三島由紀夫は佐藤栄作政権が街頭騒擾の鎮圧に自衛隊を用いず、沖縄返還と社会開発で応えたことで憲法改正の前途を悲観し、自衛隊駐屯地に突入した。しかし、憲法改正が不可能となったのではなく、戦前のような暴力による民主的体制の転覆がもはや不可能になったということであろう。地方首長を党派化しないことも良かれ悪しかれ一九二〇年代の政党政治への反省が踏まえられている。民主政治を固定化した上での民主政治の過剰への対処であり、荒ぶる民主政治をいかに乗りこなすかの工夫である。

もとより新しい問題もある。頭数を数える民主主義は反知性主義に傾きやすい。戦前の政党政治はエリート支配であって、そうではない現在の方が工夫を求められる。民主主義の過小は問題であるが、民主主義の過剰も民主主義を破壊する。何が過剰かは簡単ではないが、何かと言えば大政翼賛会的、ファシズム的といった短絡的批判は解決につながらないだろう。かつて田中義一内閣は同時代にひどい批判を受けたが、政党政治が倒れた後はもっとひどい内閣が続いたのではないだろうか。ただ批判する行為は墓穴掘りである。

中国が実現した豊かさやコロナ対応を見ると、自由民主主義体制の効用面での輝きには陰りが見える。しかしそもそも民主主義は機能的な権力創出を競う仕組みではない。日本と米国では制度が異なるが、選挙権の拡大には激しい議論があっても、日本では登録や投票所の配置で有権者の投票を妨害する工夫を競ったことはない（寝てしまってくれればという希望的仮定の発言はあった）。民主主義は今では和魂洋才の道具立てに止まらず、日本文化の一つと見るべきである。第三次内閣の桂太郎と戦後の岸信介と福田赳夫は最後の勝負に出ずに権力を去った。三木武夫は死中に活を求める解散のための反対閣僚の大量罷免をしなかった。それが良かったかどうか、勝利の計算が立ちがたい面もあっただろう。それでも権力者は無理押しをしなかった。もちろんそこには政治的敗者への寛容がなくてはならない。岸首相が六〇年安保で自衛隊を出さなかったことも重要である。三木首相の例もそうだが、権限的にできることをするかどうか、制度的にできるできないの一段手前に、それぞれの社会の文化としての統治のモラルと賢慮が重要ではないか。民主主義において対立を極大化せず身を引くエリートの行動は馬鹿げているのか、賢明なのか。歴史研究はこれらの行為を比較的好意的に評価している。

現在、世界的な民主主義の後退に民主主義諸国が団結して対峙しようという声がある。アメリカが主導して二〇二一年一二月と二〇二三年三月に開かれた民主主義のためのサミットはそのような取り組みであった。確かに選挙へのサイバー攻撃やフェイク・ニュースが与える影響への対策など、共通して開発されるべき有用な技術はあるだろう。同病相憐れみ、同憂相救うである。しかし、権威主義国を仮想敵とする連帯には違和感も覚える。冷戦終結前後、日本は、その民主主義は本当の民主主義ではないという「日本異質論」に見舞われた。対立構造はどこまでも細分化できる。日本は天安門事件の後でも民主主義よりも東アジアという地域の安定を優先した。現在の世界的な民主主義の後退を受けて、日本人が今から権威主義体制下に暮らしたいと思うだろうか（もとより戦前日本と同様、国民が権威主義体制を望むから民主主義体制が崩壊するわけではないが）。統治の問題は一義的には国内問題である。

それでも時代は移る。自国の生存を図るためにどのような戦略をとるべきか。そして東アジアでの「第三の波」から約三〇年。欧米社会との結びつきの蓄積に加えて、韓国や台湾などの社会がすでに日本と共通している意識はあり、東アジア全体がそうであってほしいと思っている。すなわちコンビニに行けば必要なものが買え、旅行者が笑顔で行き交い、政府への不満を悪口の形で吐露しても身の危険を感じない社会である。こうした共通社会の出現をどう受け止めるか。日本人も日本の中だけで孤立して生きているわけではない。そもそも日本人とは誰のことだろうか。有権者か国籍か住民かルーツか。ライシャワー元駐日大使は日本生まれの米国人だった。問題は簡単ではない。自国と地域の歴史を顧みながら考えるべき課題であり、荒ぶる民主主義を乗りこなす政党の働きと、私たちの応援を必要としている。

参考文献

ヴィルシング、アンドレアス、ベルトルト・コーラー、ウルリヒ・ヴィルヘルム編／板橋拓己・小野寺拓也監訳（二〇一九）『ナチズムは再来するのか?——民主主義をめぐるヴァイマル共和国の教訓』慶應義塾大学出版会。

筒井清忠（二〇一八）『戦前日本のポピュリズム——日米戦争への道』中央公論新社。

村井良太（二〇〇五、二〇一四）『政党内閣制の成立　一九一八～二七年』『政党内閣制の展開と崩壊　一九二七～三六年』有斐閣。

村井良太（二〇一九）『佐藤栄作——戦後日本の政治指導者』中央公論新社。

村井良太（二〇二一）『市川房枝——後退を阻止して前進』ミネルヴァ書房。

第8章　なぜ戦前日本の民主化途上体制は崩壊したのか*

竹中治堅

はじめに――民主主義の崩壊・退行への注目

今日、政治学では民主体制の崩壊、退行について関心が高まっている。こうした注目を踏まえて、戦前の日本の政治体制の変化について説明する。

日本は戦前に民主体制の崩壊と似た経験をしている。戦前の日本で民主主義が成立したことはなかった。しかし、明治維新以降、民主化が進み、政治の中で民主主義の要素がかなり拡大した。この結果、一九一八年九月に政党内閣が発足した時に民主化途上体制が誕生した。民主化途上体制とは民主化がかなり進んだ結果、成立する政治体制である。残念ながら、その後、民主化はさらに進むことはあまりなく、軍部の政治介入によりこの体制は一九三二年に倒れてしまう。

本章はこの体制がなぜ崩壊したのかについて説明する。体制が崩れる過程は民主体制が崩壊する過程と似ている面がある。そこで民主体制崩壊についてのこれまでの研究の成果を生かしながら民主化途上体制が軍部によって倒されるプロセスをたどる。今日、民主主義の崩壊や退行の重要性が改めて認識されるようになっていることを踏まえて、政治体制の変化を理解する上で、参考となる点を示したい。

民主体制の崩壊や退行が注目されるようになったのは、近年、民主主義国の数の拡大が止まり、減少する一方、一部の民主主義国において民主主義の質が劣化するようになってきているからである。

冷戦が終わった頃、多くの研究者はこうした状況を想像していなかった。一九七四年四月にポルトガルの民主化が始まる。その後、南欧、ラテンアメリカ、アジアで民主主義が拡大する。一九八九年一一月にベルリンの壁が崩壊し、九一年に冷戦が終結、ソビエト連邦が解体する。冷戦終結後、東欧諸国の多くが民主主義になり、世界各国の民主化がさらに進むことが楽観視された。こうした見方を裏付けるようにフリーダムハウスによる分類によれば、民主主義の国に相当する「自由国」の数は一九九〇年代にさらに増え、一九九〇年の六四から二〇〇〇年の八六となる。また、一九七〇年代後半から民主主義国の数が増えていったことは民主化の「第三の波」と呼ばれた（Huntington 1993）。「第三の波」を踏まえ、一九八〇年代半ばから民主化の研究が進む(1)。

ところが、その後、二〇〇五年から〇七年の間に「自由国」の数が九〇に達した後は伸び悩む。また一部の研究者は民主化への楽観論に警鐘を鳴らすようになる（Carothers 2002）。権威主義の国に相当する「部分的に自由国」と「自由でない国」とを合わせた数は減る傾向にあったが、二〇〇四年から〇七年にかけて記録した一〇三が最低となり、以後、再び増えるようになる。さらに「自由国」の数は二〇一二年以降、微減し、二二年にこの数は八四となっている。また一部の国では民主主義の水準が低下している。

民主主義の崩壊や退行についての関心は高まっているものの、研究者は現状についてさまざまな考えを示す。一部の研究者は民主主義国の数が減ったことに加え、タイ、フィリピン、ハンガリーなどが民主主義でなくなったこと、伝統的な民主主義国においても政治的自由などが損なわれていることに警鐘を鳴らす（Diamond 2019; 2021, Lührmann and Lindberg 2019, Repucchi and Slipowitz 2022 など）。ダイアモンドはこの状況を「民主主義の後退」と呼ぶ（Diamond 2021: 23）。一方、他の研究者は一部の国が民主主義でなくなったことを認めつつも、世界全体で見れば民主主義国の数が大きく減っているわけではないことや経済が発展している民主主義国では、民主主義は持続していることを強調する（Brownlee and Miao 2022; Levitsky and Way 2023）。

一九八〇年代以降、長い間、研究者は民主体制の崩壊というテーマについて関心を払わなかった。もっとも戦間期に民主主義が崩壊したことについて一九七〇年代には代表的な共同研究が発表されている（Linz 1978; Linz and Stepan 1978a, 1978b）。最近になり、古くて重要なテーマが改めて注目されるようになったというわけである。

一九七〇年代と現在の民主主義の退行や崩壊に関連する研究には違いもある。かつての研究は民主体制の崩壊を体制支持勢力と反逆派の関係が変わる過程として捉えた（Linz 1978; Linz and Stepan 1978a, 1978b）。

この関係が変化し、反逆派が支持勢力を倒すと民主体制は壊れることになる。両者の関係には体制の正統性、暴力、反逆、準忠誠、体制の成立の方法、危機・重大な問題などの発生が重要な要素として作用すると論じられた。

今日の研究はクーデターのような反逆派による体制打倒にはあまり関心を払わない（Levitsky and Ziblatt 2018; Haggard and Kaufman 2021）。注目されるのはむしろ選挙で直接または間接的に選出された指導者が権力を増やし、民主主義の質を劣化させ、さらには体制を権威主義に変えてしまうことである。

民主的に選ばれた指導者は議会で多数の支持勢力を確保する（Haggard and Kaufman 2021）。また人事を通じて警察や検察など高い独立性・中立性が期待される法執行機関を支配下に置き、同様に、裁判所の独立性も奪う（Levitsky and Ziblatt 2018: 72–96）。特に、議会を支配している場合にこうした人事は容易となる（Haggard and Kaufman 2021）。その一方でメディアを買収し、政府批判を難しくする一方、さまざまな理由によって野党指導者を逮捕する（Levitsky and Ziblatt 2018: 72–96）。指導者は長期間かけて明確な違法行為をできるだけ行わずに権力を強めていく。こうして多くの人々が気づかないうちに独裁化が進み、民主主義が退行、場合によっては権威主義に変容してしまう（Levitsky and Ziblatt 2018: 72–96）。

戦前の日本の民主化途上体制の場合、体制は選挙によって選ばれた指導者がゆっくりと権力を強めていったために倒れたわけではなかった。この体制は政党を中心とする民主的勢力と軍部という非民主的勢力の関係が変わったために、崩壊したのである。したがって、民主体制の崩壊を体制支持勢力と反逆勢力の対抗関係が変化する過程として理解するアプローチがより参考になる。

本章が民主化途上体制をとりあげるのは専制体制の民主化は段階的に進むことが多いと考えるからである。民主主義の模範国と考えられるイギリスでも民主化は長い時間をかけて進んだ。一九世紀後半のイギリスでは二大政党制が成立し、統治制度は今日の議院内閣制にかなり近い形となっていた。しかしながら、貴族院は強い権限を保持し、選挙権も制限されており、民主主義が成立していたわけではない。一方、当時の政治体制を専制体制と呼ぶことも難しく、民主化途上体制と分類できる。

現代でも、民主化には時間がかかることもあると広く認められるようになっている（Carothers 2002）。今日でも権威主義体制は、まず民主化途上体制に変わり、次に民主体制が生まれる可能性があるということである。

専制体制が民主体制に段階的に移行するのであれば、民主化がさらに進む前に民主化途上体制が安定化、あるいは崩壊する条件を探ることが重要となる。本章では特に体制が崩れる過程に注目する。

以下、次の順序で論じていく。第Ⅰ節で、民主化途上体制の特徴を示し、民主体制や権威主義体制との違いを説明する。第Ⅱ節ではこの体制の崩壊を論じるための視点を提示する。第Ⅲ節では一九一八年から三二年にかけて存在した日本の政治体制が民主化途上体制であったことを示す。第Ⅳ節では体制の崩壊過程を説明する。「おわりに」では議論をまとめ、政治体制論にとって持つ意味を簡単に検討する。

I　民主化途上体制とは

民主主義に関する代表的な研究者であるダールは民主化の過程には自由かつ公正な政治的競争が行われるようになっていく面と、選挙権が拡大する面があると整理する（Dahl 1971）。さらに、公職への有権者の統制が広まることも重要な側面である（Schmitter and Karl 1991）。つまり、民主化には三つの面がある。①自由かつ公正な政治的競争の発展、②公職に対する有権者による統制の拡大、③有権者の拡大、という三面である。

このように考えると民主化途上体制は次のように定義することができる。

（1）公職に就く者の間で実質的競争が存在し、彼らは定期的に行われる選挙を通じて選ばれる。しかし、この場合でも政治における競争や選挙は完全に自由かつ公正ではない。また、政治的な競争と選挙を完全に自由かつ公正にするために必要な表現の自由や結社の自由等の政治的権利が十分には保障されていない。

（2）すべての公職が選挙を通じた有権者の直接または間接的統制に服すわけではないこと。自由かつ競争的な選挙が定期的に行われる場合であっても、「留保分野」が残り、有権者に責任を負わない公職が強い政治的権力を行使することがある。

（3）国民の一部しか選挙に参加するための権利を与えられていないこと。

そして、民主化途上体制は次の条件を満たすことで民主体制に発展する。

（1）公職に就く者の間で実質的競争が存在し、国民が自由、公正で定期的に行われる選挙を通じて公職に就く人を選ぶこと。政治的な競争と選挙を完全に自由かつ公正にするために必要な表現の自由や結社の自由、投票価値の平等等の政治的権利が保障されていること。

（2）すべての公職が選挙を通じて有権者の直接的、または、間接的な統制に服していること。「留保分野」が存在せず、有権者の直接または間接の統制の下にない公職が強い政治的権力を行使することがないこと。

（3）国民の相当部分（通常は全成人人口）が選挙に参加するための権利を与えられていること。

この定義のもとでは、一九世紀後半のイギリスや一九七八年から九七年の間のタイの政治体制は民主化途上体制であった（Takenaka 2014: 18–21）。

それでは権威主義体制との違いは何か。権威主義体制は次のように定義できる（Linz 1964: 297）。

政治的多元主義が限定的に、そして、有権者に責任を負わない形でしか存在しないこと。選挙民が存在せずイデオロギーがない（ただし、一定のメンタリティーはある）こと。（体制の成立過程におけるある一定の時期を除き）、活発かつ広範な政治運動がないこと。指導者（または指導グループ）が形式的には不明確な形ではあるものの実質的には極めて予測可能な形で権力を行使すること。

最大の違いは、民主化途上体制ではいくつかの公職が選挙を通じて有権者に対して実質的責任を負うのに対し、権威主義体制では有権者の統制の下に置かれている公職がほとんど存在しないことである。政治における競争も権威主義体制ではより限られる。

Ⅱ　崩壊過程への視点

この節では民主化途上体制の崩壊過程を理解する上で有用な視点について説明する。民主化途上体制には、有権者の統制が及ぶ政治勢力＝民主的勢力と及ばない政治勢力＝非民主的勢力が併存する。二つの勢力の関係が変わり、非民主的勢力により民主的勢力が倒され、民主化途上体制は崩壊する。

政治制度、正統性、準忠誠という三つのファクターがこの関係に影響を及ぼす。体制が崩壊する過程は政治過程の一つであり、政治制度はこの過程に一定の影響を与える。政治制度は、政治におけるルールを定めることで、政治アクターの権力や行動に作用する。民主化途上体制では、政治制度の中に民主的要素と非民主的要素が両方あり、民主的勢力と非民主的勢力のパワーや行動に影響する。非民主的勢力は非民主的要素を合法的に利用して自己の勢力を広めることができる。

ただ、政治制度が一定の場合にも体制に変化が起こるのは制度以外の要素が働いているためである。民主体制の崩壊と民主化途上体制の崩壊は体制支持勢力＝民主的勢力が反逆勢力＝非民主的勢力に倒されるという点で共通性があり、次のリンスの議論が参考となる。

リンスは正統性と準忠誠を重視する。リンスは正統性を「欠陥や失敗はあるにしても、現行の諸政治制度が確立される可能性のある他のいかなるものよりも優れており、したがって、服従を要求することができるのだ、という信念」と定義する（Linz 1978: 16）。また、多くの研究者は正統性に対する信念をエリート層と一般国民層の間で区別し、エリート層における信念をより重視する（Dahl 1971: 131, Linz 1978: 19）。一般にエリート層は政策課題を設定する能力を持っており、資金源や情報源に恵まれているからである。

それでは正統性は何に影響されるのか。重要なのは体制の実績である。実績が長期的に振るわない場合に正統性は傷つけられる。ただ、実績が短期的にはかばかしくない場合には、正統性がただちに損なわれるとは限らない。正統性が毀損されるためにはさらに二つの条件が満たされなくてはならない。第一に正統性が十分確立されている場合には、国民は体制の正統性を特定の政権の実績と区別でき、その政権の仕事ぶりがただちに正統性に影響することはない。一方、確立されていない場合、短期的に実績がはかばかしくないと体制の正統性が損なわれる（Diamond, Linz and Lipset 1995: 10）。体制の成立初期には正統性は確立されていない場合が多く、政権の実績は体制の正統性を左右する可能性が高い。ただ、この場合でも、政権の実績が正統性を傷つけるためには第二の条件が必要である。正統性とはそもそも相対的なものである。現在の体制に代わる体制が考えられない限り、政権の実績が振るわなくても正統性が損なわれることはない。

つまり、①政治体制の正統性が十分確立されていない、②現在の体制に代わる体制が考えられる、③現在の政権の実績が振るわない、という三つの条件が揃う場合に、正統性が傷つけられる可能性が高く、体制が崩壊する危険性が高まるのである。

体制の実績は経済・社会分野と政治分野の二つに区別できる（Linz 1978: 22）。正統性は経済・社会分野での実績が振るわないために低下することが多いが、他の分野の実績も関係している（Diamond 1993）。政治の分野で実績が好ましいものでない時に経済・社会分野でも実績が低迷すると相乗効果が生まれ、正統性がより損なわれる可能性が高まる（Diamond 1999: 80）。

最後に問題となるのは正統性の測り方である。一般的なのは世論調査の利用である。ただ、歴史的な出来事を分析する場合、世論調査を利用できないこともある。そこで、本章は新聞論調、知識人の意見、政治指導者の意見などを利用し、正統性の水準の変化を測る。これらの資料はエリート層に関わるものが多く、水準の測定はエリート層中心になる。しかし、民主化途上体制でもエリート層の間における正統性がさらに重要であるため、この手法は問題にはならないはずである。

次に準忠誠について論じる。議論の前提として政治アクターが政治体制に忠誠であるということと反逆するということを理解する必要がある。政治アクターが忠誠であるということは、統治のあり方に関する「ゲームのルール」に従うということである。例えば、忠誠な政治アクターは政策に反対する場合であっても、ルールに則って反対する。一方、反逆する政治アクターはルールに沿うことを拒み、政策に反対である場合には従うことを拒否し、さらには体制そのものを物理的暴力などによって倒そうとする。

リンスは準忠誠を、民主体制に対する反逆を他のアクターに「働きかけ、それを黙認、取り繕い、寛大に取り扱い、許容し、正当化しようとする意思」と定義する（Linz 1978: 32）。本章もこの定義にならい、準忠誠を民主化途上体制に対する反逆や挑戦を「働きかけ、それを黙認、取り繕い、寛大に取り扱い、許容し、正当化しようとする意思」と捉える。民主的勢力の一部が準忠誠の行動を取る時、そうした行動の長期的な影響を明確には意識せず、短期的な利益を求めているにすぎず、体制自体を倒すつもりはない。だが、結果として、非民主的勢力の立場が強まる一方、民主的勢力の力は弱まる。こうして、体制の弱体化が進むことになる。

Ⅲ　民主化途上体制による統治——一九一八年から一九三二年まで

原敬内閣が成立した一九一八年から犬養毅内閣が倒された三二年にいたる時期に民主化途上体制が成立していた。このことを体制の定義に照らして説明したい。

1　政治における競争

この時期の政治の特徴の一つは政党が熾烈な競争を繰り広げたことである。主要な政党三党が鼎立した一九二四年から二七年の間をのぞき、二大政党（政友会と憲政会（後に民政党））が競合した。二大政党は一九二二年から二四年の間以外に、政権を互いに担う。(2) ただ、政府による選挙干渉や治安維持法のため、選挙が完全に公正かつ自由な形で行われたわけではなかった（粟屋 一九九四：一五二―一五八）。

2 有権者による公職の統制

また、有権者は衆議院と内閣を実質的に統制していた。明治憲法下では法的には衆議院のみが直接有権者に責任を負う機関であった。大臣は単独で天皇に責任を負っており、憲法には内閣の規定すら置かれていなかった。だが、一九二二年から二四年の間を除き、一九一八年から三二年にかけて政党党首が首相に任命され、衆議院に権力基盤を置く政党が内閣を支配した。もっとも元老、貴族院、枢密院、軍部という四つの機関は有権者による直接または間接的な統制に服したわけではなく、大きな権力を保持したままであった(3)。

3 国民の政治参加

この時期に有権者の数は増大する。一九一九年に原内閣のもとで年三円以上の納税者にまで選挙権は拡大された。この結果、二〇年の第一四回総選挙の時に有権者の数は一七年の第一三回総選挙の時の約一四二万人から約三〇七万人にまで伸びた（内閣統計局 一九二九：三九〇）。成人人口に占める有権者の割合は四・八％から一〇・二％に増えた(4)。さらに二五年には二五歳以上の男子に選挙権を与える男子普通選挙が実現、二八年の第一六回総選挙では、成人人口の三七・三％にあたる約一二四一万人が有権者であった（内閣統計局 一九二九：三九〇）(5)。つまり、相当程度の国民が選挙権を持っていた。

4　他の時期の政治体制との違い

民主化途上体制は一九一八年以前の時期と三二年以降の時期に存在した政治体制とは異なっていた。一八八九年から一九一八年にいたる時期には競争的寡頭体制が支配していた。この体制のもとでも政治における競争は実質的なものであった。競争は政党の間のみならず、藩閥勢力の内部、さらに藩閥勢力と政党勢力の間でも行われていた。だが、この体制のもとで有権者の統制は衆議院にしか及ばなかった。さらに、国民の政治参加は限られていた。一九〇〇年の選挙権拡大後でさえも、成人人口の三・九％しか選挙権を有していなかったからである。

一九三二年以後、三六年から四五年にいたる時期には軍部を中心とする権威主義体制が成立していた。政治における競争は限定され、公正かつ自由な選挙のために必要な政治的権利は制限されていた。もっとも、競争が完全に消滅したわけでなく、支配者層である陸軍、海軍、官僚機構、重臣の間で存在した。また有権者の統制は内閣に及ばず、統制が全く及ばない軍部、特に陸軍が政治過程で大きな影響力を発揮した。

Ⅳ　崩壊過程の説明

ここから民主化途上体制の崩壊を一九一八年から二六年、二六年から二九年、二九年から三二年の三つの時期に分けて説明する。日本の民主化途上体制において民主的勢力の柱となったのは政党政治家を主体とする政党内閣であり、非民主的勢力の中心は軍部であった。政党内閣と軍部の関係が変化し、体制が崩れていく過程を政治制度、正統性、準忠誠という三つの要素に注目して説明する。

1　明治憲法下の政治制度

まず、明治憲法下の政治制度が政党内閣と軍部の関係に及ぼした影響を検討する。

明治憲法のもとで政党内閣は二つの理由で脆弱であった。第一に内閣は一体性を保つことが困難であった。大臣は個別に天皇に責任を負い、首相は大臣を解任できなかった。慣習により、内閣が意思決定するためには全閣僚の同意が必要であったため、閣内の意見の不一致は内閣総辞職につながる恐れが高かった。さらに権力を統合する機関が存在せず、権力は分散し、衆議院、貴族院、内閣、枢密院などさまざまな政治機関が相互に独立していた（升味 二〇一一：二五―二八、三谷 一九八三、一九九五：四―六）。政党内閣は少なくとも内閣と衆議院の統合を可能にした（三谷 一九八三、一九九五：七―八）。しかしながら、貴族院、枢密院、元老、軍部は強い独立性を維持し、政党内閣の政策立案をしばしば妨げた。

一方、軍部は独自の権限を持っていた。軍隊にかかわる事項は軍令事項と軍政事項に分けられ、軍令事項については軍部が政党内閣に対して独立性を保持していた。軍政事項については内閣の一員である陸軍大臣および海軍大臣が責任を負うと考えられていた。しかし、軍令事項と軍政事項の区別ははっきりせず、内閣と軍部で見解に違いがあった。内閣は、内閣が兵力量についての決定権を持っているという立場を取った（伊藤 一九六九：一〇八―一〇九）。一方、軍部は兵力量の決定は軍令事項にあたり、統帥権の独立が及ぶと考えていた（松下 一九七八：二九八―二九九）。

また軍部大臣が軍部の利益を代表した場合には、内閣が軍部を統制することは難しくなり、軍部は軍部大臣を通じて内閣の政策に影響力を及ぼすことができた（永井 一九九三：二五六）。軍部大臣が軍部の代表として行動した場合、軍部は政党内閣に対して実質的には拒否権を行使できた。

政党内閣の制度的脆弱性と軍部の制度的特権のため、政党内閣は軍部に対して不利な立場に置かれた。もっとも民主化途上体制の下、政党内閣と軍部の関係は変化する。この変化を正統性と準忠誠に注目して説明する。

2 一九一八年から一九二六年まで――政党内閣の優位

一九一八年から二六年にいたる時期の政党内閣と軍部の関係を見ると、この時期には政党内閣が軍部に対して優位に立つ。体制の正統性の水準が高かったためである。

（1）政党内閣と軍部の関係

原敬内閣はいくつかの局面で軍部を抑制することに成功した。例えば、一九二〇年六月に原内閣は参謀本部の反発を抑え、シベリアから相当数の兵力を撤兵することを決定した。また、二一年十一月からワシントン会議が開催された際に、原首相は陸軍の反対を押し切って、加藤友三郎海軍大臣がワシントンに派遣されている間、自らを海軍大臣事務管理に任ずることに成功した（浅野 一九九四：二一八―二二三、

原 一九六五：四五六―四五九）。これは文官を軍部大臣に任命する前例となる可能性があった（原 一九六五：四五七）。

（2）正統性

政党内閣が軍部に対し、優位を保ったことは正統性に支えられたためである。一九一八年から二六年に至る時期に体制は正統性を誇示できた。一八年九月の原内閣成立時に体制の正統性は高かったと評価できる。原内閣の成立を新聞や知識人などは政党内閣であるという理由で歓迎した。例えば、『東京朝日新聞』は次のように賛同している。

憲政の常道よりいうも、又政界の大勢よりいうも、寺内内閣の後を受けて新内閣を組織するものは。初より政友会の総裁原敬君たらざる可からざりしなり。（中略）無事に原内閣の成立するものとせば、其政党内閣たるや勿論なるべし。（中略）而して是れ政党の実力漸く世間に於て認められたる結果として吾人の満足せざるを得ざる所なり。(6)

また一九二四年一月に清浦奎吾内閣が成立した後に、第一次加藤高明内閣が発足するまでの経緯からも体制が正統性を誇っていたことがうかがえる。清浦内閣に対し政友会、憲政会、革新倶楽部が第二次憲政擁護運動を起こす。清浦内閣は一月末に衆議院を解散、五月に総選挙が行われた。総選挙では護憲三派が勝利する。この結果を踏まえて、元老の西園寺公望は憲政会の加藤高明を首相にすることを天皇に推薦、六月に第一次加藤高明内閣が発足する。

加藤高明内閣が有権者の意思を反映する形で成立したことは当時の新聞等に高く評価された。例えば、『東京朝日新聞』は「国民より見れば、護憲三派が圧倒的捷利を占め、憲政会が第一党となった瞬間に、大命の加藤子に降るは必然の帰結であった」と説き、予想通りに憲政会総裁の加藤高明が首相に任命されたのは「憲政の一進歩」であると述べている(7)。

さらに軍部も体制の正統性を認めていたと考えられる。例えば、加藤内閣の宇垣一成陸軍大臣は二五年七月頃の日記に次のように記している(角田 一九六八：四七八)。

> 貴族政治も宜しくなければ政党政治にも弊害がある。弊があり害がありても政党政治は世界の流行であり、大勢とも云はねばならぬ。

3 一九二六年から一九二九年まで――軍部の挑戦の開始

一九二六年から二九年にかけて、第一次若槻礼次郎内閣および田中義一内閣のもとで軍部の挑戦が始まる。この時期の最重要事件は二八年六月の張作霖爆殺事件であった。事件発生や事後処理の過程で、政党内閣と軍部の関係が変わる。体制の正統性が損なわれ、政党内閣の力が減少する一方、事件後、一部の政党政治家が準忠誠の態度を取ったため関係が変容した。

(1) 政党内閣と軍部の関係

一九二八年六月、北京から奉天に移動中の張作霖が関東軍の河本大作大佐によって乗っていた列車を爆破され、暗殺された。この事件において軍部は二つの意味で政党内閣に挑戦した。第一に張作霖暗殺事件は形式的には河本が個人的に企てた策謀であった。だが、実質的には関東軍が田中内閣の方針を無視して、組織的に計画した陰謀であった。田中内閣は張作霖を北京から満州に撤退させ、張を通じて満州での日本の権益を維持しようとした(関 一九六三:三〇四—三〇五)。ところが、関東軍は満州での新たな傀儡政権樹立を考えており、この方針に反対であった。関東軍は張作霖軍を武装解除するための部隊を派遣する命令を発出するよう参謀本部を通じて田中内閣に迫った(関 一九六三:一四七—一五〇)。これが拒否されると村岡長太郎関東軍司令官は、北京と天津に駐屯する部隊による張作霖暗殺を計画する。河本はこれを知ると自分自身で張作霖を暗殺した(河本 一九五四)。爆殺により関東軍が満州を武力制圧するきっかけを作ろうとしたのである(関 一九六三:三〇八)。

次に軍部は、事件の実態を明らかにし、首謀者を処罰しようと考えた田中首相の方針に抵抗し、阻止した。田中首相は一九二八年一〇月に事件の真相を知るとこれを公表、軍法会議を開いて首謀者を処罰する方針であった。この方針を天皇にも上奏した。だが、陸軍の反対を前に田中首相は当初の方針を貫くことを断念、関東軍司令官村岡中将、河本大作らを南満州鉄道の警備を怠ったという理由で処分し、決着させる(関 一九六三:三二六—三二七、小川 一九七三:六三〇—六三一)。

軍部が政党内閣の方針を無視して張作霖爆殺事件を起こしたということは、政党内閣と軍部の関係が軍部側に傾き始めたことを示していた。しかし、事件発生時には関係は流動的であった。首謀者を処罰し、陸軍を統制できれば、政党内閣に従わなかった時には制裁されるという重要な前例を作ることできるはずであった。だが、政党内閣は陸軍を統制できなかったので、軍部が政党内閣の方針に従わなくても、おとがめなしという先例が作られ、両者の関係は大きく軍部側に傾くことになった。

（2）正統性

この時期の体制の正統性を検討しよう。結論から言えば、民主化途上体制は正統性を維持していた。第一次若槻礼次郎内閣が一九二七年に総辞職した際、牧野伸顕内大臣は、政友会総裁である田中義一が「牽制の常道に依り」首相に任命されるのが適当であろうと考えていた（岡・林 一九五九：五六七）。さらに新聞は田中内閣総辞職後、浜口雄幸内閣が成立したことを政党内閣であるという理由で歓迎した。例えば、『東京朝日新聞』は、田中内閣総辞職後、短期間のうちに浜口内閣が成立したことは、政党内閣の慣行が定着してきたことであると成立に好意を示している(8)。

しかし、正統性は損なわれ始めており、政党内閣の力が減少した。体制の実績が振るわなかったためである。体制は一九一八年に成立したばかりであり、実績の評価が正統性に影響を及ぼした可能性が高い。軍部も低下を認識しており、内閣が軍部を牽制する力が損なわれることになった。

特に政治面での実績が大きな意味を持った。第一次若槻内閣のもとで、松島遊廓事件、陸軍機密費問題、朴烈事件など政党指導者が絡む不祥事が次々と発覚した（北岡 一九九九：四八―五一、粟屋 一九九四：二二―二五）。これによって政党の信用は傷ついた（例えば、石橋 一九七一 a：七七）。

一九二七年四月に成立した田中義一内閣のもとでも政党内閣と政党に対する不信感は広まり続けた。二八年二月の総選挙で政友会は衆議院の過半数議席を獲得できなかった。政友会の議席は民政党の二一六議席をわずか一上回る二一七に留まり、得票総数は民政党を下回った。多くの新聞が田中内閣は国民の支持を失っていると論じ、総辞職を求めた(9)。だが、田中内閣は総辞職せず、野党を切り崩し、内閣の支持勢力を拡大する。内閣が居座ったため、国民の意思と内閣の存続の間に関係はあるのかという疑問を生じさせ、正統性を傷つけた。例えば、『東京朝日新聞』は、「政府の多数はもとより『不自然』に作られた多数に相違ない。そこに議会の意思と国民の意思とのチグハグなる所以がある」と批判している(10)。

田中内閣は、総選挙後、安定した与党勢力を衆議院で欠いたため議会を無視して一部の政策立案を進める。総選挙後の第五五議会において田中内閣は治安維持法の改正に失敗し、議会閉会後、一九二八年六月に緊急勅令により治安維持法の改正を行う(吉井 一九九〇：三七―四〇)。このことに新聞は憤激する。例えば『大阪毎日新聞』は「議会の否定せる法律案を議会閉会と同時に命令の形で法律となし得るなら、議会はその存在の理由がなくなる」と断じ、田中内閣を「立憲政治の賊」と非難した(11)。

この頃、民主化途上体制の正統性の水準は低下していたものの代わりうる体制＝以前の競争的寡頭体制が支持されないために、正統性を維持することができた。新聞は政党内閣と政党の批判を続けていたが、第一次若槻内閣や田中内閣が退陣した時には政党内閣の継続を支持した。その際、中間内閣や超然内閣を成立させようとする動きのあることに触れ、こうした動きを徹底的に拒絶した(12)。

政治指導者も同じように考えていた。政治指導者は政党内閣の方が非政党内閣に比べれば好ましいと考えていた。例えば、一九二六年八月に西園寺公望は、「憲政擁護会杯を恐れる訳ではないが、何《ど》うも政党の方が受けが良い様だ」と語っている（岡・林 一九五九：五一〇）。

一方、軍部は民主化途上体制の正統性が損なわれつつあったことを感じ取っていた。宇垣一成は日記に一九二八年一月には「既成政党に厭《あ》き足らざるは一般を蔽《おお》う所の空気である。」と書き込んでいる（角田 一九六八：六四三）。これは政党内閣が軍部に対峙する力に影響を与えた。特に張作霖暗殺事件の発生時期に注目したい。二八年二月の総選挙後、田中内閣は国民の支持を失っているという批判を浴びた。そして、田中内閣が新聞から「立憲政治の賊」であるとまで非難された数日後の六月四日に事件は起きている(13)。

（3）準忠誠

政党内閣が事件後、軍部に対峙する力を回復できなかった背景には閣僚や政党政治家の一部が取った準忠誠の態度も深く関係していた。

西園寺は真相の公表や首謀者の処罰を支持し、天皇も陸軍の規律を正すことを求めていた（岡・林 一九五九：六〇六―六〇七、小川 一九七三：六二八―六二九、原田 一九五〇：一〇―一一）。河本は参謀本部から命令を受けておらず、統帥権の独立を理由に行動を正当化する余地はなかった。閣僚や政党政治家が内閣の方針を一致して支持すれば、陸軍の抵抗を押し戻し、当初の方針を貫くことができる余地はあった。しかしながら、閣僚や政党政治家の一部は河本の行動を「寛大に取り扱い、許容」することによって、体制に対して準忠誠の態度を取った。一部の閣僚は真相を公表することで首相自身の責任が問われることを案じ、処分に消極的であった（小川 一九七三：六二八）。また民政党は事件の真相を把握していたが、事件を「満州某重大事件」と呼んでその公表を内閣に迫るだけで、自ら国会で真実を暴露することはなかった。

4 一九二九年から一九三二年まで——危機と体制の崩壊

その後、一九二九年から三二年にかけて浜口雄幸内閣、第二次若槻礼次郎内閣、犬養毅内閣のもとで軍部は政党内閣にさらに挑むようになる。両者の関係は決定的に軍部の方に傾き、軍部は五・一五事件の後に政党内閣が続くことを拒み、体制を崩壊させる。正統性が失われ、政党政治家が準忠誠の態度を取ったため体制は倒されてしまった。

（1）政党内閣と軍部の関係

政党内閣と軍部の関係の変化はロンドン海軍軍縮条約の調印と批准、三月事件および十月事件、満州事変、五・一五事件などの一連の危機に現れていた。

・ロンドン海軍軍縮条約の調印と批准

浜口雄幸内閣は一九三〇年に軍令部の反対を押し切り、ロンドン海軍軍縮条約の調印と批准に成功した。このため、ロンドン海軍軍縮条約の調印と批准は政党内閣が軍部を抑えた成功例と見なされることが多い（中村 一九九四：二〇〇—二〇一、伊藤 一九八七：二五三、村井 二〇一四：一一四—一一五）。しかし、二つの意味で条約の調印と批准の過程で政党内閣と軍部の力は変容した。

第一に、過去の軍縮と比べ、軍部の対応が異なっていた。過去の軍縮では軍部は政府を妨害しなかった。

一方、ロンドン軍縮条約の場合、軍令部は政党内閣が条約を批准することを妨げようとした。第二に軍令部は批准の過程で法的権限を拡大した。条約調印後、海軍省と軍令部の間に覚書が交わされ、兵力については海軍大臣と軍令部の双方の同意に基づいて決定が下されなくてはならないことが確認された（小林 一九六三：一三〇―一三二）。これは所掌がそれまではっきりしていなかった兵力についても軍令部が管轄権を持っていることを明確にした。内閣は軍令部の同意がなければ決定が行えなくなり、政党内閣の軍部に対する立場は一歩後退した。

・満州事変とクーデター計画

一九三一年の満州事変をはじめとする一連の事件は、政党内閣が軍部を抑制する力を喪失し、体制が崩壊の危機に瀕していることを示した。一九三一年以降、軍部はより強い姿勢で政党内閣に挑むようになった。張作霖暗殺事件やロンドン海軍軍縮条約の調印と批准の過程では軍部内の一個人が独自に行動する形、あるいは政党内閣の政策に反応する形で政党内閣に挑戦した。

これに対し、満州事変では軍部は政党内閣の権威を無視して独自の政策を主体的に立案、実行した。一九三一年九月一八日に関東軍は関東軍と南満州鉄道に対する中国軍の攻撃に反撃する形を装って攻撃を開始、満州事変が始まる。さらに関東軍は第二次若槻内閣の戦線不拡大という方針を黙殺して、占領地の拡大を続けた。朝鮮軍も内閣を無視し、天皇からの命令なしに九月二一日に関東軍を支援するために越境し、作戦行動を開始した。

政党内閣は軍部からの度重なる挑戦を押さえ込むことはできなかった。第二次若槻内閣は軍部の既成事実を追認する。若槻内閣は朝鮮軍の行動を事後承認し、必要な予算の支出を認める（村井 二〇一四：一六七）。さらに一一月には軍事行動を拡大しないという当初の方針を撤回する（緒方 一九六六：一七六―一七七）。三一年一二月に成立した犬養毅内閣は満州に独立国家を創ることには反対であったにもかかわらず、関東軍は独自に計画を推し進め、三二年三月に満州国を樹立する（緒方 一九六六：二〇九、二三四、小林 二〇一〇：二五二、二五九）。犬養内閣は満州国成立十日後に満州に独立国を誕生させる計画を事後的に認めた（島田 一九六二：一八〇）。

軍部はさらに体制の存立そのものにまで挑んでいく。一九三〇年一〇月に橋本欣五郎中佐を中心とする陸軍青年将校が国家改造を目的とする桜会を結成する。三一年三月には三月事件が起きる（村井 二〇一四：一三〇―一三四）。橋本中佐を中心とする青年将校は未遂には終わるものの宇垣一成を首班とする内閣の樹立を目指し、クーデターを企てた。橋本中佐らはさらに一〇月にも十月事件を起こし、軍事政権の樹立を目的とするクーデターを計画した（村井 二〇一四：一七〇―一七一）。

・五・一五事件

最終的に五・一五事件が起き、体制は崩壊する。一九三二年五月一五日に海軍青年将校や陸軍士官候補生らが首相官邸を襲撃、犬養毅首相を殺害する。軍部は事件を政党内閣の存続を拒むために利用した(14)。五月一六日に犬養内閣が総辞職すると政友会は五月一七日に鈴木喜三郎を後継総裁に内定、内閣を引き続き担当することを期待した（山本 一九七六：四七）。しかしながら、陸軍は政党内閣の継続に反対し、挙国一致内閣の成立を求めた（例えば、木戸 一九六六：一六五―一六六）。西園寺公望は五月二二日に天皇に斎藤実海軍大将を後継首相に推薦し、斎藤が次期首相に任命された（山本 一九七六：六二―六四）。
軍部は政党内閣が続くことを拒み、民主化途上体制は崩壊した。

（2）正統性

政党内閣が軍部に対抗する力を失ったのは体制が正統性を喪失したことが原因の一つであった。正統性を失ったのは体制の実績が経済・社会、政治の両面で振るわなかったためである。この体制は経済・社会面では当時日本が直面した経済的な危機に対処できなかった。また政治面でも政治の腐敗や政党内閣の議会を無視する姿勢は政党内閣や政党に対する国民の信頼を損なった。

・経済・社会面での実績

正統性に強い影響を及ぼしたのは昭和恐慌に対する体制の対応、特に金解禁実施後の政策であった。浜口雄幸内閣は一九三〇年一月に金解禁を実施する。二九年一〇月の米国における株式市場の大暴落をきっかけに大恐慌が始まっており、金解禁後、日本は恐慌状態に陥った。にもかかわらず、浜口内閣は政策を変更せず、内閣は厳しい批判にさらされる。例えば、石橋湛山は次のように論じている（石橋 一九七一c：四二六）。

浜口内閣は今や人心を失いつつある。理由は、同内閣が誤って施行した金解禁が、たまたま並び起こった世界的不景気と合流して、我財界に非常な打撃を与うるに至ったにも拘らず、内閣は之に対して何等処置する策を知らず、全く無能を暴露したからである。

第二次若槻礼次郎内閣も政策を転換しなかった。若槻内閣は一九三二年度予算案編成に際し、緊縮財政を続けようとしたばかりか、歳入の落ち込みを補うために増税を計画した。[15] 若槻内閣の柔軟性のなさに新聞論調は怒りを爆発させている。例えば『東京朝日新聞』は増税を実施することは「選挙民の信託にそむくのみではなく、広く国民を敵とするものと覚悟しなければならぬ」と断罪している。[16]

・政治面における体制の実績の影響

正統性はさらに政治面でも体制の実績が振るわなかったために損なわれた。この時期にも多くの不祥事が発覚し、政党に対する信頼感をさらに傷つけた。例えば、『大阪毎日新聞』は不祥事のため「各方面に既成政党に対する不信の声が放たれて来た」と伝えている。[17]

この時期に議会がほとんど開かれなかったことも問題となった。浜口内閣、第二次若槻内閣、犬養内閣の下では二度解散が行われたため、実質的に常会が一回（第五九議会）と特別会が二回（第五八議会と第六一議会）しか開かれなかった。この結果、政党内閣は議会で議論せずに重要な政策を実施していくことになる。石橋湛山は「記者の常に遺憾とせるは（中略）一年の大部分は、全く議会無き専制政治の布かれている事である」と嘆き、世論を政策決定に反映させる仕組みとなっていないことが浜口首相の狙撃された理由であると論じている（石橋 一九七一b：四〇八―四〇九）。

浜口首相が一九三〇年一一月に狙撃された後、幣原喜重郎外務大臣が内閣総理大臣臨時代理を務めたことも批判された。幣原は一二月に議会が開会してからも臨時代理を続けた。しかしながら、幣原は民政党員ではなかった。新聞の目には幣原が長く臨時代理を続けることは政党内閣の慣行に背くものと映った。例えば『東京朝日新聞』は浜口内閣が「形式的には超然内閣」と同じ状態にあると評している[18]。

新聞や知識人のみならず、政党政治家の一部さえも、この頃、政治面での実績のため、体制の正統性が損なわれていることを認めている。首相だった浜口雄幸自身が一九三一年に死去する前に国民の議会に対する信頼が揺らいでいることについて憂慮している（池井他 一九九一：五五八―五五九）。

・経済・社会面の実績と政治面の実績の相乗効果と正統性の喪失

こうして正統性は次第に失われていく。体制の実績が経済・社会と政治の両面で低迷したことによる相乗効果もあった。例えば、『東京朝日新聞』は第二次若槻内閣が権力の座に居座ることにしか関心がないため「社会不安が生れ、財界不安も濃くなって」いくと論じている[19]。

新聞や知識人の間で五・一五事件が起きる頃までには体制の正統性は相当に損なわれていた。一九三一年一〇月の段階で石橋湛山は「非合法傾向愈よ深刻化せんとす」という衝撃的な題を付けた社説において「政党政治に対する呪詛の声が聞かれ、はては伊太利のファシズムを讃美する者さえ少なからず現れたる」のも無理もないと認めている（石橋 一九七一d：三三六）。

五・一五事件の数日前の新聞論調は正統性が危機的状況にあることを示している。例えば『大阪朝日新聞』は次のように警告している。

既成政党非難の声におびえてか、昨今の政界は全く活気を失っている（中略）。この隙をねらって擡頭しつつあるものは議会政治、政党政治否認の声、乃至《ないし》運動であるがわが国民は、いまやこの運動に対しいかなる態度をとるべきかを決定しなければならぬ重大時機に際会している。(20)

五・一五事件の頃までに体制の正統性は大きく傷ついていた。それ以前の時期に、民主化途上体制は、少なくともそれに代わる政治体制に比べれば支持されるという意味で正統性を保っていたが、そうした意味でも正統性を維持できなくなっていた。ただ、当時の日本で別の政治体制に対する積極的支持があったわけではない。どの政治体制も正統性を持っていなかった。このことは恐らく当時の新聞が繰り返し斎藤内閣の成立を「已むを得ず」と評価し、積極的に支持しなかった理由であろう。(21)

(3) 準忠誠

一部の政党政治家が準忠誠の態度や行動を取ったことも体制崩壊の一因となった。まずロンドン海軍軍縮条約の批准過程で条約締結が統帥権の干犯にあたると軍部が批判するようになったのは一部の政党政治家が軍部に政党内閣に対し挑戦するよう「勧めた」からである。条約締結の際に、海軍軍令部は調印に明確に反対せず、統帥権干犯という問題を意識していたわけでもなかった(伊藤 一九六九:一六二、小林一九六三:八二)。にもかかわらず批准の過程で統帥権干犯が問題となったのは政友会がこの問題を論点として提起したためである(伊藤 一九六九:二四〇—二五五)。政友会は海軍からの圧力が内閣の崩壊につながることを期待して海軍に働きかけていた(岡田 一九六四:一九、山浦 一九四一:六七二)。

浜口内閣は軍部を抑え、条約の批准に成功し、政友会の期待は裏切られた。しかし、政友会は軍部に体制への「挑戦」を「働きかけ」たことで軍部の脅威を増大させることになってしまった。統帥権干犯問題が先鋭化したことで軍部の権限が拡大したのみならず、軍部は政党内閣への反発を強めたからである。

次に満州事変でも政党内閣や政党政治家の一部の準忠誠は軍部の統制を困難にした。事変発生後に軍部を規律する機会に何度か恵まれたものの、政党内閣はその機会を利用しなかった。まず、事変発生後、幣原外相は外務省の情報をもとに関東軍が陰謀によって攻撃を開始したことを把握し、事変発生直後に南陸軍大臣から軍事行動を拡大しないという言質を取り付けた（島田 一九六二：一二二）。だが、その後、軍部が内閣の方針の黙殺を続けた時にはこの情報を利用しようとはしなかった。そもそも関東軍が陸軍中央の命令なしに作戦を開始したことは天皇の統帥権を干犯したということであり、関東軍はその活動を正当化する根拠を持っていなかった。

内閣は同様の対応を朝鮮軍が越境して満州に進軍した時にも取った。若槻内閣が朝鮮軍の行動を追認することを拒んでいれば軍部は困難な状況に陥ったことが予想される。ところが、若槻は「出たものは仕方がなきにあらずや」と経費の支出を認め、朝鮮軍の行動を追認する（小林 二〇一〇：一八二―一八三）。

こうして政党内閣や政党政治家の一部が軍部の体制に対する反逆を「寛大に取り扱い、許容し」、軍部を規律する機会を失ってしまったのである。

五・一五事件が発生し、政党内閣の存続が危うくなった状況でも重要な政党政治家が準忠誠の態度を取る。民政党の永井柳太郎は憲政擁護運動を起こそうとしたが、永井の申し入れを政友会は拒んだ（山本 一九七六：四七―四八）。すでにこの頃政友会幹部の森恪は政党内閣を支持していなかった（山浦 一九四三：八一五―八一八）。若槻礼次郎も西園寺に次期内閣についての意見を求められた時に「必ずしも政党内閣を主張すべきではない。意思の強固な、軍の衆望を負う者を推薦せられるが至当であろう（若槻 一九五〇：三九〇）」と答えている。軍部の挑戦の前に政党政治家すら一致団結して政党内閣を継続させようとはしていなかったのである。

おわりに

本章はまず、民主主義が段階的に発展することを考える場合、民主化途上体制という政治体制を考案することができることを指摘し、その崩壊を理解するための視点を示した。具体的には民主化途上体制の崩壊は民主的勢力と非民主的勢力の関係が変わっていく政治過程として捉え、関係を変容させるファクターとして政治制度、正統性、準忠誠に着目した。

続いて、本章は日本の民主化途上体制が崩壊する過程を説明した。この体制では政党内閣と軍部の関係が体制の存続、崩壊を決定した。明治憲法下の政治制度は政党内閣に制約を課す一方で、軍部に特別の権力を与えていた。にもかかわらず当初政党内閣が軍部を抑えることが可能となったのは正統性の水準が高かったためである。その後、政党内閣が軍部の挑戦を押しとどめることができなかったのは明治憲法下で政党内閣が脆弱であったことに加え、正統性の水準が低下する一方、政党内閣や政党政治家の一部が軍部の挑戦を促したり、容認したりしたためである。最終的に体制の正統性が失われる一方、政党政治家が一致して軍部に対抗しようとしなかったため、軍部の体制打倒の試みに政党内閣は対抗できず、民主化途上体制は崩壊した。

日本の事例は民主体制の崩壊に関係する正統性、準忠誠という二つの要素が民主化途上体制の崩壊過程にも関係している可能性のあることを示している。

＊本章はもともと竹中治堅「戦前日本における民主化途上体制の崩壊――競争的権威主義体制論への意味」日本比較政治学会編『日本比較政治学会年報一九号　競争的権威主義の安定性と不安定性』二〇一七年、ミネルヴァ書房、一九一―二二五として出版された論文をミネルヴァ書房の許諾を得た上で加筆・修正したものである。

注

（1）民主化に関する代表的な研究として Huntigton（1993）、Linz and Stepan（1996）O'Donnel and Schmitter（1986）などがある。

（2）第一次加藤高明内閣では憲政会と政友会は共に与党であった。

（3）明治憲法の分権的性格については三谷（一九八三、一九九五）。

（4）割合の計算にあたっては、梅村（一九八八）、一六六―一六九頁の資料をもとに計算。

（5）割合の計算にあたっては、梅村（一九八八）、一七〇―一七一頁の資料をもとに計算。

（6）『東京朝日新聞』一九一八年九月二七日。

（7）『東京朝日新聞』一九二四年六月一〇日。

（8）『東京朝日新聞』一九二九年七月三日。

（9）例えば『大阪朝日新聞』一九二八年二月二四日、『大阪毎日新聞』一九二八年二月二五日。

（10）『東京朝日新聞』一九二九年二月十二日。

（11）『大阪毎日新聞』一九二八年五月三一日。

（12）例えば『大阪毎日新聞』一九二七年四月一九日、『東京日日新聞』一九二九年六月三〇日。

（13）『大阪毎日新聞』一九二八年五月三一日。

（14）この経緯については山本（一九七六）に多くを負って

いる。
（15）『東京朝日新聞』一九三一年十一月四日、六日。
（16）『東京朝日新聞』一九三一年十二月三日。
（17）『大阪毎日新聞』一九二九年十一月二二日。
（18）『東京朝日新聞』一九三一年一月二二日。
（19）『東京朝日新聞』一九三二年三月二五日。
（20）『大阪朝日新聞』一九三二年五月九日。
（21）例えば『大阪毎日新聞』一九三二年五月二日。

参考文献

粟屋憲太郎（一九九四）『昭和の政党』小学館。

浅野和生（一九九四）『大正デモクラシーと陸軍』関東学園大学、二一八―二二三。

池井優・波多野勝・黒沢文貴編（一九九一）『濱口雄幸日記・随感録』みすず書房。

石橋湛山（一九七一a）「今期議会の功績」『石橋湛山全集』第5巻、東洋経済新報社、七七―七九。

石橋湛山（一九七一b）「首相遭難の根因　改良を要する議会制度」『石橋湛山全集』第7巻、東洋経済新報社、四〇七―四一〇。

石橋湛山（一九七一c）「濃厚化せる政変来の予想」『石橋湛山全集』第7巻、東洋経済新報社、四二四―四二七。

石橋湛山（一九七一d）「非合法傾向愈よ深刻化せんとす」『石橋湛山全集』第8巻、東洋経済新報社、三三一―三三七。

伊藤隆（一九六九）『昭和初期政治史研究』東京大学出版会。

伊藤之雄（一九八七）『大正デモクラシーと政党政治』山川出版社。

梅村又次他（一九八八）『労働力』〈長期経済統計2〉東洋経済新報社。

岡義武・林茂校訂（一九五九）『大正デモクラシー期の政治――松本剛吉政治日誌』岩波書店。

岡田啓介（一九六四）「岡田啓介日記」小林龍夫、島田俊彦編『満州事変』みすず書房、三―三四。

緒方貞子（一九六六）『満州事変と政策の形成過程』原書房。

小川平吉（一九七三）「満州問題秘録」小川平吉文書研究会編『小川平吉文書』第1巻、みすず書房。

角田順校訂（一九六八）『宇垣一成日記』第1巻、みすず書房。

北岡伸一（一九九九）『政党から軍部へ』〈日本の近代　5〉中央公論新社。

木戸幸一（一九六六）『木戸幸一日記』上巻、東京大学出版会。

河本大作（一九五四）「私が張作霖を暗殺した」『文藝春秋』三二巻、一八号、一九四―二〇一。

小林龍夫（一九六三）「海軍軍縮条約」日本国際政治学会『太平洋戦争への道』第1巻、朝日新聞社：一―一六〇。

小林道彦（二〇一〇）『政党内閣の崩壊と満州事変―一九一八～三二』ミネルヴァ書房。

島田俊彦（一九六二）「満州事変の展開」日本国際政治学会編『太平洋戦争への道』第2巻、朝日新聞社、一―一八八九三。

関寛治（一九六三）「満州事変前史」日本国際政治学会編『太平洋戦争への道』第1巻、朝日新聞社、二八五―四四〇。

竹中治堅（二〇〇二）『戦前日本における民主化の挫折』木鐸社。

永井和（一九九三）『近代日本の軍部と政治』思文閣。

内閣統計局編（一九二九）『日本帝国第四十八回統計年鑑』東京統計協会。

中村政則（一九九四）『昭和の歴史② 昭和の恐慌』小学館。

原奎一郎編（一九六五）『原敬日記』第5巻、福村出版。

原田熊雄（一九五〇）『西園寺公と政局』第1巻、岩波書店。

升味準之輔（二〇一一）『〔新装版〕日本政党史論』第4巻、第5巻、東京大学出版会。

松下芳男（一九七八）『明治軍制史論』下巻、国書刊行会。

三谷太一郎（一九八三）「政党内閣期の条件」伊藤隆・中村隆英編『近代日本研究入門 増補版』東京大学出版会、六三―八六。

三谷太一郎（一九九五）「政友会の成立」同『増補 日本の政党政治の形成』東京大学出版会、一―四六。

村井良太（二〇〇五）『政党内閣制の成立 一九一八～二七年』有斐閣。

村井良太（二〇一四）『政党内閣制の展開と崩壊 一九二七～三六年』有斐閣。

山浦貫一（一九四三）『森恪』高山書院。

山本四郎（一九七六）「斎藤内閣の成立をめぐって」『史林』第五九巻、五号：四二一―七八。

吉井研一（一九九〇）「対中国政策の転換と議会」内田健三・金原左門・古屋哲夫編『日本議会史録』第三巻、第一法規出版：一―六三。

若槻礼次郎（一九五〇）『古風庵回顧録』読売新聞社。

Brownlee, J. and K. Miao (2022) "Why Democracies Survive," *Journal of Democracy* 33 (4): 133–149.

Carothers, Thomas (2002) "The End of the Transition Paradigm," *Journal of Democracy* 13 (1): 5–21.

Dahl, Robert (1971) *Polyarchy: Participation and Opposition*. New Haven: Yale University Press.

Diamond, Larry (1993) *Political Culture and Democracy in Developing*

Countries. Boulder: Lynne Rienner.

Diamond, Larry (1999) *Developing Democracy.* Baltimore: Johns Hopkins University Press.

Diamond, Larry (2019) *Ill winds: Saving Democracy from Russian Rage, Chinese Ambition, and American Complacency.* New York: Penguin Press（ラリー・ダイアモンド・市原麻衣子監訳（二〇二二）『侵食される民主主義』勁草書房）.

Diamond, Larry (2021) "Democratic regression in comparative perspective: scope, methods, and causes," *Democratization*, 28(1): 22–42.

Diamond L, J J. Linz, and Seymour. M. Lipset(1995) "Introduction," in L. Diamond, J J. Linz, and S. M. Lipset (eds.), *Politics in Developing Countries* 2nd ed. Boulder: Lynne Rienner: 1–66.

Haggard S. and R. Kaufman (2021) *Backsliding.* Cambridge: Cambridge University Press.

Huntington, Samuel (1993) *The Third Wave.* Norman: University of Oklahoma Press.

Karl, Terry Lynn (1995) "The Hybrid Regimes of Central America," *Journal of Democracy* 6 (3): 72–86.

Linz, Juan J. (1964) "An Authoritarian regime: Spain," in E. Allardt and Y. Littunen(eds.) *Cleavages, Ideologies and Party Systems.* Helsinki: The Academic Bookstore.

Linz, Juan J. (1978) *The Breakdown of Democratic Regimes; Crisis, Breakdown, and Reequilibration.* Baltimore: Johns Hopkins University Press（ファン・リンス、横田正顕訳（二〇二〇）『民主体制の崩壊』、岩波文庫）.

Linz, J. J. and A. Stepan (eds.) (1978a) *The Breakdown of Democratic Regimes; Europe.* Baltimore: Johns Hopkins University Press.

Linz, J. J. and A. Stepan (eds.) (1978b) *The Breakdown of Democratic Regimes; Latin America.* Baltimore: Johns Hopkins University Press.

Lipset, Seymour Martin (1994) "The Social Requisites of Democracy Revisited," *American Sociological Review* 59 (2): 1–22.

Levitsky, S. and L. A. Way (2023) "Democracy's Surprising Resilience," *Journal of Democracy* 34 (4): 5–20.

Levitsky, S. and D. Ziblatt. (2018) *How Democracies Die.* New York: Crown（スティーブン・レビツキー・ダニエル・ジブラット、濱野大道訳（二〇一八）『民主主義の死に方』新潮社）.

Lührmann, A. and S. I. Lindberg (2019) A third wave of autocratization is here: what is new about it?, *Democratization* 26(7): 1095–1113.

McDonough, P., S. H. Barnes, and A. L. Pina (1986) "The Growth of Democratic Legitimacy in Spain" *American Political Science Review* 80 (3): 735–60.

Repucchi, S. and A. Slipowitz (2022) "The Freedom House Survey for 2021: Authoritarians on Offense," *Journal of Democracy*33(2): 45–59.

Schmitter, P. C. and T. L. Karl (1991) "What Democracy Is...and Is Not," *Journal of Democracy* 2 (3): 75–88.

Takenaka, Harukata (2014) *Failed Democratization in Prewar Japan—Breakdown of a Hybrid Regime.* Stanford: Stanford University Press.

第三部　現代における危機

第9章　ブレグジットにひそむ記憶と忘却
――〈一九四〇年〉の呪縛？

藤山一樹

はじめに

世界各地で近年みられるデモクラシーの危機としてのポピュリズムについて、本書はその起源や背景を、さまざまな国の歴史に探ってきた。ここで少し趣向を変え、ポピュリズムの歴史それ自体ではなく、現代のポピュリズムに映し出される歴史の残像に目を向けてみたい。

本章が取り上げるのは、二〇二〇年一月に正式に完了したイギリスのＥＵ離脱（ブレグジット）である。その過程はいくつかの段階に分けられるが、事の大勢を決したのは、何といっても二〇一六年六月に行われた国民投票である。この年のイギリス政界はＥＵ残留の是非をめぐり二分された。そして両陣営とも、国民の支持を求めて熾烈なキャンペーンを展開したのである。

その中でブレグジットを主張する政治家（離脱派）は、単純な善悪二元論に基づき、不正確な情報や誇張を多用しつつ、排外的な移民政策をくり返し訴えた。ポピュリズムを思想と運動のいずれと捉えるにせよ、二〇一六年に離脱派がくり広げたキャンペーンは、現代におけるポピュリズムの代表例といえるだろう。

これまで日本では、政治学の分野に限っても、実に多くのブレグジット研究が発表されてきた。それらの切り口は、イギリスと大陸諸国の国際関係に注目する〈外交〉、イギリスの政党内あるいは政党間対立に注目する〈政治〉、イギリス国民のさまざまな分断に注目する〈社会〉に大別される。だが英語圏の研究に目をやると、観念や表象のレベルに分析を広げ、〈歴史認識〉の視角からブレグジットの意味を考察する動きもみられる（たとえば Reynolds 2019）。

本章はこうした一連の研究を踏まえつつ、二〇一六年の国民投票キャンペーンにおける離脱派に着目し、彼らの言説に浮かび上がる歴史認識を分析する。イギリスのＥＵ離脱を切望する政治家は、歴史における特定の瞬間を切り取り、事実の一部だけを大写しにした、いびつな国家イメージを描いていた。本章の後半では、かくも偏った歴史認識がイギリスのデモクラシーに持ちうる意味も検討したい。

Ⅰ　ブレグジットとは何だったのか

イギリスはＥＵに残留すべきか、それとも離脱すべきか――。この二者択一がイギリス国民に問われたのは、二〇一六年六月二三日である。当日の投票率は七二・二％であり、結果は五一・九％対四八・一％と、僅差ながら離脱派に軍配が上がった（デイ・力久 二〇二一、四八）。

離脱派のＥＵ批判は移民・財政・農業・漁業・司法と多岐にわたったが、そうした幅広い争点を束ねるスローガンの一つが「決定権を取り戻せ」である。市場の統合を越えて各種政策の共通化を進めるＥＵに、イギリスは主権を侵害されている。今こそ国民は声を上げ、イギリス独自の意思決定を取り戻すべし、とのメッセージであった。

ここで離脱派の代表的政治家の一人であり、二〇一九年七月から二二年九月までイギリス首相を務めた、ボリス・ジョンソンの主張に耳を傾けてみよう。ジョンソンによると、加盟国の主権を共有するＥＵのシステムは、イギリスのデモクラシーと根本的に矛盾するものであった。イギリス政治の中心には国民の代表から構成される議会（庶民院）があり、議会の制定する法が統治の根幹であるべきにもかかわらず、ＥＵ諸機関がイギリスの内政を多方面で侵食しているという（Johnson 2016）。

たしかに、ＥＵの中で政策の実施はもちろん、安全保障を除くほとんどの分野で法案の作成に関与する欧州委員会は、ＥＵ市民もしくはその代表が集まる欧州議会に直接選出されているわけではない。民主的正統性に乏しいＥＵがイギリス国内に影響力を及ぼす状況は、イギリスの議会主権に対する許しがたい侵害である、と離脱派の目には映っていた。彼らにとって、ＥＵ残留の是非を問う二〇一六年の国民投票には、デモクラシーというイギリスの政治体制の存立がかかっていた。

Ⅱ　解放のレトリックと第二次世界大戦

デモクラシーの闘士ともいうべき離脱派の主張には、表現の技法（レトリック）に関する共通点があった。それは離脱派の中でも保守党の政治家に顕著だったが、ブレグジットをイギリスによるヨーロッパの〈解放〉とするレトリックである。国民投票の結果としてブレグジットが実現すれば、EUがいかにデモクラシーの原則に反しているかが白日の下にさらされ、いずれ大陸に改革の機運が生じるはずだ、というのである。

イギリスの離脱はEU変革の呼び水になるとの理屈から、ジョンソンやペニー・モーダント、リアム・フォックス、デイヴィッド・デイヴィスといった政治家は、ブレグジットをヨーロッパ解放の一大契機と位置づけた。そして、そうした解放のレトリックに併せて離脱派が言及したのが、第二次世界大戦という歴史的な事例であった。

ふたたびジョンソンの例を挙げよう。ちなみに彼にはロンドン市長時代の二〇一四年に刊行された、『チャーチル・ファクター』という著作がある。第二次大戦でイギリスが勝利を収めた経緯を、当時の指導者であったウィンストン・チャーチルの個性に着目し、平易な言葉でまとめた一般向けの歴史書だ。同書の中でチャーチルは、ナチの猛攻に屈することなく、イギリスの独立とヨーロッパのデモクラシーを守り抜いた英雄として称賛されている。

同書の刊行から約二年後、ブレグジットの旗振り役となっていたジョンソンは、まるで自身の著作をなぞるように、イギリスとEUの対決を第二次大戦と重ね合わせた。彼曰く、EUは手段こそ異なるものの、かつてヒトラーが目論んだのと同じ大陸の統一を進めている。ヨーロッパが独裁者の帝国になるのを防いだチャーチルが生きていれば、彼もきっとEU離脱に一票を投じるであろう、と（Ross 2016）。

（二〇二三年一二月初旬現在）スナク政権で枢密院議長を務めるモーダントも、ブレグジットに賛同する立場から、二〇一六年の国民投票キャンペーンで第二次大戦期を引き合いに出した。イギリスにはヨーロッパを専制から解放する「歴史的役割」が備わっている。ちょうど一九四〇年のダンケルク作戦のように、今回のEU離脱というイギリスの撤退も、ゆくゆくはヨーロッパの進歩に貢献するであろう、と（Mordaunt 2016）。

保守党のベテラン下院議員で、古参の欧州懐疑派でもあったフォックスやデイヴィスらは、先の二人ほどあからさまではないものの、やはり歴史的な観点からブレグジットを正当化した。フォックスにとって、イギリスは議会政治に象徴される「民主的な自己統治」の国だが、EUには市民に十分な説明責任を果たす仕組みが備わっていない。イギリス国民はEUの現状に反旗を翻し、先の世界大戦に倣《なら》ってヨーロッパを解放せよと主張した（Fox 2016）。

デイヴィスも、大陸の歴史が「戦争・専制・破壊」のくり返しであり、自由とデモクラシーを擁護してきたのは他ならぬイギリスである、と先の世界大戦を想起させる形でEU離脱の意義を強調してみせた（Davis 2016）。

Ⅲ　離脱派はなぜ第二次大戦を語ったのか

これらの発言は、二〇一六年六月に予定された国民投票を念頭に、イギリスのＥＵ離脱を支持する立場から公にされたものである。離脱派が第二次大戦に言及したのは、なんといってもキャンペーンの戦術として、ブレグジットの正しさをイギリス国民に印象づけるのに効果的であるとの判断からであろう。ヨーロッパの第二次大戦を大づかみで捉えるなら、二項対立と大団円を軸に、ごく明快に語ることができる。全体の構図は、現状を破壊する独裁体制の枢軸国と、秩序およびデモクラシーを擁護する連合国の闘争となる。イギリスの視点からは、大陸に現れた脅威と対決し、幾多の辛苦を乗り越えた末に勝利を収めるというのが、おおよその筋書きだ。

登場する主体は善と悪にはっきり区別され、深刻な危機は紆余曲折を経て解決する――。こうしたシンプルな物語は誰にも比較的理解しやすく、不特定多数の人に具体的なイメージを抱かせるには格好の道具といえる。

第二次大戦に見出される二元論の構図が、離脱派のＥＵをめぐる認識と相似形を成している点も重要だろう。ブレグジットは離脱派のみるところ、非民主的なＥＵの脅威から民主的なイギリスが主権を守り抜く戦いだった。やはりイギリスと大陸、善と悪の二元論なのである。第二次大戦の過去は、大枠の展開においても現状との連関においても、イギリス国民にブレグジットの正当性を認めさせるには都合が良い知的枠組みであった。

だが、本章の視座である歴史認識に照らして興味深い事実がもう一つある。第二次大戦に注がれた離脱派のまなざしが、特定の局面に集中している点である。

離脱派の言説にみられるチャーチルやダンケルクといった固有名詞は、約六年に及ぶ第二次大戦の中でも、後述のような〈一九四〇年〉の情景を示唆している[1]。この時点で、やがて冷戦期に世界に君臨するアメリカとソ連は、ドイツにいまだ宣戦布告していなかった。アメリカは中立法の下で交戦国との軍事的な関わりを回避し、ソ連は三九年八月にドイツと相互不可侵条約を結んでいた。こうした状況の下、イギリスがヒトラーを相手に孤軍奮闘を強いられていた時代こそ、離脱派がイギリス国民に語り聞かせたい歴史であった。

Ⅳ 〈一九四〇年〉の物語

イギリスの大陸関与には、実に長い歴史がある。四方を海に囲まれながら、広大な大陸に近接するブリテン諸島の安全は、英仏海峡の対岸（現在のオランダ・ベルギー・ルクセンブルク、さらにはその南の仏独国境一帯）に覇権国が現れないことに支えられてきた。

この条件を満たすには、状況に応じて外交と軍事力を使い分け、大陸のパワー分布をおおむね均等に保たねばならない。勢力均衡の原則はイギリス外交の伝統であった。二〇世紀の二つの世界大戦におけるイギリスの目的も、この伝統に照らして国家の安全を確保するためであったとみることができる。

だがイギリスの大陸関与は、いつも独力で果たされてきたわけではない。スペイン継承戦争・オーストリア継承戦争・七年戦争・フランス革命戦争・ナポレオン戦争・クリミア戦争・第一次大戦・第二次大戦——。その時々で組む相手は変わったものの、イギリスがヨーロッパに軍事力を投射するとき、主要な局面ではほとんど常に同盟国が存在していた。そうした歴史の中でイギリスが例外的に、主要国との本格的な軍事協力を欠いたままヨーロッパの脅威に立ち向かっていたのが、一九四〇年であった。

ここで近年刊行された一般向けの文献をたよりに、一九四〇年のイギリスがたどった軌跡を、一つの物語として再構成してみよう（木畑・秋田 二〇一一、川北 二〇二〇、君塚 二〇二二）。

ヒトラーがいわゆる電撃戦により、デンマーク・ノルウェー・ベルギー・オランダ・フランスに侵攻して矢継ぎ早に勝利を収めたのは、一九四〇年四月から六月にかけてである。その間の五月、宥和政策でも戦争指導でも失敗を重ねたネヴィル・チェンバレンに代わり、ドイツへの軍事的対抗を主張してきたチャーチルがイギリス首相に就任した。

大陸諸国がヒトラーの軍門に次々と降《くだ》る中、新首相チャーチルは閣内で検討されていたドイツとの和平案を退ける。一九四〇年五月末、大陸でドイツ軍に包囲されたイギリス軍は、国土防衛と長期戦に備え、フランス北部・ダンケルクからの撤退を開始した。

六月四日、〈ダイナモ〉と名付けられた作戦の最終日に、チャーチル首相は議会下院で演説に立った。そして、今次の撤退はイギリスの粘り強さの証《あか》しに他ならないと胸を張った。「我々は祖国の島を守り、戦争の嵐を乗り切り、専制の脅威を切り抜けることができるとふたたび証明するでしょう。必要とあらば何年でも、そして一人きりで」(*Parl. Deb.* 1940, 5th ser., vol. 361: 795)。

さらに六月中旬、チャーチルは後に広く知られる議会演説で、最も困難な今こそ後世の人々から「最良の時」であったと思い出されるよう、一丸となって戦い続けるべきだとイギリス国民を激励した(*Parl. Deb.* 1940, 5th ser., vol. 362: 60–61)。

ヒトラーはチャーチルが示した不屈の意志に、主要都市を標的とする大規模な空襲で応じた。一九四〇年九月から翌四一年五月まで続いたドイツ空軍の爆撃は、イギリスに甚大な被害をもたらした。

それでもイギリス空軍は戦闘機・レーダー・暗号解読術を駆使して戦い、国民の側も家を失った者は地下鉄の駅で夜露をしのぐなど、首相に劣らぬ胆力をみせた。政府と軍、そして国民が団結した〈バトル・オブ・ブリテン〉は奏功し、ヒトラーはとうとうイギリス本土上陸を断念せざるを得なかった――。

以上の通り、チャーチルに率いられたイギリスが、米ソとの軍事同盟を持たぬまま、未曾有の脅威に勇ましく立ち向かった英雄譚こそ、〈一九四〇年〉の物語といえる。

V　戦後イギリスの集合的記憶

この物語は、国力の衰退が明らかとなった第二次大戦後のイギリスに、あまねくとはいえないまでもそれなりに広く定着した、と研究者は指摘する。外交史家デイヴィッド・レイノルズによると、戦後のイギリス社会に孤高の英雄という国家像をいち早く浸透させたのは、誰あろう戦争指導者のチャーチルであった。彼が一九四八年から五年をかけて世に問うた第二次大戦期の回顧録は、刊行まもなくイギリスの主要紙に抜粋が掲載された。その後もメディアでチャーチルが取り上げられる際、「最良の時」を劇的に追想する彼の文章は、頻繁に引用もしくは参照された（Reynolds 2005, 509–26）。

また社会史家マルカム・スミスが論じるように、映画やテレビも〈一九四〇年〉の物語が普及するのを促した。冷戦がヨーロッパでもアジアでも本格化した五〇年代、イーリング撮影所で製作された映画やBBCの放映するドラマは、バトル・オブ・ブリテンをしばしば題材にした。

最新鋭の戦闘機に乗り込んでナチとの空中戦を制す航空兵、あるいは近所で助け合いながらドイツ軍の空襲に耐える市民を描いた作品は、孤立無援でも決して挫《くじ》けない国家のイメージをイギリス社会に広く定着させた（Smith 2000, 111–29）。最近でも、クリストファー・ノーラン監督の『ダンケルク』（二〇一七年製作）や、主演を務めたゲイリー・オールドマンの特殊メイクが話題を呼んだ『ウィンストン・チャーチル――ヒトラーから世界を救った男』（同）は人気を集めた。〈一九四〇年〉のイギリスは、いまだに大衆の関心を惹きつけている。

チャーチルやダンケルク、バトル・オブ・ブリテンといった固有名詞に彩られる〈一九四〇年〉の物語は、戦後さまざまな媒体や表現形態を通じ、国家の誇り高い自画像をイギリス国民に想起させてきたのである。

それは個々の出来事にまつわる客観的な事実とも、個人の体験に基づく主観的な記憶とも異なるものであろう。むしろ両者がないまぜになって、社会的に構成される間主観的な観念、いわゆる集合的記憶といえる。離脱派が国民投票キャンペーンで歴史の断片を散りばめた背景には、戦後のイギリスに受け継がれてきた一つの集合的記憶が存在していた。

Ⅵ　離脱派はなぜ〈一九四〇年〉を語ったのか

以上の点を踏まえると、二〇一六年の離脱派が第二次大戦の中でも〈一九四〇年〉を想起した意図が浮かび上がってはこないだろうか。

もし離脱派の目的が、ヨーロッパの解放者としてのイギリスを表現することに限られていたなら、何も一九四〇年にこだわらず、イギリスが大陸の脅威に勝利した別の事例を挙げてもよかったはずである。たとえばモーダントが参照したダンケルク作戦は、少なくとも短期的には、ドイツの快進撃に追い詰められたイギリスの敗退であった。純粋にヨーロッパの解放を表象するのなら、連合軍に有利な戦況をもたらしたノルマンディ上陸作戦（一九四四年六月）の方が、ダンケルクよりも離脱派の目的にかなっていたであろう。

また大陸の悪しき脅威に抗《あらが》うイギリスの姿であれば、勝利の結末を含め、史上初の総力戦といわれる第一次世界大戦（一九一四〜一八年）を参照することもできたのではないか。この帝政ドイツとの戦いも、開戦当初からイデオロギーをめぐる二元論として定式化された。イギリスの政府もメディアも、「軍国主義」のドイツ対「民主主義」のイギリスという図式で、誰も経験したことのない悲惨な戦争を意味づけたのである。

ところが離脱派は国民投票キャンペーンにおいて、第二次大戦の中でも〈一九四〇年〉の情景ばかりを切り取ってみせた。多くの過去に目をつぶり、あえて一つの過去に手を伸ばしたのは、その瞬間にしかない何かがあったからに違いない。

第一次大戦が連合国の勝利に終わった一九一八年にも、第二次大戦で連合国が勝利に向かいつつあった一九四四年にも見出せず、ヒトラーが大陸を席巻していた一九四〇年には見出せるもの。それこそ、チャーチルがダンケルクの当時から強調し、戦後のメディアがくり返し再生産してきた孤高のヒロイズムであった。

ヨーロッパがナチの占領から解放される一つの契機となったノルマンディ上陸は、イギリスがアメリカおよびカナダと実施した共同作戦であった。また第二次大戦と同じくイギリスが大陸の脅威に相対した第一次大戦で、イギリスの横にはフランス・ロシア・アメリカなど、軍事的に連携しうる大国が常に存在していた。

いずれの事例も、イギリスとヨーロッパを二分法でとらえるには有用かもしれないが、そこにイギリスの英雄的な自画像を重ねるのは難しい。イギリスが大陸の敵と勇敢かつ孤独に戦う構図は、長い歴史の中でも一九四〇年に最もよく当てはまるのであった。

Ⅶ　忘れられた帝国の貢献

以上のような離脱派の歴史認識は、将来のイギリス政治にどんな意味を持つといえるか。この問題を考えるには、彼らが語ったことに加え、彼らが語らなかったことにも注意を払う必要がある。

一九四〇年、イギリスの傍らに存在していたにもかかわらず、離脱派の紡《つむ》ぐ〈一九四〇年〉の物語に登場を許されなかったのが、植民地と権益のグローバルなネットワーク、すなわち帝国である。実のところ、ナチとの戦いを一手に引き受けていたとされるイギリスの背後には、本国への従属をさまざまな形で強いられていた海外諸地域の姿があった。

第二次大戦における帝国の戦争協力は、軍事・経済・金融・文化の各方面に及んだが、以下ではその実態を、軍事の中でも貢献の規模がつかみやすい人的側面に絞ってみてみよう。

まずは一九世紀からイギリスの対外軍事行動に頻繁に利用された、英領インドである。一九三九年九月、主権を持たない植民地のインドは本国に追随して参戦し、四五年までの間に約二二五万という帝国内で最大規模の兵力を供することになる。その多くは東南アジアや中東の戦線に配備された（Jeffery 1999, 312）。

一方、カナダやオーストラリアといった帝国内の五つの地域（ドミニオン）は、すでに二〇世紀初頭までに高度な自治を認められていたが、イギリスがドイツと戦端を開いた一九三九年には、内政のみならず外交に関してもイギリスから独立した意思決定が可能となっていた。それでも三九年九月、イギリスの開戦に足並みを揃えるように、アイルランド以外のドミニオンはドイツに宣戦布告した。戦争全体を通じてカナダは七八万人、オーストラリアは六八万人、ニュージーランドは一五万七〇〇〇人、南アフリカは一四万人を動員したという（秋田 二〇一二、二二四）。

こうした帝国の人的貢献は、一九四〇年六月のフランス降伏後、枢軸国との全面対決を余儀なくされたイギリスを大いに助ける。一例を挙げれば、北アフリカ方面で展開された〈コンパス作戦〉（一九四〇年一二月～四一年二月）で、エジプト北西部を占領するイタリア軍を撃退したのは、イギリス第七機甲師団に加え、インド第四師団とオーストラリア第六師団から成る帝国の混成軍であった（Johnston-White 2017, 219–35）。〈一九四〇年〉の物語の核心といえるバトル・オブ・ブリテンにも、帝国の存在は明らかである。ヒトラーのイギリス本土上陸を阻止したイギリスの戦闘機軍団には、カナダ・オーストラリア・ニュージーランド・南アフリカの航空兵が参加していた（ビーヴァー 二〇一五、二六八―六九）。

つまり一九四〇年のイギリスは、離脱派の語った物語や戦後の集合的記憶が伝えるほど、実際には孤独ではなかったのである。当時のイギリスは、支配と搾取によって築いたグローバルな勢力圏を道づれにしていた。帝国の豊かな資源は、イギリスが足かけ七年の総力戦を戦い抜くために不可欠な要素であった。

Ⅷ　ポスト帝国のデモクラシーと歴史認識

こうした事実にもかかわらず、離脱派は帝国の貢献はおろか存在すらも顧みることなく、一九四〇年のイギリスを孤高の英雄としてイギリス国民に提示していた。問題は国家の歴史を語るとき、帝国に関する史実に触れないという離脱派の姿勢が、今後のイギリス政治に持ちうる意味である。
いくら少数とはいえ、国家を統治するエリートが帝国の歴史を正確に語らず、英雄的な国家イメージだけを描き続けるなら、すでに生じているイギリス社会の分断はさらに深まり、デモクラシーという政治体制も根底から揺らぐ可能性がある。

現代のイギリスでは、アジア・アフリカ・カリブ海の諸地域にルーツを持つ者が人口のおよそ二割を占めるなど、エスニシティの多様性は動かしがたい現実となっている（Office for National Statistics 2022）。彼らの多くは、主に第二次大戦後に独立を果たした後、イギリスを中心とする国際機構・コモンウェルスに加盟した旧植民地国から、合法的にイギリスに渡った移民の子孫である。多文化的なイギリス社会は、ある意味で帝国解体の副産物であった。

植民地支配の過去を背景に、数々のアイデンティティが交錯する現代のイギリスで、〈イギリス人〉という国民意識を促すような共通の物語は、いまだ確立されていないといえる。そうした物語の核となる歴史認識について、社会のコンセンサスが取れないことが大きな理由であろう。

二〇一二年夏に行われたロンドン・オリンピック開会式は、歴史認識をめぐるイギリス社会の分断が露呈した好例である。映画監督ダニー・ボイルの演出は、産業革命やシェイクスピアといったイギリスの典型的シンボルの他に、非白人の多数出演するパフォーマンスを挿入したり、一九四八年にジャマイカから移民労働者を運んできた〈エンパイア・ウィンドラッシュ〉号を登場させたりすることで、イギリス社会の多文化的な実態を鮮やかに描いた。しかし与党保守党のとある下院議員は、式典の模様を「左翼……のたわごと」などとツイートし、SNS上に政治家も市民も巻き込んだ激しい論争が展開された（Gildea 2019, 211; 浜井 二〇一七、五六—五七）。

コロナ禍で世界中が緊迫した二〇二〇年には、アメリカの人種差別抗議運動に触発される形で、植民地支配に関与した人々の像に対する攻撃がイギリス各地で相次いだ。このとき、一七世紀後半に奴隷貿易で巨万の富を築いたエドワード・コルストンや、一九世紀末のアフリカで帝国拡大を牽引したセシル・ローズとともに標的となったのが、〈一九四〇年〉の物語を体現するあのチャーチルであった。

二〇二〇年六月、ロンドンの国会議事堂前にたたずむ彼の銅像は、黒のスプレーで「人種主義者」と落書きされた。この事件を報じる『ガーディアン』紙やBBCは、チャーチルが戦争指導者としての誇るべき一面と併せて、人種差別的な帝国主義者の顔を持っていたことを指摘している（Walker 2020; BBC News 2020）。

他方、時の首相で『チャーチル・ファクター』の著者でもあるジョンソンは、「この国とヨーロッパ全体をファシストかつ人種主義的な専制から救った（チャーチルの——引用者注）功績」について、SNSの公式アカウントから発信した。このツイートには、二〇二三年一二月初旬の時点で一万五〇〇〇を超えるリツイート、八万六〇〇〇以上のいいねを確認することができる（Johnson 2020）。

おわりに

現代のイギリスは、国家の軌跡をどう理解し、それをいかに語るかについて、容易には埋めがたい亀裂を抱えている。第二次大戦後に解体された帝国と、その帝国が存在していた時代のイギリスは、とりわけ論争的な過去だ。今や人口の約二割を占める非白人、その中でもイギリスの旧植民地国からの移民とその子孫にとって、帝国にまつわる過去は自らのルーツと結びついた、すぐれて機微な問題なのである。

こうした現状を踏まえると、帝国の足跡を黙殺してイギリスを英雄視する〈一九四〇年〉の物語が、現代のイギリス社会に共有されることはまずないだろう。物語の中でイギリスはデモクラシーの救済者として脚光を浴びる一方、側に控えて主役を支えていたはずの植民地は、歴史の闇に置き去りにされていた。かくも歪んだ国家像が、国政をあずかるエリートによって今後も想起されるなら、社会の一角に積もった不満はいずれ顕在化するとも考えられる。それが政治全般への幻滅であれ、マジョリティの白人に対する憎悪であれ、歴史認識とアイデンティティが本格的に連動した社会対立は、イギリスのデモクラシーにとって好ましくない事態であろう。

もちろん、二〇一六年が例外だった可能性はある。本章で取り上げたのは、EUに批判的な保守党下院議員の中でも、特に強硬な立場で知られる数人の政治家にすぎない。しかも彼らが〈一九四〇年〉を想起したのは、一義的にはキャンペーン戦術として、EU離脱という対外政策の転換を正当化するためであった。ブレグジットが完了した今、一連の言説は他愛のないエピソードとして軽く受け流す方が適切かもしれない。

だが、そうではない可能性もある。現在（二〇二三年一二月初旬）イギリスで政権を担う保守党では、ブレグジット支持の議員が依然として無視しえない影響力を持っている。国民投票後で最も多いときには、保守党下院議員のおよそ三割が、強硬な欧州懐疑派による〈欧州研究グループ（ＥＲＧ）〉に関わるものとみられた（Payne and Parker 2022）。現スナク政権でも、内相・枢密院議長・住宅相・北アイルランド相といった閣僚職をＥＲＧメンバーが占めている。

一方でイギリスとＥＵ諸国の関わりは、貿易・金融・エネルギー・環境など幅広い分野で今後も続く。ロシアのウクライナ侵攻を受けて、安全保障やインテリジェンスに関しても、両者の協力はますます求められるはずだ。こうした状況の下、イギリスとヨーロッパの関係がふたたび国民的に議論される事態となれば、〈一九四〇年〉の物語はしぶとく甦るのではないか。そのときイギリスの政治と社会がいかなる様相を呈するか、決して楽観することはできない。

現代のイギリスは、ＥＵのくびきからは解放されても、自らの過去に囚われ続けている。議会政治の母国に訪れたデモクラシーの危機は、まだ始まったばかりといえそうだ。

注

（1）より正確には、フランスがドイツに降伏した一九四〇年六月から、独ソ戦の勃発を機に英ソが相互援助を約した一九四一年七月までが、イギリスにとって主たる同盟国が不在の時期であった。以下、過去の事実それ自体ではなく過去のイメージに言及する場合、〈一九四〇年〉と括弧を付して表記する。

参考文献

秋田茂（二〇一二）『イギリス帝国の歴史——アジアから考える』中公新書。
アルヴァックス、モーリス（一九八九［一九五〇］）『集合的記憶』小関藤一郎訳、行路社。

遠藤乾（二〇一六）『欧州複合危機――苦悶するＥＵ、揺れる世界』中公新書。

小川浩之（二〇一二）『英連邦――王冠への忠誠と自由な連合』中公叢書。

川北稔編（二〇二〇）『イギリス史（下）』山川出版社。

木畑洋一・秋田茂編著（二〇一一）『近代イギリスの歴史――一六世紀から現代まで』ミネルヴァ書房。

君塚直隆（二〇二二）『イギリスの歴史』河出書房新社。

ジョンソン、ボリス（二〇一六［二〇一四］）『チャーチル・ファクター――たった一人で歴史と世界を変える力』石塚雅彦・小林恭子訳、プレジデント社。

デイ、スティーブン・力久昌幸（二〇二一）『「ブレグジット」という激震――混迷するイギリス政治』ミネルヴァ書房。

浜井祐三子（二〇一七）「記憶は誰のものか?――多文化社会イギリスにおける『記憶』と『歴史』」浜井祐三子編『想起と忘却のかたち――記憶のメディア文化研究』三元社。

ビーヴァー、アントニー（二〇一五［二〇一二］）『第二次世界大戦 一九三九―四五（上）』平賀秀明訳、白水社。

細谷雄一編（二〇〇九）『イギリスとヨーロッパ――孤立と統合の二百年』勁草書房。

細谷雄一（二〇一六）『迷走するイギリス――ＥＵ離脱と欧州の危機』慶應義塾大学出版会。

ホワイトヘッド、アン（二〇一七［二〇〇九］）『記憶をめぐる人文学』三村尚央訳、彩流社。

益田実（二〇〇六）「第二次世界大戦とイギリス帝国」佐々木雄太編著『世界戦争の時代とイギリス帝国（イギリス帝国と二〇世紀 第三巻）』ミネルヴァ書房。

BBC News (2020) "Churchill Statue 'May Have To Be Put in Museum', Says Granddaughter," June 13, 2020, https://www.bbc.com/news/uk-53033550 [accessed Dec. 5, 2023].

Davis, David (2016) "Britain Would Be Better Off Out of the EU – And Here's Why," *Conservative Home*, Feb. 4, 2016, https://conservativehome.com/2016/02/04/david-davis-britain-would-be-better-off-out-of-the-eu-and-heres-why [accessed Dec. 5, 2023].

Fox, Liam (2016) "Fox on Friday: Brexit Can Liberate Europe for the Third Time in 100 Years," *Conservative Woman*, Apr. 22, 2016, https://www.conservativewoman.co.uk/fox-on-friday-brexit-can-liberate-europe-for-the-third-time-in-100-years [accessed Dec. 5, 2023].

Gildea, Robert (2019) *Empires of the Mind: The Colonial Past and the Politics of the Present*, Cambridge: Cambridge UP.

Gregory, Adrian (2008) *The Last Great War: British Society and the First World War*, Cambridge: Cambridge UP.

Jeffery, Keith (1999) "The Second World War," in Judith M. Brown and Wm. Roger Louis, eds., vol. 4 of *The Oxford History of the British Empire*, Oxford: Oxford UP.

Johnson, Boris (2016) "There Is Only One Way To Get the Change We Want – Vote Go," *Daily Telegraph*, Feb. 22, 2016, 18.

Johnson, Boris [@BorisJohnson] (2020) "The statue of Winston Churchill ...," Twitter, June 12, 2020, 07:25 p.m., https://twitter.com/BorisJohnson/status/1271388180193914880 [accessed Dec. 5, 2023].

Johnston-White, Iain E. (2017) *The British Commonwealth and Victory in the Second World War*, London: Palgrave.

Mordaunt, Penny (2016) "If We Leave, It Will Be in Sorrow, Not in Anger," *Daily Telegraph*, Feb. 26, 2016, 20.

Office for National Statistics (2022) "Ethnic Group, England and Wales: Census 2021," https://www.ons.gov.uk/peoplepopulationandcommunity/culturalidentity/ethnicity/bulletins/ethnicgroupenglandandwales/census2021 [accessed Dec. 5, 2023].

Parliamentary Debates (1940), UK, House of Commons, 5th ser., vol. 361., June 4.

Parliamentary Debates (1940), UK, House of Commons, 5th ser., vol. 362., June 18.

Payne, Sebastian and George Parker (2022) "Hardline Pro-Brexit Conservatives Return to Vanguard of Party Politics," *Financial Times*, June 15, 2022, 3.

Reynolds, David (2005) *In Command of History: Churchill Fighting and Writing the Second World War*, New York: Basic.

Reynolds, David (2017) "Britain, the Two World Wars and the Problem of Narrative," *Historical Journal* 60 (1), 197–231.

Reynolds, David (2019) *Island Stories: An Unconventional History of Britain*, London: William Collins.

Ross, Tim (2016) "'Britain Can Be the Hero by Stopping EU from Getting Out of Control (Exclusive Interview of Boris Johnson)'," *Sunday Telegraph*, May 15, 2016, 4.

Smith, Malcolm (2000) *Britain and 1940: History, Myth and Popular Memory*, London: Routledge.

Walker, Peter (2020) "'We Cannot Edit Our Past': Boris Johnson's Statue Tweets Explained," *Guardian*, June 12, 2020, https://www.theguardian.com/politics/2020/jun/12/we-cannot-edit-our-past-boris-johnsons-statue-tweets-explained [accessed Dec. 5, 2023].

第*10*章　ロシアのポピュリズム的個人支配体制
――その成立と問題点

大串　敦

はじめに

ウラジーミル・プーチンの個人支配に体現されるような現在のロシアの政治体制を、ポピュリズムということは可能だろうか。可能だとすればどのような意味でポピュリズムといえるのだろうか。また、その政治体制はどのように形成されてきたのか。その脆弱性はどこにあるのか。さらに、二〇二二年二月に始まったロシアによるウクライナ侵攻の背景として、この個人支配体制はどのような影響を持ったのか。本章は、こうした一連の問いを考察することを課題にしている。もっとも、これらは極めて大きな問いであり、それぞれに緻密な実証研究の課題となりうるが、ここではこれを行うことはできない。今後の微視的な研究のために、問題の所在を明らかにしたい。

Ⅰ　ポピュリズム研究の戦略的アプローチとロシア政治

近年多用されてきた「ポピュリズム」は、数多くの政治学の概念の中でも、とりわけ多義的である（整理として、板橋 二〇二一）。実際に、プーチンはポピュリストではない、という主張は有力に唱えられているが、多分に問題はポピュリズムの定義にある。ポピュリズムへのアプローチは、大別して三つあるとされる。第一のアプローチは、理念的アプローチである。これによれば、ポピュリズムは「純粋な」人民の一体性に「腐敗した」エリートを対置させ、人民の一般意思による政治を志向するイデオロギーである。近年のポピュリズム研究でもっとも有力な潮流であるこの理念的アプローチは、プーチンの政治スタイルを理解するうえで問題を抱えている。もっとも大きな問題は、プーチンは自身を人民と一体化するような言説をめったに用いない、という点にある。これは明確にポピュリスト的な傾向を持っているベラルーシのアレクサンドル・ルカシェンコ大統領の言説とプーチンの言説を比較しても明らかである（Lassila 2018; March 2017）。

第二のアプローチは、社会文化的アプローチである。これは政治におけるパフォーマンスに焦点を当て、自らが「下層」であることを誇示するスタイルをポピュリズムと呼ぶ。この場合、必ずしも権力を持っている政治家や組織された社会活動家のスタイルではなく、それらも含んだ、社会全般にみられるパフォーマンスであるという。プーチンの政治スタイルは、確かに時として意図的に粗野なポーズを示すことがあり（第二次チェチェン戦争時にプーチンが発した言葉などは有名である）、この限りにおいて社会文化的アプローチの意味で、プーチンにポピュリスト性はあるが、これがプーチンの政治スタイルを特徴づけているとまではいえない。時に俗語表現を用いることもあるが、基本的には公的な場ではハイ・カルチャーにのっとった言説を用いる。儀礼の一切を拒否しようとしたアメリカのトランプ大統領とはかなり異なる。

第三のアプローチは、戦略的アプローチである。戦略的アプローチとは、政治家の戦略としてポピュリズムをとらえるアプローチである。ウェイランドは「個人主義的なリーダーが、大多数のおおよそ組織されていない追随者からの、直接的、非媒介的、非制度的な支持に基づいて、政府の権力を求めたり、行使したりする政治戦略」とまとめている（Weyland 2001）。この意味では、現在のプーチンの政治スタイルもポピュリスト的といえる要素を多く含んでいるとみなすことができる[1]。確かに二〇〇〇年に大統領に就任してから、プーチンは与党統一ロシアの建設をはじめ、支配の組織化を試みてきた。しかし、二〇一一年の下院選挙での統一ロシアの事実上の敗北とその後の選挙不正に対する抗議デモは、この組織化には限界があることを示した。統一ロシアのような政党や議会などよりもはるかに広範な支持基盤をプーチン体制は作り上げる必要があったといえよう。全ロシア人民戦線の創設もそうした試みの一つであったと考えられる。もっとも、二〇一二年の大統領再選後も支持はなかなか拡大せず、支持拡大の大きなきっかけを与えたのは二〇一四年のウクライナ危機、とりわけクリミア併合であった。これを機にプーチンは組織化された支持を超えて、全人民的な支持を得るに至った。

Ⅱ　ポピュリズムとクライエンテリズム

では、なぜ統一ロシアによって組織化された支持は限界に直面したのだろうか。アジアの比較政治を専門とするケニーは、インドの観察に基づいて、中央エリートと地方エリートの間の恩顧主義的互恵関係（クライエンテリズム）が崩壊したときに、中央の政治指導者はポピュリズム戦略に訴える、という興味深い観察をしている（Kenny 2017）。

ロシアでも中央エリートと地方エリートの間の恩顧主義的互恵関係が動揺したとみられる多くの証拠がある。統一ロシア党の建設は、中央エリートと地方エリートの恩顧主義的互恵関係と密接に関係している。ソ連解体期から多くの地方エリート、特に連邦構成主体首長（地方知事）は、地方行政府の影響下にある企業などを中心に自己の動員組織（アメリカのマシーン政治との類推で、しばしば政治マシーンと呼ばれる）を作り上げた。その結果、彼らは一九九〇年代には封建領主のような自律性を獲得し、中央の政策は空回りする状況が生まれた。二〇〇〇年に大統領に就任したプーチン大統領は、この中央―地方関係の混乱に終止符を打つために、中央集権化策を打ち出した。その最たるものは二〇〇四年一二月に導入された地方知事の事実上の任命制であった。一連の中央集権化策によって地方知事は統一ロシア党の下に糾合された。それゆえ、統一ロシアは中央執行権力の指導の下、地方知事が結集した組織である。ここに中央エリートと地方エリートの恩顧主義的互恵関係が生まれる。事実上の地方知事任命制にもかかわらず、プーチンは独自の資源を持つ有力な地方知事を多く再任用し続けた。そうすることで、地方知事の身分を保障し、その代償として選挙の際に統一ロシアとプーチンへの動員を求めた。地方知事はプーチンへの忠誠を示すために、自己の地方の選挙民の動員に血道をあげることになる。

しかし、ドミトリー・メドヴェージェフが大統領に就任した二〇〇八年以降、大物地方知事の解任がなされるようになった。こうした知事任命政策へ転換した理由は定かではない。おそらくは、リーマンショックに端を発する世界金融危機が影響し、レント・シーキング（たかり行為）に長けた大物知事は中央にとって障害とみなされたのではないかと推測される。ともあれ、一九九〇年代からの地方知事の任免を体系的に考察してみても、平均在任期間は短縮傾向にあり、新規に任命される知事には、その地方での職務経験を持たない（もしくはわずかしか持たない）「外部者」が少なからず存在した。

地方の利害関係を理解しないこれらの「外部者」知事は、しばしば地方政治に混乱をもたらした。メドヴェージェフ大統領期のムルマンスク州政治は典型例である。当時の州知事エヴドキモフを解任したのち、「外部者」知事を任命し、ムルマンスク州政治は大きな混乱を経験した。ムルマンスク州のみならず、多くの地方でこうした知事任命政策は反発を招き、選挙の際に、中央の動員力の低下を招いた（詳しくは、大串 二〇一三）。地方選挙でも統一ロシアの集票の低下がみられ始め、二〇一一年の議会選挙では、統一ロシアは議席数でかろうじて過半数を維持できたにすぎなくなった[2]。この結果でさえ、不正な結果であるとして、大規模な反政府デモが繰り広げられた。中央と地方の恩顧主義的互恵関係が動揺したのである。こうして、プーチンは地方の政治マシーンを糾合した統一ロシアに限定されない、広範な社会層に支持を求めるポピュリスト戦略を採用する必要性が生じた（詳しくは、大串 二〇一八a：二〇一八b）。

Ⅲ　権威主義化の波

このポピュリスト戦略を採用するにあたって大きな機会を与えたのは、先述の通り、ウクライナ危機とクリミア併合である。対外的な脅威感がポピュリズム戦略に大きな機会を与えたといえる。そこで、権威主義化の国際的側面を考察する必要がある。体制変動の国際的な波及に関しては、従来、欧米などの民主制の国と関係が深い国は民主化しやすいという単純化された関係が想定されてきた（Levitsky and Way 2010; Bunce and Wolchik 2012）。こうした議論に対し、権威主義化の逆波を理論化したのが、主にラテンアメリカ諸国を研究するウェイランドである。ウェイランドは、一九七〇年代のラテンアメリカ諸国における軍事政権成立の波の起源を、キューバ革命の波及に脅威感を覚えた既存エリートの国内秩序維持に求めた（Weyland 2016; 2019a）。この際、当該国で客観的に共産主義革命が生じる条件がそろっているかは問題ではない。むしろ、政治エリートが共産主義革命を脅威だと主観的に認識していることが重要である。ラテンアメリカ諸国では、客観的にみてキューバ革命に追随する革命が生じる可能性は低かったが、軍部をはじめとした政治エリートたちは主観的には脅威感を抱き、客観的な必要以上に抑圧的な体制が成立した。

ここで、キューバ革命を二一世紀の民主化革命に置き換えた場合、ロシアの政治エリートが旧ソ連諸国における「民主化革命」に覚える脅威感がロシア国内政治に与える影響を理解できる(3)。二〇〇〇年代のいわゆる「色の革命」や二〇一一―一二年の「アラブの春」、二〇一一年末から一二年にかけてのロシアでの抗議運動、二〇一四年のウクライナのユーロマイダン革命に至るまで、プーチンをはじめとする政権エリートは「すべてアメリカの策謀によって生じた」という認識を持つに至った。この認識が事実に照して真実であるかどうかはここでは問題ではない。政権エリートが、主観的に信じ込み、その認識に基づいて行動した点が重要である。例えば、「色の革命」に対抗して、二〇〇五年に愛国主義的若者組織の「ナーシ」を組織した（西山 二〇一八）。また、二〇一二年には外国から資金を受けて政治活動をしているNGOを「外国のエージェント」として登録する法整備がなされた。その後も抗議活動の規制強化などが行われた。こうして、民主化促進に脅威を覚えた政権エリートが抑圧的な政策を強化する傾向がみられた。

もっとも、民主化促進がロシアでは権威主義化を招いたとしても、どのような権威主義体制になるのかを決定するわけではない。ラテンアメリカにみられたような軍事政権でもなく、共産党体制のような政党支配でもない、個人支配体制に接近した理由の一つは、ロシアの政治エリートが抱いた安全保障恐怖症にあると考えられる。一九三〇年代のソ連においてスターリンをはじめとした指導部が対独恐怖症を抱き、それが大テロルとスターリンの個人支配誕生の一因になったことにもみられるように、安全保障恐怖症は、高度に個人支配化された権威主義体制を生み出しがちである。

ソ連解体後のロシアの対西側の安全保障環境はジグザグをたどりながらも悪化していったといえよう。一九九九年のNATO（北大西洋条約機構）によるコソヴォ空爆は、ロシアのNATO認識に大きな影響を与え、一九九九年と二〇〇四年のNATOの東方拡大、特に第二次拡大は、ロシアに大きな脅威感を植えつけた。「色の革命」を経験したジョージア（グルジア／サカルトヴェロ）とウクライナがNATO加盟を目標としたことは、西側による民主化促進をロシアに対する安全保障上の脅威としても認識する傾向に拍車をかけた。二〇二二年に始まるウクライナ侵攻の直前にロシア側がウクライナのＮＡＴＯ非加盟を書面によって保証せよと要求していたのはよく知られている。客観的にみればウクライナのＮＡＴＯへの正式加盟の可能性は当時ほとんどなかったので、この要求は奇異であったが、ロシアの指導部は主観的には真剣であっただろう(4)。

一般に、ポピュリストが体制を構築する際、組織されざる多くの人々へアピールする必要から、権威主義体制の中でも個人支配体制に近づく（Weyland 2019b）。ロシアでは、こうした一般的な傾向に加えて、対外的な脅威に対抗できる指導者として、プーチンへの支持が高まったことは、彼の個人支配の様相を強めた。ロシア国民がプーチンの功績としてもっともあげてきた点は、「ロシアを大国として復活させた」ことである。クリミア併合を機に、大国としてのロシアの譲れない一線を示したとして、国民の多くはプーチンを強く支持した。そしてプーチンは組織されざる人々へもアピールし、「全人民の指導者」として立ち現れることとなった（大串 二〇一八b）。

こうして国民からプーチン個人が強く支持される一方で、政権内部での個人支配化も進んだ。独裁体制はしばしば集団指導体制から個人支配へ移行する傾向を持つ（Svolik 2012）。ロシアでもプーチン個人への権力集中が二〇〇四年以降、段階を経て徐々に進んだことが主張されている。それによれば、特に二〇一二年に大統領に復帰して以降、プーチンは他のエリートから抜きん出た存在になったという（Baturo and Elkink 2021）。安全保障恐怖症はこれに拍車をかけたと考えられる。ロシア・ウクライナ戦争を事例に考察してみたい。

Ⅳ　ロシア・ウクライナ戦争への含意

プーチンが個人支配体制を構築したことが、今回のロシア・ウクライナ戦争に持つ含意は次の点にみられよう。第一に、戦争への意思決定過程も個人主義化していた点である。安全保障にかかわる決定はどの国でも多かれ少なかれ公式の制度外の、非公式で個人化された意思決定がなされがちな分野である。しかしながら、ロシアでは、安全保障恐怖症が大きい場面で、より個人主義化された決定がなされる傾向がみられる。シリアに対する軍事侵攻、クリミア半島併合、ドンバス戦争、そして二〇二二年の対ウクライナ戦争を簡単に比較してみよう。シリアでは、外務省、軍、諜報機関などの公式の制度が意思決定に影響を与えており、二〇一五年五―八月上旬に正式決定したとされる（松里 二〇二二）。他方、クリミア併合は二〇一四年二月二二日から二三日にかけて、プーチン、パトルシェフ安全保障会議書記、ボルトニコフ連邦保安庁長官、ショイグ国防相、イワノフ大統領府長官の五人で決定したといわれている（Zygar' 2016, 336–338）。ここにはラブロフ外相も、メドヴェージェフ首相もいない。また、ドンバス戦争への関与の決定過程の詳細はいまだにはっきりしないが、安全保障会議などの公式の制度が影響した形跡はない。最後に、二〇二二年二月の対ウクライナ戦争では、プーチン、パトルシェフ、ショイグ、ゲラシモフ参謀総長の四人のみで決定したとの説がある（大串 二〇二二）。このうち、ショイグとゲラシモフは意思決定者というより、決定の遂行者として関与した可能性が高いように思われる。すると、肝心の決定はプーチンとパトルシェフでのみ行われたことになる。テレビ中継された安全保障会議では、ナルイシキン対外諜報庁長官がプーチンに叱責され動揺する様やラブロフ外相が決定の蚊帳の外に置かれている様をみせつけた。安全保障会議のようなトップ・エリートの間でさえ、合意が存在しておらず、プーチン体制が高度に個人支配化されていることを示した。

以上をみると、シリアではそれなりに制度化された意思決定過程がみられた点には留意する必要がある。これはシリアがロシアにとって安全保障上の脅威ではないのに対して、ウクライナは、少なくともロシアの指導部にとって、主観的には直接の安全保障上の脅威であったことに関連している。直接の安全保障上の脅威に関して決定する際には、「第五列（内部の敵）」を避ける強い誘因が生まれる。これが極度に非公式な意思決定の要因となったと推測される。こうして、安全保障恐怖症が個人支配を強固にしているのである。

とはいえ、第二に、このような個人主義化された決定は、指導者個人の思い込みや偏見、さらには指導者に忖度した情報を直接に反映してしまう可能性が高い。これはロシア・ウクライナ戦争の初期に如実に示された。ウクライナ側の抵抗の強さを読み誤ったばかりでなく、軍事作戦としても極めて杜撰であったことは軍事専門家が主張する通りであろう（小泉 二〇二二）。ロシア側がこのような状態を修正するのに、半年以上を要した。

おわりに――個人支配の問題点

国内における中央エリートと地方エリートの恩顧主義的互恵関係の動揺と、対外的な脅威感の上昇が相まって、ロシアにおいてポピュリスト的な個人支配が成立した。もっとも、この個人支配体制はいくつかの点で問題を抱えている。第一に、プーチンの個人支配の度合いが高まれば、それだけプーチンに代わるものを見出すことが困難になる。二〇二〇年に憲法を修正して、二〇二四年以降もプーチンが大統領にとどまることを可能にした一つの理由は、内外政ともにプーチンに依存しすぎており、プーチンがいなくなった時にどうなるか、現在の政権エリートにもわからないという不安感があったものと考えられる。

第二に、プーチン個人に多くを依存する体制では、社会・経済のもろもろの問題がプーチン自身の責任に直結することを意味している。二〇一八年の年金制度改革に際しては、政府への責任転嫁をはかったが、プーチンの支持は漸減してきたし、二〇二〇年からのコロナ禍でも、地方知事への責任転嫁をはかったが、これも困難であった。こうした不満の蓄積が、二〇二一年のアレクセイ・ナヴァリヌィ逮捕とナヴァリヌィ側が暴露したプーチンの「宮殿」建設疑惑に対する抗議活動として、噴出したとみることができる。また、現在の戦争でロシアが敗北した場合、その責任はプーチン自身にかかってくる可能性が高い。

とはいえ、現在のプーチン個人に極端に依存する体制を前提にすると、仮に今次の戦争によってプーチン体制が瓦解すると、ロシア国内は単なる指導者の交代にとどまらない、大規模な政治闘争を経験する可能性も排除できない。一般にポピュリスト的な支持は維持することが容易ではない。プーチンは今後このポピュリスト的な個人支配の問題から逃れることができるだろうか。

注

(1) この戦略的アプローチのロシアへの適用も問題がないわけではない。プーチンはポピュリストというよりも国家主義者であり、人々の動員をあまり行わず、むしろ脱動員化させて安定を作り出したことに特徴がある、とイギリスのロシア研究者のマーチは主張している (March 2023)。本章では、その限界に留意しつつ、戦略的アプローチを採用して、そこからロシア政治を理解する手がかりを得ようとするものである。

(2) こうした知事任命と選挙動員の関係について、詳しくは、鳥飼（二〇二〇）; Reuter and Robertson (2012); Reuter (2013); 大串（二〇一三）。また、Ogushi (2017); 大串（二〇一八a）も見よ。

(3) アメリカの民主化促進をはじめとした対外的脅威感がロシアの権威主義化を促したと主張する論文として、Darden (2017)。ウェイランド自身、ロシアの権威主義化が民主化革命へのリアクションであった可能性を論じている (Weyland 2019a: 237–239)。

(4) 本稿はロシア・ウクライナ戦争の原因を論じるものではない。筆者はロシア・ウクライナ戦争の原因は地政学的な対立と、ドンバスの分離主義運動が交錯したところで生じたと考えている。簡単なアウトラインとして、大串（二〇二三）を参照。

参考文献

板橋拓己（二〇二一）「ポピュリズム研究の動向」(https://www.tkfd.or.jp/research/detail.php?id=3673)。

大串敦（二〇一三）「支配政党の構築の限界と失敗——ロシアとウクライナ」『アジア経済』第五四巻第四号、一四六—一六七頁。

大串敦（二〇一八a）「重層的マシーン政治からポピュリスト体制への変容か——ロシアにおける権威主義体制の成立と展開」川中豪編『後退する民主主義、強化される権威主義——最良の政治制度とは何か』ミネルヴァ書房、一五九—一八八頁。

大串敦（二〇一八b）「全人民の指導者——プーチン政権下のロシア選挙権威主義」『国際問題』第六七六巻、五—一四頁。

大串敦（二〇二二）「ロシアの政策決定過程とウクライナ侵攻――ブラックボックスの中」『ロシアＮＩＳ調査月報』第六七巻第六号、二〇―二九頁。

大串敦（二〇二三）「ウクライナ――ロシア・ウクライナ戦争への道」溝口修平・油本真理編『現代ロシア政治』法律文化社、一九三―一九五頁。

小泉悠（二〇二二年）『ウクライナ戦争』筑摩書房（ちくま新書）。

鳥飼将雅（二〇二〇）「アウトサイダーの増加とそのペナルティ――ロシアの知事人事の変化とその選挙動員への影響、一九九一―二〇一九年」『ロシア・東欧研究』第四九号、一四四―一六六頁。

西山美久（二〇一八）『ロシアの愛国主義――プーチンが進める国民統合』法政大学出版局。

松里公孝（二〇二一年）「シリア戦争とロシアの世界政策」『スラヴ研究』第六八号、七一―一〇五頁。

Baturo, Alexander and Johan A. Elkink (2021) *The New Kremlinology: Understanding Regime Personalization in Russia*, Oxford: Oxford University Press.

Bunce, Valerie J. and Sharon L. Wolchik (2012) *Defeating Authoritarian Leaders in Postcommunist Countries*, New York: Cambridge University Press.

Darden, Keith (2017) "Russian Revanche: External Threats & Regime Reactions," *Daedalus*, Vol. 146, No. 2, pp. 128–141.

Kenny, Paul D. (2017) *Populism and Patronage: Why Populists Win Elections in India, Asia, and Beyond*, Oxford: Oxford University Press.

Lassila, Jussi (2018) "Putin as a Non-populist Autocrat," *Russian Politics*, Vol. 3, No. 2, pp. 175–195.

Levitsky, Steven and Lucan A. Way (2010) *Competitive Authoritarianism: Hybrid Regimes After the Cold War*, New York: Cambridge University Press.

March, Luke (2017) "Populism in the Post-Soviet States," in Cristobal Rovira Kaltwasser, Paul Taggart, Paulina Ochoa Espejo, and Pierre Ostiguy eds. *Oxford Handbook of Populism*, Oxford: Oxford University Press.

March, Luke (2023) "Putin: populist, anti-populist, or pseudo-populist?" *Journal of Political Ideologies*, online first.

Ogushi, Atsushi (2017) "Weakened Machine Politics and the Consolidation of a Populist Regime? Contextualization of the 2016 Duma Election," *Russian Politics*, Vol. 2, No. 3, pp. 287–306.

Reuter, Ora John Reuter (2013) "Regional patron and hegemonic party electoral performance in Russia," *Post-Soviet Affairs*, Vol. 29, No. 2, pp. 101–135.

Reuter, Ora John and Graeme B. Robertson (2012) "Subnational Appointment in Authoritarian Regimes: Evidence from Russian Gubernatorial Appointments," *The Journal of Politics*, Vol. 74, No. 4, pp. 1023–1037.

Svolik, Milan (2012) *The Politics of Authoritarian Rule*, New York: Cambridge University Press.

Weyland, Kurt (2001) "Clarifying a Contested Concept: Populism in the Study of Latin American Politics," *Comparative Politics*, Vol. 34, No. 1, pp. 1–22.

Weyland, Kurt (2016) "Patterns of Diffusion: Comparing Democratic and Autocratic Waves," *Global Policy*, Vol. 7, No. 4, pp. 557–562.

Weyland, Kurt (2019a) *Revolution and Reaction: The Diffusion of Authoritarianism in Latin America*, Cambridge: Cambridge University Press.

Weyland, Kurt (2019b) "Populism and authoritarianism," in Carlos de la Torre ed. *Routledge Handbook of Global Populism*, Abingdon: Routledge.

Zygar', Mikhail (2016) *Vsia kremlevskaia rat': Kratkaia istoriia sovermennoi Rossii*, Moscow: Intellektual'naia literature.

第11章　現代日本のポピュリズム
――ノスタルジーとロマン主義

ジョン・ニルソン＝ライト
（長野　晃・訳）

はじめに

世界は政治的に、よりいっそう危険で予測不能になった。二〇一六年六月二三日の投票でイギリスは予期せざるＥＵ脱退を決め、同年一一月にはドナルド・トランプがアメリカ合衆国大統領に当選した。これにより突如として情勢が変わり、リベラル・デモクラシーに対する信頼はそれ以来低いままであるように見える。西ヨーロッパでは極右ナショナリスト政党が興隆し、ハンガリーやポーランド、その他の国では権威主義的政府が生まれて憲法規範が弱体化し、自由なメディアや開かれた社会の存亡に関わる脅威が生じた。かつては自信たっぷりに「歴史の終わり」が断言され、リベラル・デモクラシーの勝利が謳《うた》われていたが、いったい何が生じているのか。そのような懸念を、以上の事実が引き起こしている。単純に説明しようとすれば、経済的変化に焦点を当てることになる。二〇〇八年の金融危機、グローバリゼーションの拡大、経済的パワーの中心が西から東に相対的に移動したことが、かつては安定していたヨーロッパと北アメリカの中産階級社会の福利を掘り崩した。期待できる生涯所得が著しく減少し、教育・住居・福祉・退職のコストが上昇したが、このことにそれぞれの個人は順応せざるを得なくなった、というわけである（Luce 2017）。

このように経済的近代化の恩恵に対する自信に満ちた信念に歯止めがかかったわけであるが、しかしこのことは、より複雑なストーリーの一部に過ぎない。同じように重要なのは、より論争的で分極化していた時代の遺物であると思われていた政治的行動の循環的パターン、とりわけ前世紀におけるヨーロッパの戦間期の大変動が再発していることである（Snyder 2017〔スナイダー 二〇一七〕）。この大部分が明白なものとなっているのは、ネイションに関わる歴史的な神話や主題の復活にしばしば根ざしている、怒り・憤懣・反多元主義的な排除の政治への変化においてである。このことは、トランプが巻き起こした「アメリカ・ファースト」運動やドイツのケムニッツで生じたネオナチの集団的デモ、ヨシフ・スターリンの評判を回復させるロシアでの試みに見て取ることができる。

I　怒りをもって振り返る

改めて過去に魅力を感じ、外形的に近代を拒絶すること、すなわちアメリカの知識人であるマーク・リラが「ノスタルジーの政治」（Lilla 2016〔リラ 二〇一七〕）として言及した傾向を、われわれはいかに説明すべきであろうか。説明の鍵となるのは、個人や集団の行動を形作るに際して理性というよりも情念が中心的な役割を果たしていることであり、加えてこの文脈において、政治生活を勢いづける要素としてアイデンティティ・ポリティクスが再発していることである。フランシス・フクヤマ――歴史は終焉したと一九八九年に最初に（ヘーゲルを呼び戻すことで論争的に）主張した当の人物――は、近著の中で「新たな部族主義とデモクラシーの危機」を指摘することで、この傾向の顕著な特徴をとらえた（Fukuyama 2018, 90–114）。フクヤマはプラトンの言葉を借りて、このように内面生活に没頭し、個人的および集団的レベルで自己と関わることの背後にある衝動とは、承認欲求ないし「テュモス（気概）」（Fukuyama 2018, 93）である、とする。この説明は直観的には魅力的であると思われ、現在の気分のいくらかを捉えてはいる。例えば、アメリカやイギリスのように多様な社会――そこでは評論家たちが「インサイダーとアウトサイダー」の間の、あるいは「エニウェア族とサムウェア族」の間の亀裂について語っている（Richards 2017; Goodhart 2017）のだが――の中には、置き去りにされているという感覚を抱く者がいるのである。

しかしながら、承認を求める欲望を過小評価しないとしても、この説明はあまりにも射程が狭いように思われる。アイデンティティ・ポリティクスの力と、それと関係するポピュリズムの動きは、はるかに多面的な現象なのである。そこに含まれているのは承認欲求だけではない。逆説的に聞こえるかもしれないが、それと並行する形で、他者に対する承認を拒否する動機が含まれている。この現象の基にあるのは、紛争を助長しコンセンサスや和解を妨害する、一方的に断じて分極化をもたらす排除的傾向なのである。ポピュリズムを格別鋭く分析したヤン゠ヴェルナー・ミュラーの言葉によれば、その基にあるのは、「(……)政治を特定の道徳主義的な仕方で想像すること、すなわち、道徳的で純粋で完全に統一された――しかし(……)究極的には擬制に基づく――人民と、腐敗しているか、何らかの形で道徳的に劣っているとされたエリートとを対置するように政治世界を認識する仕方」である(Müller 2016, 19–20〔ミュラー二〇一七、二七〕)。最も極端なものになると、ポピュリズムはエリートの拒絶のみならず、より広範で遥かに破壊的な形式のニヒリズムに至る。すなわち、パンカジ・ミシュラが新たな「怒りの時代」として描いたものに火をくべるような、「否定的連帯」の一形態と化すのである。重要なことにこの傾向は、歴史を深く遡る先祖を持ち、ロシアの大小説家フョードル・ドストエフスキー、ドイツの哲学者ヨハン・ヘルダー、イタリアのナショナリストであるガブリエーレ・ダンヌンツィオのように多様な一八・一九世紀の著作家たちが行った説明の中に映し出されている。

そのような作家たちが主に関心を寄せたのは、歴史的正統性に加え、集団的アイデンティティの基盤となる、文化的に規定されたネイションの物語が持つ力である。同じく重要なのは、理性に対して情動を特権化し、個人的/集団的な努力を神格化したものである闘争とレジスタンスに焦点を当てる傾向である。これらは単に既得権に挑戦する仕方ではなく、むしろそれ自体が賛美すべき目的なのである。今日のポピュリズム運動は、同様の関心によって駆り立てられており、際立ったことに、相対的な経済的衰退を経験している西洋だけでなく、グローバルに自らの存在を示している。これは、次のようにミシュラが述べる通りである。

移民やマイノリティ、「他者」と名指しされた者たちへの憎悪の扇動が表舞台に登場してきた。「二度と再び」という教訓に基づいてナチス後の政治や文化を築き上げてきたドイツでさえ変わらない。憎悪や悪意をもって怒りを爆発させる人々——アメリカ大統領選の予備選挙の際に、メキシコからの移民を「強姦魔」と呼び、シリアの難民を「狂犬」にたとえた共和党有力候補者のような——は、新旧のメディアのいずれでも見慣れた光景となっている。民族やサブ民族の次元での大量殺戮と反乱の悪循環が長期化する中、インドにおける毛沢東主義ゲリラ、チベットにおける僧侶の焼身自殺、スリランカとミャンマーにおける仏教徒による民族浄化など、時代遅れであるとともに目新しい奇妙なことが生じている（Mishra 2017〔ミシュラ 二〇二一〕）。

排除主義的で移民に敵対的な、そのような危険な傾向はもちろん、移民に対するバックラッシュにおいて、自らのエネルギーを注ぐ格好の標的を見出した。そのインパクトが実質的に脅威となっているか、無害であるか、実際に明白であるかを問わず、それは様々な国々で生じている。（トルコのレジェップ・タイイップ・エルドアン、ハンガリーのヴィクトル・オルバン、アメリカのトランプのような）主義主張を持たないポピュリスト指導者やデマゴーグは、アウトサイダーに対する恐怖や、憤懣とアイデンティティ・ポリティクスの興隆を、敵を周縁化して汚名を着せ、デモクラシーの安全弁を取り除き、多元主義的政治の核となる想定を掘り崩すために利用してきた。

Ⅱ 興隆するロマン主義

こうした政治的権威主義への回帰がもたらす危険な帰結を考慮するならば、アイデンティティ・ポリティクスの回帰に強く反対する見解を表明した者がいることは理解できる。例えばフクヤマは、同化主義政策や、法の支配や人類の平等といった普遍的価値の強化を重視することで、差異の感覚や排他性への欲望を乗り越える必要があると強調する。疑いなく、これらの価値が決定的に重要であることに異を唱える者はほとんどいないだろう。だがそれらを個人や集団の側が持っている排他性への基本的衝動に対処する解決策とみなすことは、ポピュリズムの衝動が持つ力と、本能への訴求力とを過小評価することになる。

時として条件反射的な反応はアイデンティティ・ポリティクスとポピュリズムを否定的ないし退行的な現象とみなすが、われわれはその先に目を向ける必要がある。その一つのやり方は、アイデンティティ・ポリティクスを勢いづける諸価値を、つい近年に至るまで近代西洋社会を支配していた想定と、とりわけ合理的探求と証拠に基づく分析への啓蒙的信念と、対照させることである。新たなポピュリズムの訴求力は、部分的にはロマン主義の力によって説明される——ロマン主義とは、単一の教説というよりは一つの物の見方であり、オックスフォードの歴史家アイザイア・バーリンがもうかなり前に指摘したように、普遍的な真理と慣習的な権威をあからさまに拒絶することを核心に持つ（政治のみならず芸術、哲学、文学を

包含する）思考の多様な集合体である。バーリンによれば、

われわれは（……）ロマン主義に、人間にかかわる事象についての統一的な解答は破滅に通じるであろうという考え方を負っているのである。すなわち、あらゆる人間悪に単一の解決策があり、この解決策をどんな犠牲を払っても押しつけなければならないと実際に信じているならば、あなた方はこの解決策の名において暴力的で専制的な暴君となるであろうという考え方を負っているのである。多くの価値があり、それらの価値は両立不可能であるという考え方、多元性、無尽蔵さ、人間の与える答えと制度との不完全性といった観念全体、芸術においてであれ、実生活においてであれ、完全で真なりと主張するどんな単一の解答も原理的に完全でも真でもありえないという考え方――こうしたことすべてを、われわれはロマン主義に負っているのである（Berlin 2000, 146〔バーリン 二〇一〇、二二三―四〕）。

最悪の場合、ロマン主義的な衝動は、いかなる形式のものであれ権威に不信を抱き、「フェイク・ニュース」として悪魔扱いするように拒絶することにつながりうる――この傾向はソーシャルメディアの広がりによって増幅されている。それほどけんか腰ではないにせよ、この衝動は、（二〇一八年のワールドカップで優勝したフランスを支配した、歓喜に満ちた祝祭気分のような）国がスポーツで成功することを活気づける排他的な多幸感や、月に人間を送る競争においてアメリカが収めた勝利のような、多様な形式の愛国主義的な国民的努力を支える集団的一体性の感覚を説明する助けとなりうる。

重要なことに、理性に対して情動を特権化するこの傾向は、政治の左右双方に影響を及ぼすことができ、なぜポピュリズムがドイツのＡｆＤやスウェーデンの民主党のような極右集団に限定されず、スペインのポデモスやギリシャのシリザといった進歩的勢力をも惹きつけるかを説明する。いくつかの事例では、二〇一八年に誕生したイタリアの新政権のように、左派と右派のポピュリズム勢力が合流している。この事例では、中道右派の「同盟」と左翼の五つ星運動が連立を組む形をとったのである。

そのようなポピュリズム運動の指導者と支持者にとって、他の政治集団を犠牲にして、時にはそれと直接対決しつつ、自分自身の大義にコミットすることは、異論の余地のないことであり、積極的に奨励されることがしばしばである――この傾向は、ブレグジットをめぐってイギリスで生じている今日の騒然とした政治論争に正確に映し出されている。これが説明するのは政治世界におけるいわば部族主義の増大であり、われわれはそれを世界中で、先進国世界のみならず、新たに発展し急速に産業化しつつある国々において目撃している。後者の一例であるナレンドラ・モディのインドでは、ヒンドゥー・ナショナリズムが、ムスリムに対する暴力的でしばしば深刻に差別主義的な政策を、しばしばナショナル・アイデンティティの排外主義的な歴史的神話の名のもとに引き起こしている。換言すれば、経済が縮小している国々と同様に、経済的進歩を経験している国々でも、過激主義は蔓延しうるのである。

Ⅲ　高まりつつある憤怒

このように排他的で集団主義的な形態のアイデンティティ・ポリティクスの強力な魅力を説明するために、単に思想史研究だけではなく、新たな科学的な方法論にも目を向けることができる。例えば社会心理学者のジョナサン・ハイトは、われわれが自己と他者を見る仕方には不寛容と独善がもともと備わっていることを説得的に論証した（Haidt 2012〔ハイト 二〇一四〕）。われわれの道徳的感受性は、理性ではなく本能の産物であり、われわれの社会を支配している価値や規範はダーウィン的な仕方で、既存の共同体を支え、保護する働きをする。われわれは自らの道徳的信念に執着するが、その理由はそれらが経験的に真であるからではない。そうではなく、そのような信念が他者を犠牲にして、集団的連帯およびわれわれ自身が属する共同体に対する自分たちの排他的なコミットメントを強化する働きをするからなのである。

したがって、合理的な論拠を持つ他者の考えであれば、われわれはそれを容易に受け入れることができる、などと想定することに、われわれは用心深くあらねばならない――これはハイトが西洋社会を全般的に支配しているものとみなす、「合理主義者の妄想」である（Haidt 2012, 103〔ハイト 一五四〕）。しかしだからといって、他者の見解に敬意を表し寛容になろうと努めるべきではない、ということではない。そうではなくただ、アイデンティティに駆り立てられ、しばしば論争的なそれぞれの歴史物語によって等しく活気づけられた二つの共同体の間の差異を解決するのに、経験的な証拠だけで充分であると想定することや、あるいは経験的な証拠が必要であると想定することにさえ、われわれは用心深くあらねばならない、ということである。このことは、国家間関係についても、あるいは国内問題についても、例えばイギリスにおけるEU離脱派と残留派の関係やアメリカにおける親トランプ派と反トランプ派の関係についても当てはまる。

ハイトのいう「正義心」、フクヤマが強調する承認欲求、ミシュラが着目する怒りと憤懣、そしてバーリンが説明するロマン主義的感受性の直観的訴求力、これらすべてはそれぞれの仕方で、ポピュリズム政治の興隆を説明する助けとなる――ポピュリズム政治という現象は、様々な政治形態の中に個別的に現れ、それ自体として多様なものであり、単純化された一般化を拒むものである。しかし一目見ただけでは説明がより困難なのは、ポピュリズムの衝動が根を下ろしていないように見える社会である。鍵となる典型例は、現代の日本である。

おわりに――日本という例外……今のところは

どのように説明したとしても、日本の政治体制は従来と大きく変わらぬ様相にとどまっている。与党である自由民主党は、一九五五年以来、一九九〇年代半ばと二〇〇九年から二〇一二年の短い「幕間」を除けば、継続的に政権の座を掌握している。安倍晋三元首相、および彼よりも年長の政治的盟友の多くは、第二次世界大戦直後にまで遡る長く続く政治家一族に属する昔からの統治エリートを体現する存在であった。安倍の父は一九八〇年代に外務大臣を務め、また祖父の岸信介は一九五七年から一九六〇年までの間、首相であった。第二次安倍政権における副首相の麻生太郎は吉田茂元首相の孫であるが、吉田は一九四五年以降三十年あまり続いた戦後日本の経済発展戦略と、それと比べれば目立たないものであるが、「吉田路線」と呼ばれる外交政策の基礎を据えるのに一役買った人物である。確かに、とりわけ地方レベルでは、ポピュリスト的な政治家も見当たる。元東京都知事の石原慎太郎がそうであったし、その元大阪府知事の橋下徹は、中央政界に挑戦する一匹狼のように駆け抜けた。だが両者とも、全国規模で支持を拡げることはできなかった。ポピュリズムによる衝撃が全国で投じられた直近の例は、現東京都知事の小池百合子によるものであった。彼女は二〇一七年の衆議院選挙の間、自民党から議席を奪うべく、「希望の党」と名づけられた草の根運動を組織した。だが彼女の選挙運動は土壇場で崩壊した。その主な理由は、一連の政策公約が矛盾していたことに加え、彼女が自身の新党に、弱体化した野党・民主党の左派系議員を受け入れようとしなかったことにあった。

現代の日本におけるポピュリズムの明白な限界は、日本の経済システムに大きな混乱が生じていないことを反映しているのかもしれない。過去二、三十年の、景気の停滞と低い水準の経済成長は、世界における日本の経済的地位を低下させることになったが、景気後退の痛みは急速ではなく緩やかであった。また相対的に同質的な社会である日本は、ヨーロッパで論争を招いてきた多文化主義や大量移民といった挑戦に直面する必要がなかった。有権者は、二〇〇九年から二〇一二年までの期間の民主党政権が行った福祉重視の再分配政策のようなポピュリズム型の政策に浮気したこともあった。しかしこの時ですら、行政の混乱が、二〇一一年三月に日本が襲われた三重の災害を切り抜けるという挑戦と同様に、すべて民主党の選挙での運命を決するのに手を貸したのだ。つまりは、かつての民主党はいまや、大幅に議席数を減らして分裂した政党となってしまった。

表面的な違いでしかないように見えるにもかかわらず、日本政治はアイデンティティの問題をめぐって鋭く分裂したままである。二〇一九年には、四月に天皇明仁が譲位し、新たな天皇が即位した。新時代の幕開けは、日本においてこれまで論争的であった歴史物語を再考し、保守的な勢力が自らの主張を強調する機会となるだろう。それとは対照的に日本政治の左派において、憲法九条の平和主義へのコミットメントが、象徴的価値を持っている。だがこの価値は、プラグマティックな立場から世界政治に背を向けるというよりは、国際主義と反核運動に深く関与することに特別な意味を見出したいと考える、日本の多くの進歩派の欲求ともつながっている。

現代日本のアイデンティティ・ポリティクスを、これらの一連の核心的な価値をめぐる競争として位置づけることは、あまりにも単純化した図式であろう。両極の間には、政治的分布の両側において、穏健派と極端派の間に微妙な段階的相違が存在する。しかしながら述べるべき重要な点は、排他主義的本能と、アイデンティティ・ポリティクスとロマン主義的衝動に勢いを与える大義にイデオロギー的にコミットすることは、日本でも作用を及ぼしているのであり、これらはほぼ間違いなく、一九世紀および二〇世紀における同時代的な経験の大半が恒常的に示す特徴だったということである。それが未来のどこかの時点でポピュリズム的反動を煽《あお》り立てる潜在力を持っているかどうかは、明らかではない。だがイギリスやアメリカのように、以前はそのような傾向の影響を受けないと思われていた国々において、こうした思潮が予期せぬ速度で根を下ろしてきた。これを前提とするならば、近代化の直線的軌道に沿って進み続け、われわれが他国で目にしているポピュリズムの復活の循環的パターンに日本が抵抗し続けることが容易だと想定することには、用心深くあらねばならないであろう。

参考文献

Berlin, Isaiah (2000) *The Roots of Romanticism*, London, UK: Pimlico, p. 146.〔田中治男訳（二〇一〇）『バーリン　ロマン主義講義』岩波書店、二二三―四頁〕

Fukuyama, Francis (2018) "Against Identity Politics," *Foreign Affairs*, Vol. 97, No. 5 (September/October), pp. 90–114.

Goodhart, David (2017) *The Road to Somewhere*, London: Hurst and Co.

Haidt, Jonathan (2012) *The Righteous Mind. Why Good People are Divided by Politics and Religion*, London: Penguin〔高橋洋訳（二〇一四）『社会はなぜ左と右にわかれるのか――対立を超えるための道徳心理学』紀伊國屋書店〕

Lilla, Mark (2016) "*The Shipwrecked Mind: on Political Reaction*," New York,: *New York Review of Books*, p. xiv.〔会田弘継監訳・山本久美子訳（二〇一七年）『難破する精神――世界はなぜ反動化するのか』ＮＴＴ出版、一九―二〇頁〕

Luce, Edward (2017) *The Retreat of Western Liberalism*, London: Little and Brown, 2017.

Mishra, Pankaj (2017) *Age of Anger: a History of the Present*, London: Penguin, p. 9.〔秋山勝訳（二〇二一）『怒りの時代――世界を覆い続ける憤怒の近現代史』草思社、二二二頁〕

Müller, Jan-Werner (2016) *What is Populism*, Philadelphia: University of Pennsylvania Press, p. 19–20.〔板橋拓己訳（二〇一七）『ポピュリズムとは何か』岩波書店、二七頁〕

Richards, Steve (2017) *The Rise of the Outsiders*, London: Atlantic Books.

Snyder, Timothy (2017) *On Tyranny. Twenty Lessons from the Twentieth Century*, New York: Tim Duggan Books〔池田年穂訳（二〇一七）『暴政――20世紀の歴史に学ぶ20のレッスン』慶應義塾大学出版会〕

付論　ポピュリズムを考える

板橋拓己

はじめに

「世界に幽霊が徘徊している。ポピュリズムという幽霊が」。ギタ・イオネスクとアーネスト・ゲルナーが論文集『ポピュリズム』で、このマルクスとエンゲルスの『共産党宣言』をもじった文章を記したのは、一九六九年のことであった（Ionescu / Gellner 1969, 1）。しかし、それから約半世紀経った現在ほど、この言い回しがふさわしい時代はない。「ポピュリズム」は、いまや時代のキーワードとなった。

画期は二〇一六年だろう。この年、ＥＵ離脱を問うイギリスの国民投票で離脱派が勝利し、またアメリカの大統領選挙で当初誰もがキワモノと思っていたドナルド・トランプが勝利した。そして、この大西洋の両岸で起きた「事件」を説明するものとして脚光を浴びたのが、ポピュリズムである。たとえば、『ニューヨーク・タイムズ』紙で「ポピュリズム（populism）」および「ポピュリスト（populist）」という語が用いられた回数は、二〇一五年の六七一回から、二〇一六年には一三九九回と飛躍的に伸び、さらに二〇一七年には二五三七回となった。ケンブリッジ・ディクショナリーは、二〇一七年の「今年の言葉」に「ポピュリズム」を選出している。

アカデミズムにおいても、「ポピュリズム」をタイトルに含む論文・書籍の数は一挙に膨大なものとなった。こうして、二〇一九年にポピュリズム研究の動向をまとめたアムステルダム大学の政治社会学者マタイス・ロダンは、いまや「政治学においてポピュリズム研究はひとつのインダストリーになった」と結論している（Rooduijn 2019, 362）。

ではいったい、「ポピュリズム」とは何だろうか？　実のところ、共通了解はない。日本のマスメディアでは、しばしば「大衆迎合主義」と訳され（後段で示すように、これは誤解を招く、あるいは問題のある訳語である）、基本的には負のレッテルとして機能していると言えよう。

南北アメリカでは、伝統的にポピュリズムという言葉は、平等をめざすシンボルでもあった。しかし、それでもトランプの登場以来、趣が変わってきた。前回および前々回のアメリカ大統領選では、共和党のトランプも、民主党のバーニー・サンダースも、「ポピュリスト」と呼ばれた。両者とも、「普通の人びと」の「怒り」を代弁する「反エスタブリッシュメント」であるという点では、少なくとも共通していると報じられたりもした。

またヨーロッパでは、フランスのマリーヌ・ル・ペン（国民連合）やオランダのヘールト・ウィルデルス（自由党）ら移民排斥を唱える人たちが、ポピュリストとして紹介される。その一方で、ギリシャのシリザやスペインのポデモスら反緊縮派の左翼も「左派ポピュリスト」と呼ばれる。

こうして共通了解のないまま「ポピュリズム」や「ポピュリスト」という言葉が政治的言説に氾濫し、いまや「ポピュリストのインフレ状態」（ハンスペーテル・クリージ）、あるいは「誰もがみなポピュリスト」（ヤン＝ヴェルナー・ミュラー）といった感がある。

そもそも populism という語は、「人民（people）」と「主義（-ism）」から構成され、素直に訳せば「人民主義」である。そして、政治家が「人民」に訴えかけるのは、とりわけ選挙を実施する民主政では、望ましいことではないだろうか？　別の言い方をすれば、民主政では「大衆迎合」は、程度の差はあれ、普通のことではないだろうか？　では、何が問題なのだろうか？　以下では、近年の政治学の成果を参照しながら、ポピュリズムについて考えていきたい。

I　ポピュリズムの定義

まずはポピュリズムの定義を確認しよう。第一線のポピュリズム研究者が集《つど》った『オックスフォード・ハンドブック・オブ・ポピュリズム』（Kaltwasser et al. 2017）は、代表的なポピュリズムの捉え方について、①理念的（ideational）、②政治戦略的（political-strategic）、③社会文化的（socio-cultural）という三つのアプロ

ーチを紹介している。(1)

第一の理念的アプローチによる定義は、現在の学界で最も優勢なものと言える。このアプローチは、ポピュリズムを「一組の理念（a set of ideas）」と捉える。典型的には、日本語にも訳されたミュデ（およびカルトワッセル）の次の定義が挙げられよう。

> 社会が究極的に「汚れなき人民」対「腐敗したエリート」という敵対する二つの同質的な陣営に分かれると考え、政治とは人民の一般意志（ヴォロンテ・ジェネラール）の表現であるべきだと論じる、中心の薄弱なイデオロギー（ミュデ／カルトワッセル 二〇一八、一四）

あるいは、拙訳でやはり日本語版が出版されたミュラーの定義もこの範疇に属する。

> ポピュリズムとは、ある特定の政治の道徳主義的な想像（*moralistic imagination of politics*）であり、道徳的に純粋で完全に統一された人民［……］と、腐敗しているか、何らかのかたちで道徳的に劣っているとされたエリートとを対置するように政治世界を認識する方法である（ミュラー 二〇一七、二七）

両者の定義から明らかなように、ポピュリズムという理念の根底には、「人民」と「エリート」の二元論があり、さらに「人民」はひとつの「一般意志」を有しているという前提がある。また、そこで「人民」と「エリート」の区別が道徳的なものであることは重要である。なぜなら、ポピュリストが政権を握ったとしても（＝一見「エリート」になったとしても）、「腐敗したエリート」を再定義することで、反エリートの主張を維持することができるからである。

また、「薄い」イデオロギーであるポピュリズムは、他のイデオロギーに寄生する。たとえば、ポピュリズムは、ナショナリズムとも新自由主義とも社会主義とも結びつくことができる。ポピュリズムは社会のある特定の不満を背景に出現するが、その不満の内容が寄生先のイデオロギーを規定し、それがまたポピュリストによる「人民」と「エリート」の区別のあり方にも影響を与えるのである。

このようにポピュリズムは変幻自在で、それ自体では中身に乏しいイデオロギーである。しかしそれはまた、二つの明白な敵をもつ。ひとつは、当然ながらエリート主義である。政治は人民の一般意志を表現すればよいのだから、エリート主義は悪に他ならない。

もうひとつの敵は、多元主義である。多元主義とは、政治は妥協や合意によってできるだけ多くの集団の利害や価値観を反映すべきだという考え方であり、人民／エリート、善／悪の二元論的なポピュリズムとはまさに対極にある(2)。

さて、第二の政治戦略的アプローチとは、カリスマ的リーダーによって利用される政治戦略としてポピュリズムを定義するものである。その代表的な研究者であるウェイランドは、次のようにポピュリズムを定義している。

〔ポピュリズムとは〕ひとつの政治戦略であり、それを通して個性的な指導者（a personalistic leader）は、大部分組織化されていない多数の支持者からの、媒介も制度化もされていない直接的な支持に基づき、統治権力を求めたり行使したりする（Weyland 2001, 14; id. 2017, 50）

第三の社会文化的アプローチも、政治戦略的アプローチと近く、とりわけポピュリストの政治スタイルに着目したものと言える。このアプローチを代表する研究者オスティギュイは、政治空間における「上層」と「下層」の次元（high-low dimension）に着目し、ポピュリズムを「『下層』の誇示（flaunting of the "low"）」だと定義した（Ostiguy 2017, 73）。たとえば、意図的に無作法にふるまったり、タブーを破ったりする政治スタイルをポピュリズムとするのである。

他にもポピュリズムの定義はさまざまであり（Pappas 2016 は二〇通りのポピュリズムの定義を挙げ、六類型に整理している）、いずれにも長所と短所がある。とはいえ、繰り返しになるが、最も標準的なのはミュデやミュラーらに代表される理念的な捉え方であり、本章の後段もそれを前提として話を進める。以下では、とりわけミュラーの研究に依拠しつつ、ポピュリズムのロジックやポピュリストの政治スタイルを検討していきたい(3)。

Ⅱ　ポピュリズムのロジック

ポピュリズムの論理には、「単一で同質的で真正な人民」なるものが存在するという前提がある。そして、その単一の「人民」を代表するのがポピュリストである（この意味でポピュリズムと代表制は対立しない）。ポピュリストは、人民の「一般意志」を認識でき、それを政策として実行できると主張する。また、彼らは政治的なライバルを「人民の敵」と呼び、その排除を求める。

つまり、ミュラーが再三強調するように、「自分たちが、それも自分たちだけが、人民を代表している」という主張こそが、ポピュリズムの核心なのである。これはつまり、一部の人民のみが真の人民なのだという主張に他ならない。たとえば、イギリス独立党の党首だったナイジェル・ファラージは、二〇一六年のブレグジット国民投票の結果を「真の人民の勝利」だと言祝《ことほ》いだ。彼の議論では、イギリスのＥＵ離脱に反対した四八％の人びとは「真の人民」ではないのである。また、トランプは、二〇一六年の選挙キャンペーンで、「ただひとつ重要なことは、人民の統一（the unification of the people）である――なぜなら、他の人びと（the other people）などどうでもよいからだ」と述べた。ミュラーがこの演説を重視するように、これこそが典型的なポピュリストの主張なのである（ミュラー 二〇一七、二九）。

またポピュリストたちは、〈純粋無垢で勤勉な人民〉と〈腐敗し堕落したエリート〉とを対置する。右翼ポピュリズムにおいては、それに〈怠惰な社会の底辺層〉が付け加わるだろう。このようにポピュリズムは政治の世界を道徳主義的に把握するわけだが、しかし糾弾対象が実際に「腐敗」や「怠惰」である必要はない。実のところ、現実には民族的・人種的な基準が適用されている場合が多い。たとえば、アメリカに「福祉の女王（welfare queen）」という表現がある。これは、社会福祉で女王のような生活をしている人という、福祉に反対する保守派が用いるレッテルだが、その際に誰も「福祉の女王」が白人だとはイメージしない（ミュラー 二〇一七、三二～三三）。ポピュリズムは、ナショナリズムや、民族・人種に基づいた排外主義と結びつきがちなのである。

また、ポピュリストにとって「人民」は、民主主義の制度的な手続きの外部にある擬制的な存在である。それゆえ、彼らが解釈する「人民の意志」は、選挙結果とは異なる。こうしてポピュリストは、選挙結果が自分たちに不利だったとき、それが「真の人民の意志を反映していない」と言い張ることができる。これは、容易に陰謀論と結びつく。たとえどれほど民主主義的な制度でも、「腐ったエリート」が舞台裏で不正を働いていると言い募ることができるのである。たとえば、二〇二〇年の米大統領選挙のときのトランプを想起してほしい。彼は、選挙結果が出たばかりの一一月一一日、「人民はこの不正に操作された選挙を受け入れないだろう！（People will not accept this Rigged Election!）」とツイートした(4)。このツイートは、ポピュリズムと陰謀論の親和性を鮮やかに示すものである。

Ⅲ　ポピュリストの政治スタイル

ポピュリストは必ずしもカリスマ的なリーダーを必要としない。たとえば、ドイツの右翼ポピュリズム政党「ドイツのための選択肢（ＡｆＤ）」には、これといったリーダーは存在しないが（むしろ内紛続きである）、一定の支持を獲得している。

ポピュリストにとって重要なのは、カリスマというよりも、「人民」と直接つながっているという感覚を、人びとに与えられるか否かである。それゆえポピュリストは、自らと「人民」のあいだの存在、すなわち中間団体や「仲介者」を嫌う。同様のことは、既存の主流メディア、マスメディアについても言える。政治学者の水島治郎が巧みに表現するように、ポピュリストの政治は、既成団体や主流派メディアといった「中」を抜いた、いわば「中抜き」という手法に基づいているのである（水島 二〇二〇、二七）。

こうしてポピュリストは、既存のメディアではなく、いわゆるオルタナティブ・メディア、とりわけSNSを好む。たとえば、イタリアの「五つ星運動」は、ベッペ・グリッロのブログが生んだといっても過言ではない。もちろん、ここでも最も典型的な例は、トランプのツイッターアカウントだろう。ブログやツイッター、フェイスブックを通じて、ポピュリストは「真の人民の声」を聴き、また「真の人民」はポピュリストに自らの体現者を見るのである。そして、SNSがもつ「エコーチェンバー効果」（似た考えの持ち主がつながりあうことで、特定の思想や価値観が増幅されていく現象のこと）によって、こうした状況は純化されていく。他者の意見は拒絶され、ポピュリストたちは期待通りのことをつぶやくのである。(5)

Ⅳ　権力を掌握したポピュリスト

近年蓄積されてきたのが、政権についたポピュリストの研究である（Albertazzi / McDonnell 2015）。かつては、ポピュリスト政党は取りも直さず抗議政党であり、もし政権につけば、反エリート主義的なスタンスをとれなくなる一方、選挙戦で掲げていた非現実的な政策は実行できず、魅力を失うと想定されていた。

しかし、ポピュリストにはポピュリスト的な統治手法がある（ミュラー 二〇一七、五三〜六二）。まず、ポピュリスト政権の失敗は、「真の人民」に属さないもの、すなわち国内の抵抗勢力、あるいは外国や国際社会の所為にされる。すでに見たように、ここでもポピュリストの主張は陰謀論と結びつく。また、政権についたポピュリストは、人びとを「真の人民」と「人民の敵」に分け、分断を煽《あお》り続ける。そもそも社会は多様で差異が広範に存在するので、彼らが「ネタ」に困ることはない。

近年のポピュリスト政権の好例としては、ハンガリーのオルバーン政権やポーランドの「法と公正（PiS）」政権がある。彼らはいずれも、官僚の非党派性や司法の独立性を脅かしている。またこの二国では、報道や学問の自由も脅かされている。その際、ポピュリスト政権が単なる権威主義体制と異なるのは、「人民」の名のもとに、そうした政治を行っているということである。そのため、たとえ腐敗やえこひいきが暴露されても、それが支持者の目に「われら人民のため」の行為と映るならば、評判をそれほど落とすことはない(6)。

近年の興味深い例を挙げよう。ヨーロッパで最大の右翼ポピュリスト政党のひとつであるオーストリア自由党は、二〇一九年五月に発覚したスキャンダルから政権離脱を余儀なくされ、同年九月の総選挙で大きく支持を落とした。これは、そのスキャンダルの内容が、自国のメディアをロシアという、どう見ても「人民」の外部に売り渡そうとしたことが判明したからであろう。

V　ポピュリズムと民主主義

さて、ここまで理念的アプローチに依拠しながら、ポピュリズムの特徴を論じてきた。とはいえ、一口に理念的アプローチと言っても、ポピュリズムの見方については、論者によって相当な立場の違いがある。たとえば代表的な論者ミュデは、「ポピュリズムは本質的には民主的」だが、「リベラルなデモクラシーとは相性が悪い」と述べる。そうした議論に対してミュラーは、ポピュリズムがデモクラシーそれ自体を毀損していると強調する。

ミュラーによれば、ポピュリズムが攻撃する諸権利、すなわちメディアの複数性や言論および集会の自由、マイノリティの保護といった政治的諸権利は、（ミュデらが想定するように）単に自由主義（リベラリズム）あるいは「法の支配」のみに関わるものではない。それらは、民主主義それ自体を構成するものなのである。たとえば、もし野党が自らの主張を適切に訴えることができず、ジャーナリストが政府の失政を報道することを妨げられているとすれば、果たしてその選挙は民主的なものと言えるだろうか。こうしてミュラーは、ポピュリズムは自由主義のみならず「民主主義それ自体を傷つけている」と主張するのである（それゆえミュラーは、ファリード・ザカリアが使用して広まった「非リベラルな民主主義」という呼称を厳しく退ける）（ミュラー 二〇一七、六四〜七六）[7]。

Ⅵ　ポピュリズムはなぜ台頭したのか

では、ポピュリズムはなぜ台頭したのだろうか。ポピュリズムが発生する原因は何だろうか。なぜある国・地域ではポピュリズムが台頭し、他のところではそうでないのか。現在の政治学はこの問いにさまざまな角度から取り組んでいるが、大雑把に言えば、経済的な説明と文化的な説明の二つの流れがある（Noury / Roland 2020, 429–434）。

第一の経済的な説明だが、典型的には、経済的不平等の存在、あるいは貧富の差の拡大こそがポピュリズム台頭の原因だという議論である。いわゆる「グローバル化の敗者」テーゼもこれに属する。とはいえ、それほど不平等ではない国（たとえば北欧諸国）でもポピュリズムが台頭していることに鑑みると、格差や不平等の存在がそのままポピュリズムの原因になるわけではない。

ここで注目すべきは、客観的な格差・不平等に加えて、人びとが抱く経済的な「不安」である。つまり、経済的要因が重要だとしても、客観的な指標以上に、主観的な指標（たとえば「相対的剝奪感」）の方が、ポピュリズムの台頭を説明するには有益であることが多い。

また、関連して福祉国家のあり方も、ポピュリズムの台頭を左右する。田中拓道が指摘するように、福祉制度が（普遍主義的ではなく）選別的であればあるほど、「われわれ」と「彼ら」という線引きが生じやすく、排外主義的なポピュリズムが台頭しやすくなるのである（田中 二〇二〇、第五章）。

第二の文化的説明については、イングルハートとノリスの分析が有名である（Inglehart / Norris 2016; Norris

/ Inglehart 2019）。それによれば、「権威主義的ポピュリズム」の台頭は、社会の価値観の変化、すなわち脱物質主義的な価値観の主流化に対する「文化的な反動（cultural backlash）」が原因である（もともと二〇一六年の論文ではポピュリズムそのものが権威主義的性格を有するとされていたが、ミュデらの批判を受け、二〇一九年の著作では「権威主義的ポピュリズム」に議論が限定された）。つまり、個人の自由や自己決定、男女平等、人種的ないし性的マイノリティの尊重などの動きの拡大に対する反発として、ポピュリズムを説明したのである（とはいえ、古賀 二〇一九が実証したように、西欧の右翼ポピュリスト政党は、移民への態度などで「権威主義的」姿勢を示すものの、社会的な争点については特段「反動的」と呼べない）。

もちろん、経済的説明と文化的説明は相互排他的ではない。むしろ、両者を組み合わせて説明する方が妥当だろう。また、ポピュリズム（とりわけ右翼のそれ）の台頭を考える際に「移民」が重要となってくるのは、それが経済的要因にも文化的要因にも関わる存在だからだと言えよう。

加えて、晩年のピーター・メアの研究が指摘した、現代の代表制民主主義における「応答（responsiveness）」と「責任（responsibility）」のあいだの緊張関係は、ポピュリズムの台頭を考えるにあたって重要である（Mair 2009; 2013）。たとえば、グローバル市場や国際制度の影響力の増大は、国家レベルの政治アクターの行動の余地を限定する。そして、その反動がポピュリズムとなって現れるのである（欧州通貨同盟が強いる緊縮政策の反発としての左派ポピュリズムなど）。

これと親和性のある説明として、左右の主流政党の収斂が、ポピュリズムの台頭をもたらしたという議論もある。それに関連して、ラクラウやムフは、非政治化ないし脱政治化された自由民主主義に対するラディカルな民主主義的オルタナティブとして、積極的に「左派ポピュリズム」を唱道している（ムフ 二〇一九：山本 二〇一六：ラクラウ 二〇一八）。

以上からもわかるように、ポピュリズムの台頭を理解するには、ポピュリスト政治家（「供給」側）だけでなく、支持者（「需要」側）も分析する必要があろう。また、ポピュリズムを取り巻く環境、すなわち国際制度や国内の政治構造、あるいは保守政党など「主流」のアクターにも注目する必要がある。

おわりに

ポピュリズムは、実際に一部の人びとが「代表」されていないことを可視化する。それを明確にするには有益な存在なのかもしれない。ポピュリズムに衝撃を受けた既成政党が、政治を「再活性化」させることもあろう。あるいは、人びとの政治参加を促すかもしれない（水島 二〇一六、二二七〜二二九）。とはいえ、それが民主主義に与える危険性も、本章で指摘してきた通りである。

現代世界において、「民主主義」を真っ向から否定する者はほぼいなくなった。しかし民主主義は、ポピュリズムという、「人民」の「一般意志」の実現——それはフランス革命以来の民主主義のひとつの理想であった——を装った勢力によって、危機に晒《さら》されている。安易なレッテル貼りに陥らず、自分が「ポピュリズム」という語で何を言いたいのかを吟味すること。そして、いかなる意味で民主主義の危機なのかを言語化すること。いまは、そうした政治的な判断力が試されているときなのであろう。

※本章は、『アジア太平洋研究』第四六号（二〇二一年）に所収の拙稿「ポピュリズムを考える」に加筆修正したものである。

注

（1）モフィットによる最新の入門書は、「理念的」「戦略的」「ディスカーシヴ＝パフォーマティヴ」という三つのアプローチを紹介しているが、これもおおむね上記ハンドブックの三つの分類に対応している（Moffitt 2020, Ch. 1）。

（2）以上のような理念的なポピュリズムの捉え方は、簡潔かつ明晰というだけでなく、理論的研究や質的研究はもちろん、量的研究でも扱いやすく（とりわけ内容分析）、比較研究に適しているという学術上の利点もある（Mudde 2017; Hawkins et al. 2018）。

（3）以下、Ⅱ節からⅤ節までの議論は、ミュラー（二〇一七）に大きく依拠する。

（4）Donald J. Trump, Tweets of November 11, 2020, The American Presidency Project. <https://www.presidency.ucsb.edu/documents/tweets-november-11-2020>

（5）なお、興味深いことにドイツの歴史家ウーテ・ダニエルは、ヴァイマル共和国時代と現代の類似性として、メディアや世論が分断され、そのなかでそれぞれの陣営が「エコーチェンバー」によって、自分たちにしか通じない意見や感情を増幅させていく状況を挙げている（ダニエル 二〇一九、四六～四八）。本書第1章も参照。

（6）二〇二三年一〇月のポーランド総選挙で「法と公正」は第一党となったものの、過半数の議席を獲得できず、同年一二月に八年ぶりに野党となった。

（7）とはいえミュラーは、非民主的な体制、すなわち人民を代表すると言いつつ、実際には大部分の人民を排除している体制下において、「人民」を掲げて闘うことの正統性はむろん認めている（ミュラー 二〇一七、八四～九一）。たとえば、一九八九年秋の東ドイツにおける反政府デモのスローガン「われわれこそが人民だ！（Wir sind das Volk!）」が好例だろう。

参考文献

古賀光生（二〇一九）「西欧の右翼ポピュリスト政党の台頭は、「文化的な反動」によるものであるのか？――政策の比較分析から検討する」『年報政治学』２０１９－Ⅱ号、八四～一〇八頁。

田中拓道（二〇二〇）『リベラルとは何か――17世紀の自由主義から現代日本まで』中央公論新社（中公新書）。

ダニエル、ウーテ（二〇一九）「政治的言語とメディア」アンドレアス・ヴィルシングほか（編）『ナチズムは再来するのか？——民主主義をめぐるヴァイマル共和国の教訓』板橋拓己・小野寺拓也監訳、慶應義塾大学出版会、三三～四九頁。

水島治郎（二〇一六）『ポピュリズムとは何か——民主主義の敵か、改革の希望か』中央公論新社（中公新書）。

水島治郎（二〇二〇）「中間団体の衰退とメディアの変容——「中抜き」時代のポピュリズム」同（編）『ポピュリズムという挑戦——岐路に立つ現代デモクラシー』岩波書店、二六～五三頁。

ミュデ、カス／カルトワッセル、クリストバル・ロビラ（二〇一八）『ポピュリズム——デモクラシーの友と敵』永井大輔・髙山裕二訳、白水社（Cas Mudde / Cristóbal Rovira Kaltwasser (2017) *Populism: A Very Short Introduction*. New York: Oxford University Press）。

ミュラー、ヤン＝ヴェルナー（二〇一七）『ポピュリズムとは何か』板橋拓己訳、岩波書店（Jan-Werner Müller (2016) *What Is Populism?* Philadelphia: University of Pennsylvania Press）。

ムフ、シャンタル（二〇一九）『左派ポピュリズムのために』山本圭・塩田潤訳、明石書店（Chantal Mouffe (2018) *For a Left Populism*. London: Verso）。

山本圭（二〇一六）『不審者のデモクラシー——ラクラウの政治思想』岩波書店。

ラクラウ、エルネスト（二〇一八）『ポピュリズムの理性』澤里岳史・河村一郎訳、明石書店（Ernesto Laclau (2005) *On Populist Reason*, London: Verso）。

Albertazzi, Daniele, and Duncan McDonnell (2015) *Populists in Power*, Abington: Routledge.
Eatwell, Roger, and Matthew J. Goodwin (2018) *National Populism: The Revolt Against Liberal Democracy*, London: Pelican.
Finchelstein, Federico (2017) *From Fascism to Populism in History*, California: University of California Press.
Gagnon, Jean-Paul, Emily Beausoleil, Kyong-Min Son, Cleve Arguelles, Pierrick Chalave, and Callum N. Johnston (2018) "What is populism? Who is the populist? A state of the field review (2008–2018)," *Democratic Theory* 5 (2), vi–xxvi.
Hawkins, Kirk A., Ryan E. Carlin, Levente Littvay, and Cristóbal Rovira Kaltwasser eds. (2018) *The Ideational Approach to Populism: Concept, Theory, and Analysis*, London: Routledge.
Heinisch, Reinhard C., Christina Holtz-Bacha, and Oscar Mazzoleni eds. (2017) *Political Populism: A Handbook*, Baden-Baden: Nomos.
Inglehart, Ronald, and Pippa Norris (2016) "Trump, Brexit, and the Rise of Populism: Economic Have-Nots and Cultural Backlash," HKS Working Paper No. RWP16-026, August 2016.

Ionescu, Ghiţa, and Ernest Gellner eds. (1969) *Populism: Its Meanings and National Characteristics*, London: Weidenfeld & Nicolson.

Kaltwasser, Cristóbal Rovira, Paul A. Taggart, Paulina Ochoa Espejo, and Pierre Ostiguy eds. (2017) *The Oxford Handbook of Populism*, Oxford: Oxford University Press.

Kriesi, Hanspeter (2014) "The Populist Challenge," *West European Politics* 37 (2), 361–378.

Kriesi, Hanspeter, and Takis S. Pappas eds. (2015) *European Populism in the Shadow of the Great Recession*, Colchester: ECPR Press.

Mair, Peter (2009) "Representative versus Responsible Government," MPIfG Working Paper 09 /8.

Mair, Peter (2013) *Ruling the Void: The Hollowing of Western Democracy*, London / New York: Verso.

Manow, Philip (2018) *Die Politische Ökonomie des Populismus*, Berlin: Suhrkamp.

Moffitt, Benjamin（2020）*Populism*, Cambridge: Polity (Key Concepts in Political Theory).

Mudde, Cas (2017) "Populism: An Ideational Approach," in: Cristóbal Rovira Kaltwasser, Paul Taggart, Paulina Ochoa Espejo, and Pierre Ostiguy eds. *The Oxford Handbook of Populism*, Oxford: Oxford University Press, pp. 27–47.

Mudde, Cas, and Cristóbal Rovira Kaltwasser (2018) "Studying Populism in Comparative Perspective: Reflections on the Contemporary and Future Research Agenda," *Comparative Political Studies*, 51 (13), 1667–1693.

Norris, Pippa, and Ronald Inglehart (2019) *Cultural Backlash: Trump, Brexit, and Authoritarian Populism*, Cambridge: Cambridge University Press.

Noury, Abdul, and Gerard Roland (2020) "Identity Politics and Populism in Europe," *Annual Review of Political Science* 23, 421–439.

Ostiguy, Pierre (2017) "Populism: A Socio-Cultural Approach," in: Cristóbal Rovira Kaltwasser, Paul Taggart, Paulina Ochoa Espejo, and Pierre Ostiguy eds. *The Oxford Handbook of Populism*, Oxford: Oxford University Press, pp. 73–97.

Pappas, Takis S. (2016) "Modern Populism: Research Advances, Conceptual and Methodological Pitfalls, and the Minimal Definition," *Oxford Research Encyclopedias* (https://bit.ly/2lk32Ak).

Pappas, Takis S. (2019) *Populism and Liberal Democracy: A Comparative and Theoretical Analysis*, Oxford: Oxford University Press.

Rooduijn, Matthijs (2019) "How to study populism and adjacent topics? A plea for both more and less focus," *European Journal of Political Research* 58 (1), 362–372.

Torre, Carlos de la ed. (2019) *Routledge Handbook of Global Populism*, London: Routledge.

Weyland, Kurt (2001) "Clarifying a Contested Concept: Populism in the Study of Latin American Politics," *Comparative Politics* 34 (1), 1–22.

Weyland, Kurt (2017) "Populism: A Political-Strategic Approach," in: Cristóbal Rovira Kaltwasser, Paul Taggart, Paulina Ochoa Espejo, and Pierre Ostiguy eds. *The Oxford Handbook of Populism*, Oxford: Oxford University Press, pp. 48–72.

あとがき

本書は、二〇二〇年二月から二〇二三年二月まで、東京財団政策研究所で実施したポピュリズム国際歴史比較研究会での研究成果をもとにまとめたものである。

この研究会は、世界各地でみられるポピュリズム現象を、国際比較および歴史比較の視点から検討し、ポピュリズムの台頭と民主主義の衰退についての現状分析と、戦間期の事例との比較という問題意識からの歴史分析を通じて、ポピュリズムが台頭する要因を構造的に解き明かすことを目指した。より具体的には、ポピュリズムの歴史的起源と発展、そして現状を、歴史的な手法を用いて検討を行い、現代の自由主義や民主主義の理念がどのようなかたちで変容し、また危機に直面しているのかを検証した。

本研究会の最初の会合を行ったのが、二〇二〇年二月であった。ちょうどこの時期は、世界で新型コロナウイルスの感染症の拡大が始まる時期と重なり、初回会合を東京財団政策研究所の会議室を用いて対面で行いながらも、第二回研究会以降は基本的にオンラインでの会合が続くことになった。その間、本書にご寄稿をいただいた研究会メンバーや報告者の方に加えて、故中山俊宏慶應義塾大学教授、三牧聖子高崎経済大学准教授（現在、同志社大学教授）、川上洋平専修大学准教授、古田拓也広島大学特任助教（現在、二松学舎大学専任講師）、宇野重規東京大学教授、岩坂将充北海学園大学准教授（現在、同大学教授）、横田正顕東北大学教授、山本圭立命館大学准教授、外山文子筑波大学准教授に、研究会で優れたご報告をしていただき、議論を深める上でのご貢献をいただいた。記して感謝申し上げたい。また、研究会メンバーであった宮下雄一郎法政大学教授には、この間研究会でも多大なご貢献をいただいたが、事情により本書へのご寄稿は叶わなかった。

東京財団政策研究所では、加藤創太常務理事（政策研究担当、現在研究主幹）に、研究会の立ち上げから、毎回の研究会への出席と議論への参加まで、多大なご支援とご助力をいただいた。加藤氏のご尽力がなければ、本研究会の実現はなかった。感謝申し上げたい。また、その後は、門野泉東京財団政策研究所理事長、そして安西祐一郎同所長の下で、シンクタンクにおいて歴史的な研究を行う意義を認めていただき、ご指導とご支援をいただいたことに厚く御礼申し上げたい。そして、実質的な本研究会の事務的なサポートについては、田中伸子研究プログラム・オフィサーに一貫してご支援とご助力をいただいた。田中氏のあたたかく細やかなご支援がなければ、この研究会をこのような有意義なものへと発展させることはできなかった。感謝申し上げたい。また、田中氏とともに、事務的に多大なサポートをいただいた、研究会メンバーでもある山本みずき氏にも、深く感謝したい。

本書の出版にあたっては、慶應義塾大学出版会出版部の乗みどり氏に多大なご助力をいただいた。乗氏は、本書の共編者の一人である板橋拓己教授と、本書とも問題意識を一部共有するアンドレアス・ヴィルシング、ベルトルト・コーラー、ウルリヒ・ヴィルヘルム編『ナチズムは再来するのか？——民主主義をめぐるヴァイマル共和国の教訓』（小野寺拓也氏とともに監訳、慶應義塾大学出版会、二〇一九年）を編集するなど、歴史的な視座から現在の問題を論じる意義を深く理解していただいている。本書の刊行にあたっても、積極的に刊行へ向けてさまざまなご配慮をいただいたことをありがたく感じている。記して感謝したい。

二〇二四年二月

編者を代表して　細谷雄一

藤山一樹（ふじやま　かずき）
大阪大学大学院人文学研究科講師。1986年生まれ、慶應義塾大学大学院法学研究科後期博士課程修了、博士（法学）。専門分野：イギリス外交史。主要著作：『イギリスの対独「宥和」1924–1930年――ヨーロッパ国際秩序の再編』（慶應義塾大学出版会、2019年）ほか。

大串敦（おおぐし　あつし）
慶應義塾大学法学部教授。1973年生まれ、グラスゴー大学大学院社会科学研究科博士課程修了。Ph.D. (Politics)。専門分野：ロシアおよび旧ソ連諸国の政治。『ロシア・ウクライナ戦争――歴史・民俗・政治から考える』（共著、東京堂出版、2023年）、“The Opposition Bloc in Ukraine: A Clientelistic Party with Diminished Administrative Resources,” *Europe-Asia Studies*, Vol. 72, No. 10, pp. 1639–1656（2020）ほか。

ジョン・ニルソン＝ライト（John Nilsson-Wright）
ケンブリッジ大学アジア中東学部准教授。オックスフォード大学大学院博士課程修了。D.Phil.. 専門分野：北東アジアの国際関係、現代日本政治外交。主要著書：*Unequal Allies?: United States Security and Alliance Policy Toward Japan, 1945–1960*（Stanford University Press, 2005）ほか。

高橋義彦（たかはし　よしひこ）
北海学園大学法学部准教授。1983年生まれ、慶應義塾大学大学院法学研究科後期博士課程修了、博士（法学）。専門分野：政治思想史。主要著作：『カール・クラウスと危機のオーストリア――世紀末・世界大戦・ファシズム』（慶應義塾大学出版会、2016年）ほか。

長野晃（ながの　あきら）
慶應義塾大学法学部専任講師。1987年生まれ、慶應義塾大学大学院法学研究科後期博士課程単位取得退学、博士（法学）。専門分野：政治哲学・政治思想史。主要著作：『カール・シュミットと国家学の黄昏』（風行社、2021年）ほか。

五百旗頭薫（いおきべ　かおる）
東京大学大学院法学政治学研究科教授。1974年生まれ、東京大学法学部卒業。東京都立大学法学部助教授、東京大学社会科学研究所准教授等を経て現職。専門分野：日本政治外交史。主要著作：『大隈重信と政党政治』（東京大学出版会、2003年）、『条約改正史――法権回復への展望とナショナリズム』（有斐閣、2010年）ほか。

村井良太（むらい　りょうた）
駒澤大学法学部教授。1972年生まれ、神戸大学大学院法学研究科博士課程修了、博士（政治学）。専門分野：日本政治外交史。主要著作：『政党内閣制の展開と崩壊 一九二七～三六年』（有斐閣、2014年）、『市川房枝――後退を阻止して前進』（ミネルヴァ書房、2021年）ほか。

竹中治堅（たけなか　はるかた）
政策研究大学院大学政策研究科教授。1971年生まれ、東京大学法学部卒業、スタンフォード大学政治学部大学院博士課程修了、Ph.D.（政治学）。専門分野：比較政治、日本政治。主要著作：『参議院とは何か―― 1947～2010』（中央公論新社、2010年。2010年大佛次郎論壇賞受賞）、*Failed Democratization in Prewar Japan: Breakdown of a Hybrid Regime*(Stanford University Press, 2014) ほか。

執筆者一覧（執筆順）

細谷雄一（ほそや　ゆういち）※編者
慶應義塾大学法学部教授。1971年生まれ、慶應義塾大学大学院法学研究科後期博士課程単位取得退学、博士（法学）。専門分野：国際政治、イギリス外交史。主要著作：『外交による平和――アンソニー・イーデンと二十世紀の国際政治』（有斐閣、2005年）、『迷走するイギリス――EU離脱と欧州の危機』（慶應義塾大学出版会、2016年）ほか。

板橋拓己（いたばし　たくみ）※編者
東京大学大学院法学政治学研究科教授。1978年生まれ、北海道大学大学院法学研究科博士後期課程修了、博士（法学）。専門分野：国際政治史、ドイツ政治外交史。主要著作：『黒いヨーロッパ――ドイツにおけるキリスト教保守派の「西洋（アーベントラント）」主義、1925～1965年』（吉田書店、2016年）、『分断の克服 1989–1990――統一をめぐる西ドイツ外交の挑戦』（中公選書、2022年）ほか。

水島治郎（みずしま　じろう）
千葉大学大学院社会科学研究院教授。1967年生まれ、東京大学大学院法学政治学研究科博士課程修了。博士（法学）。専門分野：オランダ政治史、ヨーロッパ比較政治。主要著作：『ポピュリズムとは何か――民主主義の敵か、改革の希望か』（中公新書、2016年）『隠れ家と広場――移民都市アムステルダムのユダヤ人』（みすず書房、2023年）ほか。

山本みずき（やまもと　みずき）
慶應義塾大学大学院法学研究科後期博士課程。日本学術振興会特別研究員（2023年9月まで）。1995年生まれ。専門分野：イギリス政治外交史。主要著作：『国際社会において、名誉ある地位を占めたいと思ふ――藤井宏昭外交回想録』（共編著、吉田書店、2020年）、「越境するファシズム――ダイアナ・ミットフォードとBUFのナチスへの接近」『法学政治学論究』129号（2021年）ほか。

民主主義は甦るのか？
——歴史から考えるポピュリズム

2024年 3 月30日　初版第 1 刷発行

編著者————細谷雄一・板橋拓己
発行者————大野友寛
発行所————慶應義塾大学出版会株式会社
〒 108-8346　東京都港区三田 2-19-30
ＴＥＬ〔編集部〕03-3451-0931
〔営業部〕03-3451-3584〈ご注文〉
〔　〃　〕03-3451-6926
ＦＡＸ〔営業部〕03-3451-3122
振替 00190-8-155497
https://www.keio-up.co.jp/
装　丁————木下悠
組　版————株式会社キャップス
印刷・製本——中央精版印刷株式会社
表紙印刷———株式会社太平印刷社

Printed in Japan ISBN978-4-7664-2946-6